U0771911

国家社科基金
GUOJIA SHEKE JIJIN HOUQI ZIZHU XIANGMU
后期资助项目

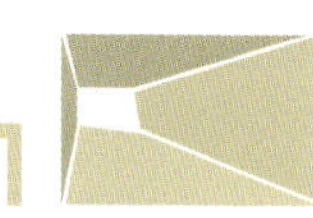

博物馆陈列艺术的叙事性

Narrativity Of Museum Exhibition Art

吴诗中 著

中国教育出版传媒集团
高等教育出版社·北京

图书在版编目（CIP）数据

博物馆陈列艺术的叙事性 / 吴诗中著 . -- 北京 : 高等教育出版社 , 2024.4
ISBN 978-7-04-058477-6

Ⅰ . ①博… Ⅱ . ①吴… Ⅲ . ①博物馆－陈列设计－研究 Ⅳ . ① G265

中国版本图书馆 CIP 数据核字 (2022) 第 054946 号

博物馆陈列艺术的叙事性

BOWUGUAN CHENLIE YISHU DE XUSHIXING

策划编辑　张　岩　　责任编辑　张　岩　　封面设计　王思梦　王　玥
责任校对　刁丽丽　　责任印制　沈心怡

出版发行　高等教育出版社
社　　址　北京市西城区德外大街 4 号
邮政编码　100120
印　　刷　运河（唐山）印务有限公司
开　　本　787mm×1092mm　1/16
印　　张　26.5
字　　数　380 千字
购书热线　010-58581118
咨询电话　400-810-0598
网　　址　http://www.hep.edu.cn
　　　　　http://www.hep.com.cn
网上订购　http://www.hepmall.com.cn
　　　　　http://www.hepmall.com
　　　　　http://www.hepmall.cn
版　　次　2024 年 4 月第 1 版
印　　次　2024 年 4 月第 1 次印刷
定　　价　146.00 元

物 料 号　58477-00

国家社科基金后期资助项目
出版说明

后期资助项目是国家社科基金设立的一类重要项目，旨在鼓励广大社科研究者潜心治学，支持基础研究多出优秀成果。它是经过严格评审，从接近完成的科研成果中遴选立项的。为扩大后期资助项目的影响，更好地推动学术发展，促进成果转化，全国哲学社会科学工作办公室按照“统一设计、统一标识、统一版式、形成系列”的总体要求，组织出版国家社科基金后期资助项目成果。

全国哲学社会科学工作办公室

序

“博物馆”是个外来词，其英文是“museum”。众所周知，“museum”是由希腊文的 Μουσαι（缪斯）演变而来。在 2400 年以前，马其顿的统治者亚历山大在战争中搜集和掠夺来了许多稀有的古物和珍贵的艺术品，他安排了专门的学者在缪斯神庙里对这些稀有的古物和珍贵的艺术品进行整理研究，当时著名的学者亚里士多德就在此进行研究工作。亚历山大去世之后，他的部下在埃及修建了一座缪斯神庙专门用于收藏这些古物、艺术品等文化珍品。后世人认为这就是历史上最早的“博物馆”。

两千多年过去了，其间经历了无数次变革，“博物馆”原本的收藏功能意义早已被扩大，现在博物馆的功能意义除收藏之外，还有定期举办展览、向广大群众传播文化知识与普及科学原理、进行相关的社会服务等功能，国内的红色博物馆还有向人民群众进行爱国主义教育的责任。参观博物馆，在观展中学习，在观展中获取相关专业知识已经成为人们精神生活中的一个重要组成部分。

同时，一个博物馆代表着一个国家、一个地区、一个民族的文化趋向和文化水准。在陈列内容和陈列文物的展示形式上，博物馆的意义早已超越了单纯“物”的陈列，透过“物”的表象去追求事物的真谛，绕过眼前的“物”的形式去揭示“物”背后的“理”，成为博物馆陈列设计者的目标。把“物”背后的“理”也就是文物背后的故事叙述清楚，这就是叙事。

这本《博物馆陈列艺术的叙事性》正是一部探讨、研究博物馆陈列叙事学规律，展示博物馆陈列叙事学研究成果，表达博物馆叙事学理论意义的代表性著作。当然，叙事学的研究和运用最早在文学、电影领域出现。

近年来，在博物馆陈列设计中，陈列设计师们自觉不自觉地运用叙事学的手法，运用各种新技术和新手段，讲述文物背后的故事，剖析历史事件的动因，挖掘历史人物的历史背景和历史人物成长的必要条件，呈现博物馆陈列中所涉及的“人”“物”“事”的来龙去脉。这些陈列表现手法和电影、文学领域的叙事学是一致的。

在《博物馆陈列艺术的叙事性》一书中，作者主要阐述了以下三个方面的内容。

首先是博物馆陈列叙事性设计与文学叙事的异同。博物馆陈列中的叙事性设计是建立在文学叙事理论的基础之上的，在此基础上叙事性设计解构并重构原有的文学理论架构和方法体系，最终形成博物馆陈列领域中较具代表性的叙事学设计理论。

其次，博物馆叙事性设计开启博物馆陈列艺术的新模式，纵观博物馆传统展示设计，单一的事实性陈列展示呈现出冷峻、寂静、空旷的展示氛围。多数博物馆展示设计逐渐模式化，注重展示空间及道具的材质、色彩、肌理等的表现。这使得展示变相成为展示物品的包装礼盒，缺少内在的自我叙述和思想传达，而博物馆叙事性陈列设计开启了一个全新的陈列艺术模式，在新的陈列模式下，博物馆陈列形式表现出来一种时代的“温度”。

再次，博物馆叙事性设计唤醒博物馆陈列艺术的社会性，博物馆陈列物品总与我们的生活有着密切的关系，是社会发展演变的产物。然而，由于历史遥远，有些展示物品甚至会出现残缺不全，年代功能等信息丢失、无从考证等情况。简单的展示无法体现全面性和深入性，更难以引领参观者进入展品所在的年代、引起参观者的意境想象。叙事性展示设计能够成为构架历史、当代、未来三者的连接桥梁。利用叙事性展示陈列的方式对这些看似离我们遥远的、孤立的、冷峻的物品进行故事性叙述，娓娓道来，重新赋予所陈列“物”系统的社会性。

一本书的内容洋洋洒洒，不可一一赘述。总之，《博物馆陈列艺术的叙事性》总结了以往博物馆设计的经验，开启了博物馆陈列设计的新旅程，蕴含着博物馆陈列艺术的智慧，给人们指出了一条博物馆陈列设计的新路。希望这本书出版以后能够得到人们的喜爱。

中国博物馆协会秘书长 安来顺

2023 年 1 月 26 日

自　序

叙事学（Narratology）是 20 世纪 70 年代末 80 年代初在西方兴起的一种文艺研究理论，也是研究文学和影视作品的一种方法。叙事性设计作为一种设计表达的方式在近年的艺术设计领域中早已经为人们所关注，但对叙事性设计引入博物馆展览陈列设计的研究才刚刚开始，其前景美好，意义深远。

对博物馆陈列艺术而言，运用叙事性设计方法陈列博物馆文物和展品，让观众透过眼前的文物和展品，了解文物和展品背后的社会状况、经济状况和历史背景，帮助观众理解文物和展品的历史意义、文化价值是社会进步所趋，也是历史发展的必然。

2021 年 5 月 31 日，习近平总书记在主持十九届中央政治局第三十次集体学习时强调："要加快构建中国话语和中国叙事体系，用中国理论阐释中国实践，用中国实践升华中国理论，打造融通中外的新概念、新范畴、新表述，更加充分、更加鲜明地展现中国故事及其背后的思想力量和精神力量。"[1]习近平总书记的讲话指出，构建中国叙事体系、讲好中国故事是党和国家的事业。要讲好中国故事，就可以运用叙事学的方法，在几千年的历史长河中梳理中国故事，升华中国理论，运用叙事性设计方法展示中国文化软实力，传播中华文化，提升中华文化影响力。

对博物馆陈列艺术而言，运用叙事性设计不仅会使博物馆内容陈列的

[1] 中共中央宣传部 、中华人民共和国外交部编：《习近平外交思想学习纲要》，北京：人民出版社、学习出版社 ，2021 年，第 87 页。

意义得到更多方位、更多角度的阐释，在阐释内容陈列的意义的基础上，还会使以视觉、听觉、触觉的综合感受方式来表现文物展品的逻辑更加清晰。博物馆叙事性设计能够更好地在观众和博物馆之间架起一座连接的桥梁，将观众和博物馆有机地联系在一起。博物馆陈列叙事性设计为我们打开了一扇大门，让我们进入一个新的视野，看到博物馆叙事性艺术设计无比广阔的前景：内容陈列更加丰富，技术运用更加先进，特性表达更加明显，历史与故事、异识与共识、社会与政治、文化与艺术、叙情与叙理等，这些特性共同组成博物馆叙事性艺术设计的丰富内涵。

本书是对博物馆陈列叙事性这一新视野的阐释，阐明了博物馆陈列叙事性设计与文学领域叙事表达方式的异同。首先，二者采用的叙述方式有渊源关系。不管叙事设计还是叙事文学，二者都采用较为通俗的叙述方式，也就是倒叙、顺叙、插叙、补叙四种形式。其次，二者在叙述视角上也有相似点，即人称的视角变换。再次，二者都有相应的叙述主题和脉络，能够找到前后的叙述因素关联。但二者的不同点也很明显。首先，涉及的范围有差异，也就是所属领域本身有区别，这也是最明显的区别，文学叙事属于文学大类，而设计属于艺术大类。其次，运用的手段和借助的媒介存在差异。再次，目的和需求存在差异。叙事性设计的目的在于借助叙事的手段或方式来表现设计的内涵，呈现所需要的展现效果。而文学叙事的目的和需求极为单纯，也就是通过文字媒介与受众互动，形成一种心灵上的交流。

博物馆叙事性设计将会增强博物馆陈列艺术的交互体验性。人工智能技术在博物馆展览陈列设计中的应用，使得叙事性设计中的交互行为更为精彩、更为有趣、更为丰富，精彩的叙事性设计能够增强博物馆陈列艺术的体验性，使观众与之产生共鸣。一方面，博物馆陈列设计仰赖信息时代高新技术的条件；另一方面，富有智慧的创意与叙事策略也起着决定性的作用。愉悦的叙事性体验将成为博物馆陈列艺术的一大特色，是比人们在家阅读书本、看短信、看电视更有趣味的获得知识的方式。未来的博物馆陈列叙事性设计将利用不断出现的新技术与新方法创作出更富有趣味的视觉元素与空间效果，给予观众更多想象的空间和自由发挥的余地。

叙事性设计体现知识经济时代的展示设计创新观念，智慧与创新是知识经济时代社会发展的原动力。创新的本质是打破常规，改变思维 、观念，发现新的、有价值的、独具特色的事物。展示设计作为一种具有前瞻性的设计形态，更容易接触最新的信息与观念，它综合了空间设计、平面设计、工业设计、雕塑、绘画、场景设计、多媒体艺术、人工智能等诸多领域，具有广阔的应用平台。知识经济的浪潮使得尖端科技与信息融合应用到博物馆陈列艺术之中，这是一种以技术为先导，融合文化、艺术与历史内涵的展示设计新趋势。同时，在技术革新之外，叙事性设计强调创新的思维与理念，使博物馆陈列艺术设计的意义得以延伸与拓展。

叙事性设计影响到博物馆陈列艺术时空观念，因为博物馆的叙事性陈列艺术设计旨在通过听觉、视觉的感受，通过身体感知，向观众传递信息，运用叙述性设计手法对叙事元素在一个特定空间进行构建，营造一种时空重置、移植或再造的效果，所以，强调剧场感的现场、以虚拟时空技术营造虚拟时空环境是必要的途径，同时引起了人们时空观念的改变。

叙事性设计影响人们的审美观念，这在当代博物馆陈列设计艺术的审美方面是一个不容忽视的独特视角。建立博物馆叙事性设计审美评价机制，可以在评价中梳理叙事性理论，总结叙事性设计的经验，拓展我们的观念与视野，提升叙事性陈列设计的技术与艺术水平。除此之外，还可以通过审美评价调动设计师的积极性，推动博物馆陈列设计事业的发展。以往，人们对博物馆设计审美的观念停留在实用、经济、美观三个层面，在叙事性设计思潮的影响下，对当代展示陈列叙事性设计进行审美评价时还有以下三个应当注意的要点：首先是人与自然、人与环境的和谐，提倡“无为”的设计观念；其次是与全球化的可持续发展战略相一致的陈列艺术可持续设计理念；第三是当代博物馆陈列艺术设计的创新理念，这种创新理念体现在时空转换、体验参与、虚实对比、动静结合、图像流转等方面。

叙事性设计的方法和技术，以及叙事性设计的成果最重要的表现形式之一，是叙事场景，而叙事场景的营造就是历史情景的再现。再现不是简单地重复过去，而是要进行艺术的提炼——艺术地表现时间，艺术地复原空间。运用艺术手法结合信息技术复原时空的表现手法营造出仿真的叙事性历史场景，是博物馆叙事性展览陈列中的一种具体方法——物理时空与信息时空相结合的交互叙事设计方法。以此方法与技术营造出的叙事性的艺术化场景和多项信息技术融合营造出来的艺术时空，给观众提供了一个最佳的穿越时空、体验过去、想象未来的多元化场景，能引起观众的直接感受，产生视觉、听觉、触觉及心灵上的震撼。

在新的形势下，博物馆陈列设计领域必须产生新的设计方法，以适应国家新的文化发展战略的需要。传统的博物馆陈列设计方法已无法全面地对展品进行解释，更难以引领参观者进入文物展品所在的年代、想象文物展品当年的风采。博物馆陈列叙事性设计可以说是叙事性理论指导下的一种新的设计方法，能够构架起历史、当代、未来三者之间连接的桥梁。利用叙事性陈列设计的方式对这些看似离我们遥远的、孤立的、冷峻的物品，进行故事性叙述，娓娓道来，可以全方位展示文物和展品的文化艺术价值，再次唤醒博物馆陈列艺术的社会性，显示博物馆陈列艺术新的社会价值、文化价值和艺术价值。叙事性博物馆陈列艺术设计的春天到来了。

吴诗中

2023 年 8 月 2 日

目　录

导言　叙事之问

我对博物馆陈列艺术的叙事性的关注，大约起于15年前，也就是2005年，我们团队设计了一个人物纪念展馆，该展馆设计历时3年，当时艰难辛苦的情景仍历历在目，令人不能忘怀。但是，真正打动我的是该展馆陈列内容中人物的生平、故事、情怀、品质。为了国家和民族事业，这位人物全家有6位亲属献出了生命，包括自己的妻子和儿子。人物的丰功伟绩已经永远载入史册，人物的精神智慧家喻户晓，人物一生的命运感动国人，于是燃起了我对人物类博物馆陈列叙事特性进行探讨的热情，短时间内，我将初步研究成果《展示陈列中的叙事空间设计》❶发表于《装饰》这一核心刊物，并下决心继续深耕这一课题。翌年，我赴上海参加中国博物馆协会陈列艺术专业委员会年会并作发言，题目是《人物纪念馆的叙事设计方法》❷，发言稿收入《2013年中国人物类博物馆纪念馆陈列艺术学术研讨会论文集》。此后，我和博士后王晓松、魏佳等在总结博物馆陈列实践案例和继续理论研究的基础上，先后合作完成《叙情与叙理·异识与共识：博物馆艺术设计中的叙事特性研究》❸《叙事性设计在博物馆陈列中的意义》等论文，发表于相关核心期刊和2016年《为博物馆而设计》论文集。在国家有关部门的高度重视和大力支持下，2014年，我们团队的研究项目“博物馆陈列艺术中的叙事性研究”成功申报国家社会科学基金，我们继续工作、探讨，不断推进研究的深度与广度，不断以设计实践来检验我们的探索成果，为博物馆陈列艺术叙事性研究搭建起一个初步的体系框架。

当下，叙事设计是设计领域较为热门的话题之一，这是在20世纪西方

❶ 吴诗中：《展示陈列中的叙事空间设计》，《装饰》2012年第7期。

❷ 吴诗中：《人物纪念馆的叙事设计方法》，见中国博物馆协会陈列艺术委员会、上海鲁迅纪念馆编《2013年中国人物类博物馆纪念馆陈列艺术学术研讨会论文集》，上海：上海社会科学院出版社，2016年，第16页。

❸ 吴诗中、王晓松：《叙情与叙理·异识与共识：博物馆艺术设计中的叙事特性研究》，《现代传播（中国传媒大学学报）》2016年第11期。

后现代理论背景下建立起来的跨学科设计理念，亦被称为后现代设计。作为一名设计人，在经历了多年的叙事理论研究与实践探索之后，有责任对叙事设计的来龙去脉做一个简要的梳理，对博物馆陈列艺术的叙事特性做一个简要的介绍，对博物馆陈列艺术叙事性的要素进行理论性的探索，并建立起博物馆陈列艺术叙事性的研究目标系统，在目标系统中为叙事性思想渊源、叙事性设计的行为方法、叙事性设计的演绎逻辑梳理出清晰的线索。为此，本书发起了叙事之间。

第一节　何为叙事学

“叙事学”（Narratology）是20世纪60年代兴起于西方的一门年轻学科，致力于文学和影视作品的研究。《罗伯特法语词典》将其定义为关于叙事作品、叙述、叙述结构及叙述性的理论。❶对叙事学的讨论，早期是以法国为发展中心的，后辐射影响至全球，在文艺理论界的共同努力下，叙事学研究取得了令人瞩目的成就。

但事实上，早在法国学者讨论叙事学之前，20世纪20年代，俄国形式主义理论流派兴起，成为叙事学发展的思想渊源。弗拉基米尔·普洛普（Vladimir Propp）从叙事功能的角度对俄罗斯民间故事做了系统研究，其著作《民间故事形态学》（1928）被视为叙事学的发轫之作，主要对叙事功能进行分析，强调人物功能与故事行动的关系，并将其理论化为解读民间故事的普遍模式。

直到20世纪60年代，叙事学才作为一门学科在法国诞生，并逐渐发展成熟。1966年，罗兰·巴特（Roland Barthes）于《交流》杂志的“符号学研究——叙事作品结构分析”专集中发表《叙事作品结构分析导论》一文，指出叙事的普遍性，并构造了文学描述的三个层次：功能层、行为层、叙述层，为叙事学提出纲领性的理论设想。1969年，法国理论家茨维坦·托多洛夫（Tzvetan Todorov）在《〈十日谈〉语法》中写道：“这部著作属于一门尚未存在的科学，我们暂且将这门科学取名为叙事学，即关于叙事作品的科学。”❷首次提出“叙事学”（Narratology）这一术语，主张这是针对叙事作

❶ *Dictionnaire Le Petit Robert*, Le Robert, 2016.

❷ 赵毅衡、胡易容：《符号学－传媒学词典》，南京：南京大学出版社，2012年，第198页。

品探究其叙事结构的理论。❶

与此同时，西方正值结构主义思潮的黄金时期，叙事学的主要奠基者托多洛夫、罗兰·巴特、热奈特等人，皆为著名的结构主义思想家。叙事学与结构主义关系密切，其发展成就是结构主义思潮在文学领域结下的果实。结构主义人类学创始人列维－斯特劳斯（Claude Lévi-Strauss）在推广结构主义语言学的同时，率先将结构主义应用于人类学，此后这套研究方法又相继渗入社会学、历史学、文学等学科，为叙事学的跨学科研究与应用奠基。

80 年代，叙事学理论开始被引入中国。国内最早介绍西方叙事学的是 1983 年张隆溪发表于《外国文学研究》的《故事下面的故事（论结构主义叙事学）》一文。此后，国内学者在借鉴西方理论研究的基础上，结合中国特有的文化背景及语言方式，在理论建构、文本分析、本土探索和跨学科叙事研究等方向上进行中国式的探索实践，并取得显著成果。其中具有代表性的有罗钢的《叙事学导论》（1994）、杨义的《中国叙事学》（1997）、赵毅衡的《当说者被说的时候：比较叙述学导论》（1998）、耿占春的《叙事美学》（2002）等。他们以中国民间故事、话本小说，或《红楼梦》《水浒传》等古典文学名著为范例，使用分析与批评的双重视角，将文本与本土文化结合，总结出更贴合中国叙事语境的一套理论体系，在丰富叙事学理论的同时，为推动叙事学在本土跨学科的应用与发展作出了贡献。

❶ 林东泰：《叙事新闻与数位叙事》，台北：五南图书出版股份有限公司，2015 年，第 127 页。

第二节　何为叙事性设计

自远古以来，叙事作为人类最普遍的行为方式，以多元的形式出现于各个时代、各个民族。直到现当代，在后现代主义思潮及新兴数字媒体技术的推动下，叙事学才成为专门的学科，不断扩展研究范围与领域，丰富叙事形式，并在原有基础上延伸，出现了关注边缘、个体和民族的新视角。

斯科尔斯、费伦和凯洛格曾指出："所谓叙事，我们指的是所有具有以下两个特征的文学作品，即存在一个故事和一个故事叙述者。"[1]且这两个特征之间的关系是叙事活动中最本质的关系。人作为叙事活动中不可或缺的一大要素，无论文本原作者、故事转述者，还是设计师，都是带有主观意识的主体。正因如此，在故事叙事者与故事之间，潜藏着成千上万种故事叙述方式，并构成动态多元的叙事情境，影响着叙事的最终表达效果。

此外，与叙述者主体身份相对的，是对作品信息呈接收状态的受众。叙事学发展的同一时期，还伴随着接受美学的兴起，促使叙事学的研究方向出现从作者、文本向受众的转移，注重读者与文本的交流互动过程。如在沃尔夫冈·伊瑟尔的"隐含读者"、罗兰·巴特的"作者之死"等概念中，作者的意图与想法不再是文本意义的唯一解释，读者的阅读方式及其对文本赋予的见解受到更多关注。正如巴特所说的："文学工作（如果把文学作为工作）的目的是使读者不再成为消费者，而成为文本的生产者。"[2]这种具有革命意义的新阅读方式，将阅读从一种被动接受的行为变为主动

[1] ［美］罗伯特·斯科尔斯、［美］詹姆斯·费伦、［美］罗伯特·凯洛格：《叙事的本质》，于雷译，南京：南京大学出版社，2015 年，第 4 页。

[2] Roland Barthes, *S/Z*. New York: Hill and Wang, 1974, p. 4.

创作的过程。当故事经过叙述，作用于读者或受众的感官时，他们可以结合自身的学识、经历或背景对故事内容做出新的理解，并将其再次表达输出。

由于叙事学的学术理论普遍为大众所认同，并活跃于当代文艺界，故关于叙事学理论的跨学科研究与应用很快便展开。20 世纪 80 年代，英国建筑联盟学院（Architectural Association School of Architecture）教授尼格尔·库特斯（Nigel Coates）和伯纳德·屈米（Bernard Tschumi）将“叙事”作为一种设计方法引入建筑领域，开创了空间叙事研究的先河。❶伯纳德·屈米将建筑定义为一种叙事，把建筑的各个部分比喻为电影的连续情节，由这些部分一起组合成完整的故事。建筑中的叙事，既可以通过文本解构、转译，体现于建筑空间之中，又可以通过非实体形式，将叙事的文本、图像或影片贯穿于建筑的设计理念、空间建造抑或身处建筑中时的沉浸体验。通过讲故事的方式，建筑空间叙事既为建筑创造了多样的元素组合方式，扩展了建筑空间设计的维度，又营造了空间氛围，提升了人对建筑空间的观感体验。

在建筑叙事性设计的带领下，叙事学在设计学的各个领域陆续登场，如叙事性景观设计、叙事性城市区域设计、叙事性产品设计等。叙事学与设计学的结合是相辅相成、互为依托的。叙事学为艺术设计提供了设计的创作方法和创作思路，设计则为故事的叙述提供了更生动的形象、更富人性化的表达与互动方式。在叙事时代，一花一草、一石一木、一砖一瓦皆可叙事。但要做好叙事性设计，需要平衡好叙事学与设计学的关系，使两门学科都能尽其所能、发挥各自优势。

毫无疑问，相比传统意义上的叙事，叙事性设计作为新时代的叙事学及其跨学科应用是更具批判、反思意识的。面对同一个故事，如何构建恰

---

❶ 张建羽：《当代景观叙事的维度构建》，《设计艺术研究》2018 年第 5 期。

到好处的叙事情境，使故事内容得到客观呈现，进而唤起观众的情感反应，这是叙事学与设计学的跨界合作给设计人带来的新的思考和考验。

第三节 何为博物馆叙事性设计

博物馆作为追溯过去、关注当下、连接未来的文化场所，当代性是它无法回避的问题。全球化背景下，世界发展逐渐呈现开放、多元、包容的趋势，而这也是博物馆必然要面对的机遇与挑战。2022 年 8 月， 国际博物馆协会（International Council of Museums，简称 ICOM）布拉格大会通过了博物馆的最新定义：“博物馆是为社会服务的非营利性常设机构，它研究、收藏、保护、阐释和展示物质与非物质遗产。它向公众开放，具有可及性和包容性。博物馆以符合道德且专业的方式进行运营和交流，并在社会各界的参与下，为教育、欣赏、深思和知识共享提供多种体验。”[1]随着时代的变化，博物馆的定位与功能发生了改变，经营管理与展陈设计形式也正在改变。除了传统意义上的典藏与研究功能，其展示、传播、教育功能日益凸显，同时，博物馆面向的观众群体、社会领域日渐扩大，因此博物馆不再局限于在其自身的专业领域之内发展，还应对 21 世纪政治、经济、社会、文化、可持续发展等诸多领域多加关注与思考，探索更佳的艺术呈现形式。

博物馆的叙事性设计是博物馆在当代做出的努力探索与实践，虽然仍处于起步探索的阶段，但可以肯定的是，这必定是一项前景美好、意义深远、有价值的研究。博物馆、纪念馆是人类文化遗产的保护场所，是承载丰富历史文化的空间载体。它通过陈列展出具有历史性、时代性、社会性的展品，从而叙述悠久的历史，唤醒古老的记忆，传承优秀的传统文化。然而，藏品与展品所处的时代背景及其被创造出来的原因和目的，进入展馆之后将发挥的教育功能和内涵价值，二者往往是截然不同的。这导致展品展出

[1] 《国际博协特别全体大会通过新版博物馆定义》，国际博物馆协会官网，2022 年 8 月 25 日。

效果常常与真实历史割裂开，这是传统博物馆展陈的一大窘境。接受美学创始人伊瑟尔指出文本中存在“空白”和“不确定点”，可以被读者的“可塑性”填满，文本与读者之间可以存在不同时空的对话。将这一观点放之博物馆叙事性设计中，我们发现，展品的历史真实性虽然被时间切断，博物馆亦无法完全复原绝对真实的历史，但展品与人的关系可以随着时空的改变而被赋予新的时代意义。通过叙事性设计，构建历史与当代的联系，让高高在上、触不可及的文物展品现身诉说前世今生，带领观众在穿越时空的对话中探索历史、关注当下、启迪未来。这是解决目前博物馆所面临的展陈困境、发挥博物馆现代功能意义的一把钥匙。

有别于传统博物馆内容平铺直叙、观感冰冷生硬的年谱式、教条式展陈方式，当代博物馆运用叙事性设计方法进行陈列布展，将展出的人物、事件、展品贯穿于潜在的故事线中：内容上，通过有目的地策划主题、布局展品、规划展线，让观众在穿过一个个展厅的同时，聆听故事、体验感知。形式与材料上，正如巴特认为的那样，任何材料都适宜于叙事。除了文学作品，叙事还包含绘画、电影、连环画等多种形式，叙事承载物可以是口头或书面的言语、动态或静态的画面，也可以是多种材料的有机组合。博物馆叙事性设计充分利用广泛多样的对象，如历史档案资料、考古挖掘实物、辅助艺术展品等，结合新兴数字技术，还原历史面貌，辅助叙事展开。空间上，博物馆对建筑空间也有了比以往更高的要求，旨在通过叙事将建筑转换为另一种语言体系，与叙事材料、内容有机融合，建立符合叙事语境的空间场域，达到情景交融、知美合一的效果，避免观众产生审美疲劳。管理上，博物馆开办文创纪念品商店、策划公教活动、参与媒体交流，满足不同层次的审美与娱乐需求，让展览故事从馆舍天地走向大千世界。

博物馆陈列叙事通过讲故事的方式，让观众透过可观可感的展品，置身于故事场景中，了解展品背后的历史与文化价值。与此同时，同样的展品，同样的故事，在博物馆叙事性设计的巧妙安排下，一次次以新的面貌呈现，博物馆成为储存人们新旧记忆的特殊场所。在不同的时空、年代、背景下，观众个人的情感记忆被牵动着，也被不同程度地影响着，故事的意义在他们的脑海里被解构，然后又被再次赋予全新诠释。

第四节　博物馆陈列叙事要素

虽然叙事学作为一门年轻的学科诞生于 20 世纪，但叙事活动及其相关研究，自古希腊时期便已存在。亚里士多德（Aristotle）的《诗学》研究了诗歌创作的规律，将悲剧的六要素总结为情节、性格、语言、思想、戏景和唱段[1]，其中最重要的是情节，即事件的安排。在现代，苏联批评家什克洛夫斯基提出了“故事”与“情节”概念，将情节视为把故事打散后重新编造的产物，且认为其居于叙事作品的核心地位。

从古代亚里士多德到现代普洛普、巴特等，他们在结合叙事学与结构主义理论研究的基础上，尝试探寻一套普遍的叙事与解读规律，将隐藏于故事之下的基本要素与结构模式，从繁冗复杂的故事中抽离出来。虽然普洛普的《民间故事形态学》未讨论现代叙事学，但其最主要的贡献在于提出了“叙事功能”这一概念，并从神话故事中总结出 31 种叙事功能，作为叙事的基本要素。在此基础上，法国学者克洛德·布雷蒙（Claude Bremond）提出“叙事序列”，进一步说明功能之间的逻辑关系，初步体现了故事起因、经过、结果三者不可分割的整体关系。所谓序列，托多罗夫的解释是由一连串的命题所组成的，指涉故事发展的时间序列[2]，是通过可续化、情节化的方式展现故事。罗兰·巴特认为叙事作品绝非偶然的个人创造，他提出叙事的三个层次，其中功能层是最小的叙述单位，与指向主体人物行为、功能的行为层一同串联起故事的整体架构。此外，他认为考虑到叙述者与读者这一更宽泛的外部语境关系，叙事层里既存在一个叙事

[1] 「古希腊」亚里士多德：《诗学》，陈中梅译注，北京：商务印书馆，1996 年。

[2] 林东泰：《叙事新闻与数位叙事》，台北：五南图书出版股份有限公司，2015 年，第 128 页。

的给予者，也存在一个叙事的接受者。[1]

可见，涵盖起因、经过、结果等情节的多个事件，是构成叙事的基本要素。同时，事件作为一种行动，需由主体发出并完成，兼有行动发生的背景情境，故必须具备人物、时间、空间等要素。根据叙事句法的规则，事件、人物、行为等按照一定的时空和因果关系，可以有多种排列组合的方式，由此构成可续性的序列，使故事获得成千上万种叙事方式，进而产生差异化的叙事效果。

博物馆陈列叙事与叙事学一脉相承，叙述时必须具备事件、人物、时间、空间等要素，脱离了这几大要素，就无法称为博物馆叙事。基于这几项要素，结合故事特有的行为方法，构成事件的起因、经过、结果，凸显人物的性格、立场、形象，反映年月、时令、气候、地点、风物、环境等特定时空，渲染故事氛围，最终演绎出潜在的价值与意义，实现从叙事要素到叙事场域的转化。虽然博物馆叙事不可能恢复绝对真实的历史，但组成陈列叙事的各个要素必须有史可查，体现岁月留痕，进而还原客观的历史文化风貌。这与创作时往往天马行空的文学叙事是有明显区别的。

近年来，我国正兴起一股博物馆热。面对这股突如其来的热潮，作为博物馆人、设计人，在把握机遇与挑战的同时，更要做一些“冷思考”，反思如何让博物馆走向深化，而非昙花一现。观众是谁？讲述的内容是什么？采用什么方式与技术呈现？这一系列问题常常与博物馆叙事性设计相伴而生。为使这些问题迎刃而解，设计师首先应明确自身定位、职责，以及与观众的关系。博物馆展陈叙事性设计的目的是给观众提供更佳的学习体验、环境与服务，因此这应该是有温度、有情感的设计，不仅要从专业人士的角度考虑，更要站在观众的角度，设身处地地为观众聆听故事、理

[1] ［法］罗兰·巴特：《符号学历险》，李幼蒸译，北京：中国人民大学出版社，2008 年。

解故事进行思考与设计，避免过于专业化或流于肤浅碎片化的叙事方式。这种以观众为中心的叙事思维，与文学性叙事显然是不同的。与此同时，博物馆叙事性研究与发展需要建立一套相应的目标系统，先将思想溯源、叙事要素、意义价值等总结、提炼为基本结构，再分别结合观点流派、叙事行为、叙事方法等进行演绎、归纳，最终在此基础上形成集研究框架、叙事作品、评价标准于一体的博物馆陈列叙事研究体系。

博物馆陈列叙事性要素系统与叙事性研究目标系统的确立，从叙事设计中来，又将回到叙事设计中去，具有长远的、可持续的发展意义和价值。它们建立了叙事性演绎的体系及叙事性研究的框架，让人对于什么是叙事性设计，以及什么是博物馆陈列艺术叙事性设计，一目了然。其中尤以叙事性要素为重点，这是辨别是否为叙事性设计的标准。

小　结

随着后现代理论的深入发展，以及5G网络、智能化、数字化、大数据等高新科技的应用，人类社会与博物馆展示陈列行业都正在步入“后时代”，尤其是人类在经历新型冠状病毒疫情之后，观众群体、观展方式、理论观念、社会环境都在时刻变化着。博物馆陈列叙事性设计是博物馆对时代变化做出的应变，体现了博物馆展示陈列设计从静态到动态、从实体到虚拟、从线下到线上、从被动观展到主动参与、从文物展品到观展观众、从有边界限制到全球化传播、从单一形式到多元模式的转变。

博物馆陈列的叙事方式与叙事学一脉相承，又有所区别。博物馆陈列设计运用叙事性设计方法，故事化、情境化地陈列文物展品、表达历史事件，让文物活起来，让观众感知文物背后的社会背景与人文情怀，感悟故事的历史意义与文化价值。与此同时，叙事性设计善用先进的科学技术成果，结合多元的搭建材料和空间形式，融入批判性思维，做到历史与故事、异识与共识、社会与政治、文化与艺术、叙情与叙理的多层面高度统一，使观众得到集知识获取、审美愉悦、情感触动于一体的观展体验。

博物馆陈列的叙事性设计作为博物馆连接过去、现在和未来的纽带，以及博物馆与观众之间互动沟通的桥梁，实现了传统文化的当代价值。它是应对当下国内博物馆展示陈列设计缺乏创新、千馆一面这一困境的出路与方法，亦是具有当代意义的跨学科实践与探索，引领我们开拓崭新的视野，畅想博物馆展示陈列事业发展的广阔前景。

第一章

现代博物馆陈列的艺术特征[1]

[1] 此章部分内容曾作为国家社科基金后期资助项目“博物馆陈列艺术中的叙事性研究”的阶段性研究成果公开发表。见吴诗中、金海鑫、陈奕君、裴磊《当代博物馆陈列设计的叙事性艺术特征》，《艺术研究快报》2015年第4期。

博物馆作为一个文化复合体，是紧随社会的变迁而发生变化的。博物馆的出现最早可以追溯到人类对财产的私人占有，而现代意义上博物馆的产生则与资产阶级的兴起相关。工业革命之后，社会生产力不断提高，人们获取知识的欲望也急剧高涨，博物馆作为具有教育功能的文化场所迅速发展壮大。一般认为，第一座现代博物馆是法国的卢浮宫博物馆。卢浮宫原是法国的王宫，法国大革命后改变了其原有的功能而成为面向市民开放的公共文化场所。1946 年，国际博物馆协会（简称国际博协）在法国巴黎成立，自那时起，全球各种类型的博物馆在发展和建设上都得到了国际博协的支持和鼓励。国际博协进一步对博物馆的功能与作用、社会服务性质、专业管理等各项职能内容进行了明确。

在博物馆发展的近 100 年时间里，全球博物馆人逐渐意识到服务于社会的“教育功能”是博物馆的功能意义的一个重要部分，“新博物馆”或“开放的博物馆”等理论的提出，既是建设者对加强博物馆自身发展以应对社会转型的要求，也是现代博物馆对社会公众性予以思考的产物。这些理论都最终反映到了博物馆经营观念的变化之上。在这个过程中，贯穿于博物馆历史的“典藏”和“陈列”两项工作，都出现了“变与不变”的双重特征：它们的核心地位并没有变化，但方式和目的发生着或已经发生了根本性转变——大多数博物馆正处于从单向度典藏和展示陈列空间向多元化、交互式、数字化、智慧型、开放型的公共知识教育平台的转变中。博物馆“放下身段”，通过不同的形式和手段与观众建立“平等对话”的关系，改变以往单纯的生硬、冰冷、居高临下地展示陈列的形式和观众被动观看的模式，尝试以各种方式用贴近人的故事性“讲述”，使观众获得一段在博物馆里互动学习的经历和沉浸式情境体验。“博物馆在展品和参观者之间形成框架来控制参观过程，来暗示一种密切交织的叙事过程。”[1]

从这一点来说，体现博物馆展览陈列形式设计的“形式手段”及博物馆展览所采用的形式设计的语言所具有的创新性、有效性和针对性，就成为博物馆的现代特征中最值得考察的部分。博物馆应尽力确保陈列展出的物品真实客观，不应永远保持神秘化或墨守成规。[2]国际博物馆协会在关于职业道德准则中特别提到“去神秘化”的问题，去神秘化的宗旨是突出文物和展品在博物馆展览陈列中的存在价值，让博物馆陈列尽可能“活”起来。习近平总书记指出，“讲好故事的能力”，是中国文艺工作者的职责[3]，更是对博物馆展陈设计师的基本要求。

在我们看来，现代博物馆陈列的艺术特征在一般意义上可以从设计创新、学科交叉、心理引导三个方面来展开，最终通过视觉方式营造一个具有独立意义的叙事空间。

[1] ［美］珍妮特·马斯汀编著：《新博物馆理论与实践导论》，钱春霞、陈颖隽、华建辉等译，南京：江苏美术出版社，2008年，第6页。

[2] 中国国家文物局、中国博物馆协会编：《博物馆法律法规文件选编》，北京：科学出版社，2010年。

[3] 参见习近平《在中国文联十大、中国作协九大开幕式上的讲话》，北京：人民出版社，2016年，第26页。

第一节 设计创新

创新是人类特有的认知能力和实践能力，是人类主观能动性的高级表现形式，从某种程度上来说，人类社会发展的历史就是由创新来标示的。小到一个人对衣食住行的经意或不经意的考虑，大到一个民族、一个国家对发展进步的追求，无不需要对作为基础的理论问题进行不间断的思考，在这种思考中，一刻也不能没有理论上的创新。在艺术设计领域里，设计创新表现为以新思维方式、新设计手段和新描述方法为特征的一种综合性、概念化过程。它一方面受当前社会环境（如技术状况、科学观念、材料特征）和社会意识形态等周边条件的影响，另一方面也在不断推进社会对相应问题边界的认识。王明旨认为，“条件”“需求”和“创意”是设计的三个要素，当客观条件发生变化时，人们的需求会随之变化，创意也会不断出新。❶自然，设计创新的成果也会对社会变化产生相应的推动甚至颠覆作用。当前，为艺术设计提供支撑平台的数字技术趋于稳定上升的状态，人工智能技术正在突飞猛进地发展，这一切早已经引起艺术设计界的极大关注，即将引发一场艺术设计领域火山爆发式的创新，这一革命式的创新也是基于物理、化学等自然科学发展基础上的“范式革命”。提出“范式”概念的美国科学家托马斯·库恩（Thomas Kuhn）认为，“范式”“迭代”等概念的形成，都可以被看作以科技为基础的设计创新对社会发展深度影响的结果。

❶ 王明旨：《信息时代呼唤新创意》，《装饰》2001 年第 6 期。

一、思维与灵感

思维和灵感是设计创新的必要条件，同时二者是孪生姊妹——有思维才能有灵感，有灵感才能创新。设计创新就是要打破常规、推陈出新，超越历史、超越自我。设计创新也要注意观察和发现，注意信息集成，注意技术集成。如果我们以新的思维方法去对待以往的事物，利用现有的资源进行重新整合，挖掘价值，就会闪现出新的灵感，从而提出新的解决问题的方式，这也是创新。以新思维、新观念在设计领域做到出奇制胜、脱颖而出，特别要注意两个方面的因素：一是对现有资源进行整合的基础性能力；二是打破常规思维的模式，能够从不同方面、不同角度寻找新的突破口。

川陕革命根据地战史馆 2021 年 7 月正式开馆，图 1-1 是序厅的初步概念设计，设计师在设计形式上大胆创新，既有思维也有灵感，运用讲故事的设计方法，叙述当年红四方面军在这里为保卫根据地进行的六大战役，这是战史馆的表现重点。画面上，表现六大战役的主题雕塑在观众眼前阵列排开，和天花板、地面组合成大透视，形成巨大的视觉冲击力，让视线聚焦于一个消失点，天花板上的红军五星在党徽的映照下熠熠闪光。虽然这只是一个初步的概念，但已经体现出设计师打破常规、超越当下的创新能力和思维发展趋势。

鲁迅先生所说的“运用脑髓，放出眼光，自己来拿！”[1]的“拿来主义”，在设计创新当中就十分适用。无论怎样的素材，只要能够为我所用，就是好的。而且，不仅设计实践需要跨学科、跨领域、跨行业的资源，设计在概念上更需要融会不同学科的观察方法来寻求意想不到的效果。

“海洋动物”（见图 1-2）的设计师为清华美院硕士研究生韩坤炯和设计师金志城，他们为这个展区的设计做了大量调查研究，在众多设计想

[1] 鲁迅：《拿来主义》，见《鲁迅全集》第 6 卷，北京：人民文学出版社，2005 年，第 40 页。

图 1-1　川陕革命根据地战史馆序厅 ｜ 设计：李跃进　金志城　路韬

法中选用了这个创意。首先是打破常规的思维模式，让观众置身于海底的位置观察海洋动物，观众的周围都是海洋元素，有海底礁石、海底岩洞、珊瑚礁等，观众从岩洞里往外观察，洞外是各式各样的海洋鱼类在眼前游动，营造出奇特的视觉感受。其次是在设计中考虑到了跨学科、跨领域、跨行业的技术支持。处于海底环境状态下的展版，其造型、比例、尺度都超出一般的美学规律。游动的海洋动物冲着观众迎面而来，眨眼之间又摆尾而去，观众如在海底行走，也许能感受到海水的压力和海底波浪对人身体的影响，

这一切感受必须靠跨学科的科学技术条件支持才能实现。同时，这个“海洋动物”展区设计打破了以往常规的静态展示设计的创意模式，体现出设计师的创意思维和设计灵感的非同一般。因此，在创意阶段，活跃的思维对于设计人员来说尤为重要。不画地为牢局限于某一点，在不同方向进行横向跨越式的创意灵感的搜寻，以达到设计在“意料之外，情理之中”的理想效果。当然这种“跨越式”的思维方式也有它的原则和规律，不分青红皂白地生搬硬套和任意嫁接就会如凌空虚造，最终得到的只会是有违基

图 1-2　“海洋动物”展区设计图 | 设计：韩坤炯 金志城

本审美规律、与功能需求无关的拼凑出来的“怪物”。

以上两个案例各有特点，都是成功的设计，对观众有吸引力，说明在设计创新活动中，人的思维和灵感在设计中的价值意义。除了活跃的思维能力，设计创新也离不开日常经验的浸润。灵感并不是随时恭候设计师召唤，当灵感火花无法闪现的时候，就要靠平日生活中的经验积累，靠这些聚集而来随时可以燃烧的火种，去引燃灵感的火花。如果缺乏平时对身边事物的细心观察和自身文化涵养的积累，想要提出有创意的设计理念是很难的。展示陈列设计有其特殊的规律和逻辑，而丰富的经验积累则会帮助设计师更加准确地把握设计当中的规律，更快地找到创新的突破点。对具有丰富的经验积累和创新思维的设计师而言，当创意灵感闪现的时候，生活中毫不起眼的东西也许就能够变为一个闪光的设计亮点。

图 1-3　美国华盛顿犹太人大屠杀纪念馆 | 摄影：李麓

二、形式与设计

形式与设计是设计创新的物化状态，在博物馆陈列设计创意当中，设计形式的呈现是可见、可触摸、有体积、有温度、不可回避的，这也是陈列设计师面临的主要问题。在叙事性的陈列设计的要求下，博物馆作为储存物品、“典藏”记忆，以及传播历史和文化精神的重要场所，不仅仅要做好文物的保护工作，更重要的是还要将这些文物背后的故事讲述给观众，从而达到传播知识的目的。好的设计创意能够让观众走进历史，读懂历史，从历史中汲取具有现代意义和现代价值的思想内容。博物馆展示陈列设计之初首先要明确需要展示内容的重点——它或许是一件物品、一个故事，又或许是一种感受、一种精神。这需要围绕重点对材料进行取舍，利用以往积累的设计经验选择准确而有新意的视觉方式，并通过恰当的形式将核心信息传递出来。例如，通过展示陈列形式的设计来表达对战争和大屠杀的控诉、对逝者的纪念的设计方式，反映在美国华盛顿犹太人大屠杀纪念馆的设计上（见图 1-3）。1993 年，这个纪念馆由美国拉尔夫·阿佩尔姆公司设计，其中有一个设计亮点，就是设计团队在这个展厅的结尾部分，设计了一个高于展厅的下大上小的斗方形空间——人像塔。人像塔空间的四个面上布满了无数惨死在纳粹大屠杀之中的遇难者的照片和名字，照片虽然不大，却多得无法数清，将观众包围其中。观众进入人像塔时，可以看到分为两行的字幕解说：这里是 Ejszyszki 村的人们，这个村庄位于现在的立陶宛。一个屠杀小组在两天内将这个村里的人全部杀光。人像塔这种阵列的设计形式形成了特殊的视觉冲击力与强烈的感染力，观众面对阵列式的照片墙，会产生出一种无言的悲痛。

设计师以独特的手法营造出肃穆的空间和大斜面满布遇难者照片的终极效果，让观众面对如此多的遇难者的形象，切身感受到犹太人被屠杀时的悲惨情景。观众面对密密麻麻遇难者的形象，望着无限升高的空间，仿佛是在一个大教堂似的空间里面聆听某讲述者讲述着“二战”期间犹太人被德国法西斯大屠杀的恐怖历史。这一空间的设计虽然并不高大，也没有巧妙的多种变化的形体穿插和凹凸起伏变化，更没有现代时尚、别致流动的造型，设计形式的寓意也并不明显，但是设计师赋予这个空间深刻的内涵，营造出能够撼动观众心灵的意境。与展览主题紧紧相扣的叙事艺术陈列形式创意，正是设计师在设计中创新的成功之处。

还有另一个具有设计意味、值得品味的空间，是坐落于浙江乌镇西栅景区内的木心美术馆的室内楼梯间（见图 1–4）。

这个楼梯间以木头本色、深灰色、黑色为主色调，这也是木心美术馆室内装饰和布展陈列中的色彩主基调。楼梯上点缀少许金属零件，闪烁出太空银的光色。楼梯间直泄而下的自然光、木质材料明显凹凸的肌理、室内空间室外化的理念在此被极致呈现 。至于美术馆的室内家具、文物展柜材料的色彩，也都是深灰色。设计师的设计理念是：一方面表达纪念木心

图 1-4　浙江乌镇木心美术馆的室内楼梯间 | 摄影：李麓

的肃穆之感，另一方面也以材料的粗糙肌理和凹凸不平向观众暗示木心人生经历之曲折沧桑。设计师在乌镇东栅景区内利用老街道上的老房子所设计的木心故居展示空间所体现出来的书香典雅氛围，和此处木心美术馆的现代纯净意境形成了较为强烈的对比与互补。如果观众在乌镇参观木心故居和木心美术馆，会感受到传统和现代、东方和西方不同设计风格的差异。两种不同的设计思想在此交融，也体现出木心在东方成长、在西方度过晚年的两种不同经历。

以上这个案例以材料本身的色彩和质地传达出对木心纪念馆内在品质的表达，下一个案例则通过色彩、材料与数字技术的结合，传达出设计师将传统与时尚相融合的观念。河南汝州的中国汝瓷博物馆“窑魁汝韵”展厅的主题设计（见图 1-5），不论在色彩、材料质地上，还是在设计形式与数字技术相结合的切入点上，都充分体现了设计创新。

设计师着眼于观众进入序厅的一瞬间，纱幕和光纤灯组成的汝瓷艺术装置首先映入观众眼帘，虚幻性的吊挂装置内，晶莹剔透的小灯珠如点点

图 1-5　中国汝瓷博物馆“窑魁汝韵”展厅 | 设计：姜昊生 刘翰砒

星辰幻化成瓶、尊、碗、盘、洗等汝窑名器，出现如天星般闪耀，隐去如飞雪般消逝。光纤纱幕弧形饰面围绕艺术装置盘旋而上，不断变幻，最终幻化为片片荷叶漂浮空中，而荷叶形、荷叶边正是汝瓷造型的经典特征。这一设计创意没有偏离汝瓷的主题，晶莹剔透，动静适宜，雨过天青，蓝光溢彩，既抓住了汝瓷的典雅的品质和深刻的美学内涵，又具有一番别致的时代意境。所以，博物馆的设计创新又并非普通意义上的形式“创新”，而是努力挖掘文化资源、贴近其受众群的真实心理，把所要表达、展现的目的通过综合性的艺术设计手段表达出来。它以贯穿始终的陈列主线的明确性为第一要义，所有的设计手段都围绕“主线”和“目的”来展开。不过在这里还需要说明的是，旧的事物不断被新的事物替代既是创新的宿命，更是创新的价值。博物馆陈列的设计创新也将随着审美思想、时代诱因、设计观念、陈列技术、博物馆功能和受众群体审美层次的变化而不断更新、不断变化、不断提升、不断发展。

第二节　学科交叉

信息时代博物馆陈列设计的一大特点就是不同领域、不同学科、不同专业的交叉，各学科的知识的集成综合运用弥补了以前展示设计单一学科在博物馆陈列设计工作中知识方面的不足，发挥出交叉学科及陈列技术融合的优势。

一、不同学科交叉

博物馆陈列设计是一项需要各参与方紧密配合、协同合作的综合类交叉学科，涉及的专业知识和专业类型非常广泛，有博物馆学、考古学、设计学、艺术学、建筑学、计算机学、教育学、管理学、心理学等，同时，博物馆陈列设计和陈列实施的从业者也需要对博物馆建筑的消防、监控、强电、弱电、空调管线等建筑设备与公共安全知识有基本的了解。根据加拿大陈列展览专家盖尔・德科斯特・洛德（Gail Dexter Lord）关于博物馆陈列的观点，博物馆陈列的工作主要是由展览策划人、布展陈列设计师、展览内容研究人员、公共教育专家、影像视听制作人、后期管理和观展服务共同完成的，而这些人员的合作都是围绕着观展者的观展诉求这一重心而展开的。[1]需要补充的是，即使有对观众前期调研的基础分析，观展诉求依然是由展览主办方预设、假定的，需要依据对实地的考察来做最后的评估，因此，有时候还需要心理学专家和专业的市场策划人员介入，将调查结果反馈到展览主办方，以进行必要的调整。

---

[1] Barry Lord, Gail Dexter Lord, eds. *The Manual of Museum Exhibitions*, Lanham, MD: Alta Mira Press, 2001.

根据不同的博物馆内容主题，博物馆展示陈列的分工和侧重点也有所不同。如故宫、中国国家博物馆、中国人民革命军事博物馆、中国电影博物馆、中国地质博物馆、首都博物馆这类特点鲜明、陈列主题相对固定的大型博物馆，在展示陈列设计中多以相应主题的不同学科背景的专家学者等为核心，进行展陈内容、空间布局、参观流线的规划。专家学者确定展陈的内容、概念和定位，展示陈列设计师负责把想要表达的抽象内容、概念视觉化和形象化。在这一过程中，展示陈列设计师还要与现场施工技术人员密切联系配合，在色彩控制、材料选择、肌理保持、制作工艺、技术保障诸多方面保持实用、节能、高效、安全的常态。教育专家或博物馆公共教育、推广部门在展示陈列设计师的配合下，对专业信息进行通俗易懂的图文解释和其他相关文字宣传材料的补充，文物展品保管人员则在专业运输公司的配合下，对藏品的运输、保护、展陈方式、安全保护等方面提出意见，并尽可能形成书面的指导手册，以供相关人员在布展操作时参考使用。这一切的出发点都是让观众能够更好地、更全面地了解展览的主题内容，因此，要思考如何进行观众的心理引导、为观众提供最适宜的观展体验，就应该具备心理学的基础知识，从视觉心理、设计心理的角度来思考问题。

二、不同技术融合

在当今信息化时代，观众对博物馆的需求不再仅仅是简单地观看展览的实物展品和说明文字，更期望通过多媒体播放、互动虚拟体验的方式，主动参与到知识的发现和获取之中。这就需要信息设计艺术、电影叙事学、传播学、计算机艺术设计等多种学科的介入和设计师多种知识的积累。

1965 年，毛泽东写下一首词《水调歌头·重上井冈山》，词的结尾部分言：“三十八年过去，弹指一挥间。可上九天揽月，可下五洋捉鳖，谈

图 1-6 “可上九天揽月 可下五洋捉鳖交互展项” | 设计：段恩慧

笑凯歌还。世上无难事，只要肯登攀。”他以豪迈的词句，酣畅淋漓地表达新中国人民的壮志豪情：上可以飞到天上去摘月亮，下可以探入海底去捉鱼鳖。整首词怀旧颂新，抒发了欲征服宇宙的凌云气魄，将叙事、写景、抒情融合在一起。“可上九天揽月 可下五洋捉鳖交互展项”（见图 1-6）的设计观念主要是让观众体验毛泽东这首词的深刻内涵意义，运用多项数字媒体融合交互技术让观众体验词句的豪言壮语和万丈豪情。观众在自己的手机屏上点击，马上就能与眼前的弧形数字大屏幕互动，看到神舟十号载人飞船 2013 年 6 月 11 日 17 时 38 分发射升空，在茫茫太空飞行 15 天后，6 月 26 日飞船返回舱返回地面的影像。

观众也能通过数字交互技术看到 2020 年 11 月 10 日“奋斗者”号潜水器在西太平洋马里亚纳海沟海域成功下潜，深度达到 10909 米，创造了中

图 1-7 数字交互技术显示“奋斗者”号潜水器成功下潜 | 设计：林静

国载人深潜新纪录（见图 1-7）。这个交互设计中，该展厅的弧形数字交互屏幕在观众与之互动下，出现新的景象，透明屏幕上“奋斗者”号周边的海水海底物（参照物）背景缓缓上升，以此运动状态显示“奋斗者”号正在成功下潜的过程，这个有趣的“奋斗者”号下潜坐底影像形象地说明我国载人深潜的技术装备能力和自主创新水平显著提升。表现“奋斗者”号下潜的数字交互展项，体现了不同技术融合、多个学科交叉的绝佳优势。

在博物馆展览设计领域大量运用多媒体技术能够获得不同以往的艺术效果，视频影像播放、高清图片、适时音效、抠像投射照明等技术的综合集成运用，产生的特殊效果超过了人们的预期，当这种综合技术的集成应用与展示设计中的场馆造型设计、灯光设计、模型、叙事场景重现等一系列展示手段相结合的时候，就会产生更为丰富的展示效果。所以，以网络

图 1-8　故宫端门的“数字故宫” ｜ 设计：师丹青

技术、虚拟技术、交互技术为主要手段的信息技术综合运用于陈列布展设计已成为一种发展趋势。

位于北京故宫端门的“数字故宫”中央“主题体验区”（见图 1-8），利用信息技术与设计艺术融合的形式表现故宫古典建筑，讲述故宫从紫禁城到博物院的前世今生。高分辨率地面屏幕、室内定位系统、可调透明成像玻璃，以及集成技术控制的多台高清投影设备，使观者可以凌空行走于紫禁城上空，透过十余扇数字大门了解故宫不同的空间地点及历史时段。“数字故宫”的成功设计，再一次完美地体现出多学科知识交叉运用于博物馆展览陈列设计所产生的与传统的博物馆陈列模式完全不一样的美。

三、不同专业整合

有研究者指出：“陈列内容设计是一项集体工程、系统工程，这其中不仅有大量‘史料’到‘藏品’‘展品’的转换工作，还有主题确立、体系建构、内容排布等多重步骤，又涉及前期观众调查、多方专家论证等环节，

还要重复考虑形式设计、深化设计的可行性。”❶虽然博物馆展览陈列设计工作需要涉及的内容如此纷繁复杂，还要根据不同的展览主题、建设规模、建筑空间特点及可利用的资金情况而做灵活多样的处理，但是若就博物馆的基本陈列归纳一个简化参考模式，它主要是由以下几个博物馆学的相关专业来整合、支撑的。

首先，对藏品（或展品）的深入研究是博物馆陈列内容设计的必要条件。研究人员在对藏品（或展品）有条理地进行组织的基础上编写出的陈列大纲主导着整个展览陈列的大方向。研究人员对很多藏品掌握着第一手的资料，已经形成博物馆业界关于藏品保护陈列的各种观点，知道如何更好地解释藏品实物、对它进行明确适当的定位。

其次，博物馆公共教育专家（博物馆内一般都有专门负责公共教育推广等部门的人员来进行常规推广，他们都受过专业的公共教育训练，但在

---

❶ 俞文君:《从人物研究到纪念馆陈列内容设计 --人物纪念馆陈列研究中的一个关键问题》，见《2013 中国人物类博物馆、纪念馆陈列艺术学术研讨会论文集》，上海：上海社会科学院出版社，2016 年，第 148 页。

涉及特殊的问题时则需要邀请社会相关领域的专业的教育界人士介入，此处为行文方便，统称二者为“教育专家”）承担着令博物馆陈列充分发挥教育功能的重要职责。教育是博物馆的核心功能之一，观众来到博物馆参观的一个主要原因是可以在此获取学校教育所不能提供的知识，增长见识。由于博物馆教育的特殊性，教育专家的工作要求他必须在博物馆（展品展项）和观展者（受众）之间搭建一座知识输出与知识接受的桥梁，有可能的话还需要设立一个反馈机制，将观众的感受、意见搜集整理后返回馆方，形成一个有机循环。

再次，博物馆展览陈列设计师理所当然地在这个工作组织中，亦处于无法替代的核心位置，他们直接影响甚至决定着观展者所能直接接触到的东西和可能获得的体验。在展品的基础上，设计师运用各种视觉化或触觉化的辅助手段，把所要展现的内容更加明晰地带到观展者眼前，为观展者打造一个无障碍的体验情境，小到说明标签的摆放、展示材料的选择、灯光照射角度的调度，大到依据藏品而制定的参观流线规划，藏品与整个博物馆空间、建筑风格的相互关系等，都与展示陈列设计师的工作息息相关。从这个角度看，博物馆展览陈列设计师的设计路径与日本设计师佐藤可士和（Kashiwa Sato）所提出的“超整理术”的理念是比较一致的。

以上涉及的三个专业和领域的人员，无论研究人员、教育专家还是设计师，多关注的是从内至外的博物馆布展陈列内容的部分，除此之外博物馆布展陈列还有一项非常重要的内容就是博物馆管理工作。这一工作在博物馆展览陈列中负责从初始布展到展出期间的日常维护、展后展品的撤展回库或后期处理等全流程。有时，作为主办方代表的展览策划负责人（或项目负责人）对项目的进度、资金的使用、展览的质量及藏品和人员的组织等各个环节都要关注，且要居间协调不同参与方的关系，使相互的配合流畅而高效。而在文物展出单位，不同类型的藏品对大环境、小环境（如温度、空气的干湿度、酸碱度等）都有一定的要求，这些都需要展览策划人员或研究人员予以积极配合，尽早为设计师提供明确的技术要求。当然，所有的展示陈列设计最终都要落实到施工环节，施工方的资质及工人在博物馆这样的特殊空间中施工中所需注意的问题等都要考虑进来，这就要根据具体情况制定工作预案。

总的来说，在博物馆展览陈列工作中，各个学科、各个专业、各个行业、各种技术都有其不可替代的重要性，不存在截然的高低或主次之分。好的博物馆陈列需要各个学科的配合才能实现最好的展陈效果，更好地吸引观众在寓教于乐中接收所需要的信息内容，也正因为如此，现代博物馆陈列本身具有学科交叉的典型特质。博物馆展览陈列又是一项面对交叉、复杂的系列设计的管理工作，这对展陈设计师提出了更高的要求，如设计心理学家诺曼（Donald A. Norman）博士所言："设计师必须提供组织构造、有效的沟通，和一个可以学习的、善于交际的互动性技术。"❶

❶ ［美］唐纳德•A. 诺曼：《设计心理学 2：如何管理复杂》，张磊译，北京：中信出版社，2011 年，第 242 页。

第三节 心理引导

心理引导是当代博物馆陈列艺术中的一个显著特点，以往传统的博物馆陈列布展对观众的参观有两种处理方式。一种是自由的参观形式，文物和展品的摆放是自由的，不考虑文物展品的历史年代先后关系因素，观众自由地按个人对展品的兴趣选择参观。第二种是口袋式的按展厅展墙依次布置流线，一个展厅就像一个口袋，一个口袋只有一个进口，观众只能从唯一的口进去，还得从这个口出来。文物展品大多按历史年代的先后关系排列，观众不得不一个口袋、一个口袋地顺着时间线前行参观。以上这两种参观模式都比较单纯，不必要刻意地进行心理引导设计。然而，当代博物馆陈列出现的新观念、新技术、新形式、新材料、新结构，使博物馆布展形式有了多方位、多元化的提升，观众在博物馆空间中面临多项信息的选择，所以不得不进行心理引导设计。

一、观展流线心理引导

“设计对隐形知识的考虑比显性知识更多，尤其当设计师要在重重的限制条件中认清方向，最好的方法就是通过执行任务来学习，也就是在实践中学习，并由潜意识引导出直觉式的反应。”[1] “产品”和受众隐藏的感知之间的关系是博物馆展示陈列设计要考虑的核心问题之一，它多是通过心理引导来实现的，后者在博物馆陈列的硬件要求和软件要求中都有体现。软件要求主要包括博物馆展览总体设计的选题策划和陈列大纲、陈列

[1] ［美］比尔·莫格里奇：《关键设计报告 -- 改变未来的交互设计法则》，许玉玲译，北京：中信出版社，2011 年，第 455 页。

图 1-9　中原英烈馆轴测图 | 设计：金志城

形式的风格定位、藏品的管理办法、观展者需求信息的搜集储备和定向分析；硬件要求则主要就博物馆场馆建筑、文物陈列专业设备、文物展品保护、安全规范、观展流线、采光要求、观展环境（展陈空间环境、功能区环境）等而言。这两种要求的每一个子项目都包含着以心理引导为基础的情感设计的因素，如在进行选题策划和陈列大纲的设计时就要考虑观众的心理接受情况，博物馆陈列的叙事性设计就是按照观展者的心理期待而设置的，而这个心理期待更多地来自对目标观众群体情况的大数据分析。

在考虑目标观众群体基础之上进行的观展流线的设计是一种最为直接的心理引导方式，博物馆参观流线设计直接影响甚至决定着观众观展的路线。既定的观展路线其实就是叙事的线索，它可以是一条清晰的主线，也可以有多条线索交织进行。它依照一段历史、一个故事、一种文化的发展引导整个展览参观视线的行进，设计师对展览叙述的节奏的把握将直接反映为观展者参观时心理的起伏变化。

郑州中原英烈馆（见图 1-9）的设计师考虑到展馆建筑的特殊情况，充分利用建筑的特点进行布局，将陈列大纲的内容一点不漏地放置在布展空间中，既舒适又合理。一层四个展厅分别由“风起云涌——大革命与工人运动纪念厅”“星火燎原——土地革命战争厅”“砥柱中原——抗日战争厅”“英豪逐鹿——解放战争厅”4 个展厅组成。大厅中间为圆形环廊，顺着圆环轴线排列有 12 根 6 米高的浮雕柱子，设计师在每一根柱子上都设计有一个准确地叙述历史的故事，依次为：五四运动在开封、洛阳党组织成立、郑州二七大罢工、刘店起义、豫东南根据地创建、红 25 军出发长征、郑州抗日救亡运动、豫北反“扫荡”的斗争、中原突围、三路大军挺进中原、豫东战役、河南省人民政府成立。

这 12 个革命故事形成一部完整的中原地区革命史。仔细地观察平面布局图，可以发现平面布局中隐含有一条心理引导流线，观众在不知不觉中会沿着这条流线顺序参观，不回头、不漏看，依次参观完一层正好到去往二楼的楼梯口停住，结束一层中原革命史的参观。

以上中原英烈馆的平面设计案例是一个比较常规的心理引导设计。然而设计实践中常会有非常规的情况出现，需要设计师绞尽脑汁去思考、去创造、去打破常规出新招，于是就出现了其他心理引导模式。

二、色彩识别心理引导

按观展流线来设计心理引导只适合常规的内容陈列，如果出现特殊的陈列内容或特殊的展示形式，就必须设计特殊的心理引导模式。特殊的心理引导模式可以用视觉元素作为心理引导设计的切入点，视觉元素可以是灯光、色彩、影像，也可以是物质形式的空间造型。博物馆采光要求不只在于让观展者可以更加清晰地观赏藏品，也是一种引导观众前行的艺术手段，光影的效果可以让观赏者产生秩序感和时空距离感。观众在光的秩序中前行，见光不见灯，仿佛身临幻境。灯光引导设计是一种心理引导的有

图 1-10　大庆石油科技馆历程厅的色彩心理引导 | 设计：金志城

效手段，也容易理解，而物质形式空间造型的心理引导过于直白，不如色彩关系转换、灯光指引的心理引导来得巧妙。如大庆石油科技馆历程厅的布展设计（见图 1-10），就是一个以色彩关系的转换和光的指引秩序为心理引导形式的布展设计。

该设计通过色彩的视觉感受来实现布展陈列的参观引导功能，成功运用了心理引导的方式。这个历程厅包含石油勘探和石油开发两大部分，勘探部分在前，开发部分在后，每一部分都有 200 多米长的展线，如果观众正常参观，200 多米长的展线需要 30 分钟以上。观众中有的爱看石油勘探，有的爱看石油开发。如果以看石油开发为目的的观众进展厅后必须沿展线参观完第一部分石油勘探才能看第二部分的石油开发，那么，他将在他不感兴趣的石油勘探部分浪费 30 多分钟，这是观众很不情愿的。为此，设计师在展厅设计了一条参观捷径，沿这条捷径观众可以不看石油勘探而直接去第二部分看石油开发。这条捷径就需要心理引导来实现。除参观的主要展线外，展厅内设计了色彩引导楼梯和空中观景台组成的另一条心理引导展线，观众在不同色彩形成的心理引导空间的作用下，能有选择地观看自己愿意观看的内容。对石油勘探不感兴趣的观众可以在黄色地面引导下避开以文字、图形、版面组成的按时间排列的石油勘探展线上的图文，直接顺着地面的色彩引导提前参观石油开发部分的展示陈列内容，不同需求的观众在此能够达到不同的参观目的，获得各自所需的信息，节省了时间，保证了参观重点。

三、空间场域心理引导

场域可以被理解为各个位置之间存在的具有相对独立性的社会空间，场域中有内含的力量——场力，某一空间中人的行为会受场域的影响。场域并非完全由物理空间环境构成，其他非物理因素也是场域形成的条件。

既然空间场域可以对人的行为产生影响，就可以在设计中利用空间场域对人进行心理引导。空间场域心理引导的设计方式以空间布局和视觉语言表达、交互展项等多种形式出现，适合运用在红色历史类、文化类主题的博物馆陈列中。当设计师以“讲故事”的方式呈现想要表达的展览节奏的起承转合时，空间、转折、过渡、光影、图形、影像、文字都承担着相应的心理引导、提示、暗示的作用。

山东诸城市“不忘初心 牢记使命——王愿坚生平事迹陈列”（见图1-11）

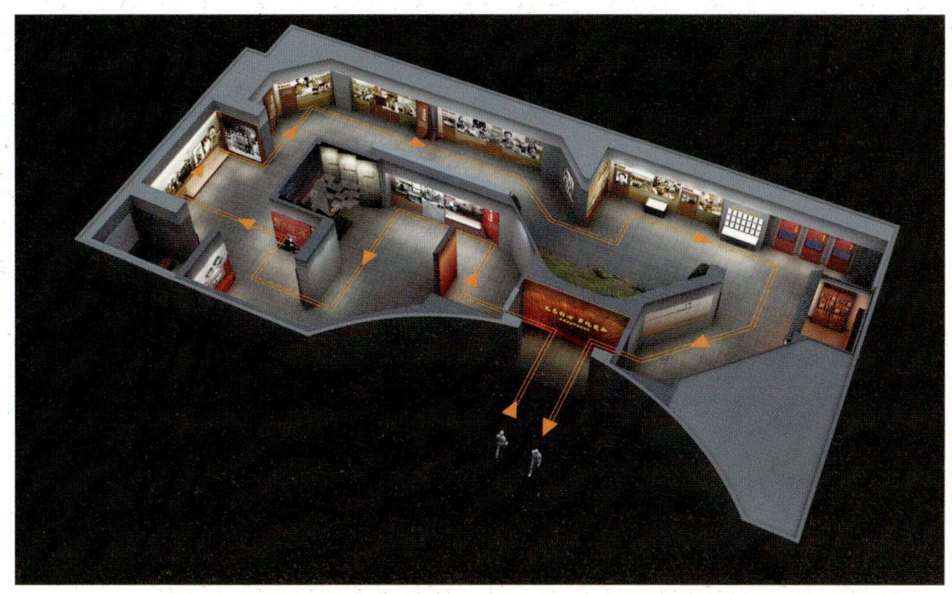

图 1-11　“不忘初心 牢记使命——王愿坚生平事迹陈列”空间引导图 | 设计：于晶

是展现设计师如何在陈列设计中运用空间场域心理引导方式的经典案例。这一设计引导观众在空间布局、展墙造型、色彩变化、场域转换的作用下，结合观众触动交互展项装置，在灯光的一明一暗间、在故事的起承转合间，利用观众对展品、展项具体操作使用的好奇心，引导他们体验叙事性展示环境和展品，进而进入“真实”的历史情景之中。

该空间设计案例结合“不忘初心 牢记使命——王愿坚生平事迹陈列”的展示内容，呈现了空间场域心理引导的方式是如何引导观众参观体验展示区域的。关于“不忘初心　牢记使命——王愿坚生平事迹陈列”也有一个故事，2014 年 10 月，习近平主持召开文艺工作座谈会并发表了重要讲话，他说：“1982 年，我到河北正定县去工作前夕，一些熟人来为我送行，其中就有八一厂的作家、编剧王愿坚。他对我很有帮助，为什么呢？他给我讲了很多长征的故事，讲了很多老将军的故事，第一批授衔的老将军，他大部分都采访过。他当时给我讲的一个故事，让我非常有感触。王愿坚说，有一次，我去采访一位吃过草根树皮、经历过九死一生的老领导。正说着话，警卫员进来对老领导说，首长，参汤拿来了。老领导喝了一口，说凉

图 1-12 “不忘初心 牢记使命——王愿坚生平事迹陈列”展题 | 设计：于晶

了。小警卫员把参汤接过去，顺手就泼在了外面。王愿坚说，看到这一幕，心里很不是滋味，突然想到我们现在条件好了，‘补’的东西多了，按中医的说法，人不能只补不泻，现在是该‘泻一泻’了。他的意思是说，不能忘了初心啊，不能忘了打天下时的艰苦岁月，现在条件好了，要警惕脱离群众。我听了这个故事，也很有感触。联系到我们现在的反腐倡廉，为什么要这么做？王愿坚当时就说，近平同志，我没有别的说的，就是希望你真正能够深入到农民群众中去，深入到他们的生活和心灵中去，那可能对你从政很有帮助。”❶ 根据对习近平这一段讲话的理解，这个展览就命名为“不忘初心 牢记使命——王愿坚生平事迹陈列展”（见图 1-12）。

在展览开头有一个三面围合的小空间，这个空间的一面是展题，红的色彩、金色的文字、闪烁的线条、耀眼的五星，给观众带来此处具有无限的故事内容亟待阅读的迫切心理感受。而在这个展题边上，又有一个红色

❶ 《习近平自述：我的文学情缘》，《人民日报》2016 年 10 月 13 日。

图 1-13 七根火柴叙事景观设计 | 设计：贺深深

墙体的空间，内设一块红色图文版面，并且有视频、有声音，观众在红色版面的视觉引导下，不知不觉地向这个空间移步而去。观众进入空间，看到展览的第一部分，迎面是习近平在文艺工作座谈会上讲话的视频，讲话录音循环播放。左面墙面上是习近平的讲话全文。这一空间延续着展题空间的金黄红色调，富有感染力。在空间场域的心理引导下，观众继续前行（见图 1-11 中的双黄色线）。在这条心理引导线上，观众在空间场域心理引导下，依次浏览第二、第三部分，随后观众的注意力为一个光色交织的艺术时空所吸引，这是一个以雕塑、绘画及多媒体技术融合而成的七根火柴叙事景观（见图 1-13），是展览的第四部分。这个叙事景观人物造型真实，空间中的草地、雪山变化丰富，富有层次，有形有色，有近有远，有静有动，释放出空间场域的内含力量，吸引观众迫切地来到场景前。叙事景观描述了红军长征中一位落在队伍后面的老红军在生命垂危的时刻，嘱托身边一位年轻的战士将自己身上仅有的 7 根火柴作为党费交给党组织。年轻战士追上部队，在风雨交加、寒气袭人的草地上，战士们用这 7 根火柴在草原上燃起了篝火，烘干身上的衣服，继续长征。

七根火柴叙事景观是这场展览的又一高潮点。心理引导路线此时再次出现一个转折，引导观众转向这个高潮点对面以阵列形式陈列的王愿坚作品墙，沿墙陈列着王愿坚一生创作发表的纸本作品和依据纸本作品改编而成的音像作品，观众可以点击交互界面并体验他的作品，在这些大量的作品前，观众的参观心情进入第三高潮。此时，展览内容跌宕起伏，心理引导还在继续，最后将观众带入王愿坚的书房。书房里有一面书墙，王愿坚读过的书籍陈列于此。观众面对海量的书籍，被眼前的书墙所震撼，由此想到王愿坚能成为高产的军旅艺术家，是和他大量阅读所获得的知识及多年来阅读的好习惯密不可分的。

在“不忘初心 牢记使命——王愿坚生平事迹陈列”这一案例中，设计师通过空间场域的心理引导方法，引导观众在叙事空间环境、叙事展线变化、陈列色彩控制、空间场域心理转换的作用下触景生情，使观众情绪受到感染、身心接受陶养、心智获得启迪，使广大的参观者得以激扬情志，焕发精神，增强认同，放眼未来。

在叙事性的展览陈列现场，展出环境提供的是气氛的营造和渲染，而展品展项和互动装置则充当了引导观众“直接参与历史”的引导媒介，是叙事转换不可缺少的中介物。在观众进行互动参与时，数字化互动设备也相应地具有记录观众的停留时间、关注区域、操作频率等信息的功能，利用大数据归纳、总结、计算出观众对这一场景设置的心理引导是否成功接收，并可以通过电子留言簿、电子提问有奖回答等其他形式与环节了解心理引导是否有效。

在博物馆的建筑环境和博物馆陈列设计的硬件要求上，设计者更是要处处注重心理暗示的指向性，心理暗示的指向设计方便观众参观，为布展

图 1-14　苏州博物馆新馆建筑与环境 | 摄影：段恩慧

陈列的最终目的服务。博物馆建筑环境与博物馆的主题息息相关，以建筑的象征性来提示博物馆展陈的方向从而引导观众，是博物馆建设中非常典型的做法。

苏州博物馆新馆的建筑设计是贝聿铭以故乡苏州园林风格和国际现代主义建筑风格进行设计语言融汇，同时对它与相邻的忠王府老建筑做了有机关联设计，在建筑材料、设计观念、设计形式上都有文化传承上的联系和独特的创新。

苏州博物馆新馆建筑中的空间场域设计别具一番叙事特色（见图 1-14）。贝氏以白墙为画纸，以片石为笔墨，以水为镜鉴，片石假山倒映在水镜之中，与湖水周边的美景相映成趣，山、水、石的完美结合为观众呈现了中国古典诗词所特有的意境。这也是特殊的空间场域，在观众心中绘就一幅“曲终人不见，江上数峰青”的江南美景图画。在贝氏设计中，如有风雨云雾来时，云、山、烟、树在水中倒映，水墨融合、五彩墨色晕染所形成的虚幻效果营造出含蓄的神韵之趣。

从空间场域的引导功能来看，贝氏设计的园林风格更像是在以石头、水面、白墙、绿树，从另一个视觉角度来叙述中国江南烟雨的树影之趣、烟峦之渺、水墨之韵、空濛之美，是一个完美的园林空间叙事场域，有明确的地域倾向性，给观众以明确的心理暗示， 使观众意识到他们不仅是在参观一家博物馆，而且正置身于具有国际现代风格的江南水乡园林之中，沿着设计师预先设计的心理引导路线前行。这个现代园林空间造园式的博物馆设计得合理精巧，其空间中隐含内在的引力，这种隐含的场和力的作用引导观众在这个现代博物馆园林空间中悠然自得地浏览的同时，获得所需要的文化信息。

四、观众行为心理引导

心理活动影响着参观者的行为。根据对参观者在参观过程中心理变化的调查，参观者更注重展览的整体参观过程，而不是仅仅局限于对单个、孤立的展品的参观。由于在参观过程中人的大脑处于不断运动与思考的状态，大量繁杂、零散的信息涌入，很容易造成参观者的视觉和大脑疲劳，从而产生乏味、无趣的心理感受。叙事性展示陈列设计巧妙地预设参观者的心理预期，从行为学和心理学中探索经验，营造参观者与展示陈列物品之间无障碍、轻松的交流模式。

图 1-15 展示的是川陕革命根据地战史馆第一单元。在观众前方左侧，是红四方面军从大别山出发前往川陕革命根据地的图文叙事内容，观众的右侧，是军旅画家李跃进创作的《红军风雪过巴山》大幅主题油画，描绘

红军于风雪之中翻越大巴山的感人画面，但是观众正前方好像是一个胡同式展区的尽头，此时，观众很可能调转头往别的方向去，设计师为了引导观众的行为，在正前方设计了更为生动的组合展示图版，展出了一幅油画《木门会议》。木门会议是红军入川后的一次重要会议，意义重大。油画上方还有“1933.07”的字样，这清晰的文字和生动的画面形象吸引着观众，让观众急于了解 1933 年 7 月这里究竟发生了什么，悬念和疑问引导着观众继续往前观看。当观众走到油画《木门会议》不远处，会发现此地并非尽头，往右可以继续前行，还有更大空间等待着观众去参观，真可谓“山重水复疑无路，柳暗花明又一村”。在心理引导作用下，观众往设计师预先设计的方向行动，继续参观精彩的陈列内容，沿着设计流线拐弯前行，去领略

图 1–15　川陕革命根据地第一单元 | 设计：路韬　陈奕君

前方展区更美好的场景。这是设计引导观众行为的一个恰到好处的案例。

叙事性展示陈列设计摒除掌控式的说教模式，主张平等式的讲故事模式，形成引导参观者心理的有特色的系统的展示陈列设计方法。以太极拳的拳法为例，中国功夫讲究以柔克刚，以静制动，借力发力，通过巧妙转移对手的力，达到打破对手拳法平衡的目的。叙事性展示陈列设计就如同中国太极拳的拳法，以事实为基础影响参观者的心理感受，又保持双方各自相对独立的状态，将一个展览以讲述的方式平等、亲切地娓娓道来，面对众多不同的参观者，深入其内心，引领参观者走入布展设计师叙述的故事情节中，凭借看得见、摸得着的展示陈列物品，引导参观者对展示陈列物品的历史背景和隐含在陈列物品内的看不见、摸不着的历史故事与历史价值进行思考。

叙事性展示陈列设计引导观众从表面的感官刺激进入追求深层次含义的心理探索。人们满足生理、安全等需求后，逐渐追逐心理需求，如对美的追求、自我价值的实现、公平正义、平等尊重等。叙事性博物馆展示陈列设计能满足现在人们的这种深层次的心理需求，以现有展示物品为切入点，通过前期针对展品地域性、周边环境、社会因素的研究，博物馆内外的空间规划，展示物品系统性、创意化的表达，丰富展示陈列空间，影响着参观者的心理。

第四节　叙事空间

叙事空间是信息时代博物馆陈列艺术的特征所在，也是博物馆陈列艺术的显性呈现方式。习近平在 2021 年 5 月 31 日的一次讲话中指示，要加快构建中国话语和中国叙事体系，用中国理论阐释中国实践，用中国实践升华中国理论。博物馆叙事空间是中国叙事体系的一个重要组成部分，是讲好中国故事的一个必要元素。博物馆展览叙事空间是展陈设计的物理载体，叙事空间处理得是否得当、空间造型是否合适、陈列设计是否新颖，都直接关系着博物馆展览陈列的有效与否。叙事空间可以按照空间与情节、情景与叙事、空间特征、互动叙事四个部分进行探讨。

一、空间与情节

博物馆空间承载着物品、时间、地点、人物，以及在时间和地点（也就是具体的时空中）发生的事件，设计师通过空间造型的变化、图形的视觉冲击力及色彩版面的张力散发出的情绪感染力，通过对形体大小、光线明暗、位置高低、色彩冷暖等一系列基本元素的组合，把内容传达给观展者。但是在信息时代背景下，以往传统的单纯物品摆放式的展示设计已不能满足参观者的需求，有故事情节的、带有叙事性的空间陈列形式应运而生。

在甘肃省博物馆彩陶展的彩陶制作叙事陈列空间中（见图 1-16），设计师复原了 7000 年前黄河流域的先民们聚居在一起共同劳动、分工合作的工作场景。场景表现的是位于黄河边的一处制作彩陶的作坊，作坊里位于中间偏左的 4 个人在揉泥和搓泥条，再用泥条盘筑陶坯。泥条盘筑是彩陶制作过程中一个关键的环节，也是早期彩陶制作的方法，设计师的本意是

图 1-16　甘肃省博物馆彩陶展 彩陶制作叙事陈列 | 设计：那拉

图 1-17　绘制彩陶装饰纹样 | 设计：那拉

在彩陶制作场景中重点叙述泥条盘筑的过程，并让观众可以清晰看到场景中的每个人物都在干什么。场景中每个人物的工作都是彩陶制作中的一个环节，这 4 位制陶工匠的工作被重点呈现，他们有的揉泥，有的搓泥条，有的正在用泥条盘筑陶坯，有的在对成型的陶坯进行最后调整。

陶坯成型的下一步工序就是彩绘，在场景中位于右边的一个长发的年轻女子正在低头认真地给彩陶画装饰纹样，这是一项细致的工作（见图 1-17），她面前还摆放着几个已经完成彩绘的陶坯，女人身后有一个男人正抱着一个大彩陶坯往他左侧烧制彩陶的地坑窑运送，地坑窑的一边剖开了一个缺口，以便让观众看清窑的内部结构，看清摆在窑里的彩陶。图 1-16 右上角地坑窑的边上有两人正在忙碌，一个正拿着陶坯在装窑，另一个抱着木柴打算给窑里添柴点火。这个叙事性彩陶制作景观是十年前以雕塑、绘画形式结合景观艺术仿真的手法实现的。甘肃省博物馆彩陶展和甘肃历史基本陈列中的叙事性景观都设计得恰到好处，制作精细入微，至今看来仍然很不错。虽然这是一个静态的叙事空间形式，并没有动态的多媒体展项和数字技术支撑，但是这一系列的人物塑造和叙事情节不但简洁地描绘了彩陶制作的基本过程，还给叙事性场景增加了动感，为这一叙事空间带来活力，加强了叙事性展示陈列艺术景观的感染力，吸引了观众的注意力。

以上两个案例说明叙事性设计方法表现古代历史人物和历史景观比较合适。将叙事性陈列设计方法应用在近现代历史环境氛围的营造上也有很强的表现力，如“国匠——吴良镛学术成就展”中人居环境科学部分菊儿胡同场景的设计方案（见图 1-18）。菊儿胡同是我国新时期探索旧城居住区更新的住宅改造工程典范，该设计运用叙事性设计方法，在展厅里抽象简洁地模拟胡同院落景观，以新手法再现老胡同历史环境，以图文实物相结合的手法全方位解读以“有机更新”理论为指导，在胡同 - 院落体系下

图 1-18 “国匠——吴良镛学术成就展”菊儿胡同场景 | 设计：罗亦鸣 罗雅新 段恩慧 岳子峰 朱芷娆

发展而成的“新四合院”模式。让观众在环境中深刻体会“菊儿胡同”背后的故事，以及吴良镛为民立命的情怀。

为了让观众有身临其境的现场体验，孔子研究院部分的陈列设计将曲阜孔子研究院主楼颇具民族特点的大屋顶以 1∶5 的比例在展厅整体复制呈现，抽象还原鲁西南地区的传统建筑特色，主楼模型周边是吴良镛带领研究团队完成的人居环境科学思想研究具体成果（见图 1-19）。观众置身大屋顶之下，近距离观看孔子研究院的整体模型，可以获得一种静享的独特体验，充分体会建筑形式所表达的孔子文化思想内涵，以及建筑设计所蕴含的民族性、时代性和纪念性特色。

当前，博物馆叙事性陈列空间设计已成为一种围绕文物和展品，以开放性视角引入虚拟现实、增强现实、全息影像、多媒体技术、网络技术等

图 1-19 “国匠——吴良镛学术成就展”孔子研究院部分陈列 | 设计：罗亦鸣 罗雅新 段恩慧 岳子峰 朱芷娆

综合手段进行展示的融合性设计。在叙事性陈列空间里，历史人物可以复原，历史事件可以再现，“时间”和“事件”可以被定格、回溯、再现，历史的面貌能够全方位展现，甚至可以以交互设计等方式让观众参与到虚拟的历史进程中。而且，当下博物馆展示陈列的一大优势是能够最大限度地利用多媒体技术、多媒体软件和硬件进行场景叙事，物理时空、虚拟时空或者混合现实方法的使用，使观众可以通过对叙事情节的触摸来获得浸透身心的参观体验。

在一个博物馆陈列展览中，主题空间一定需要叙事情节的支撑，才能使整个空间内容丰满。而叙事情节的有效性又取决于对细节的关注，并决定最终的整体空间状况。整体和细节应该是统一并且具有对比关系的。统一是指采用的整体设计元素统一、表现手法统一、艺术风格统一、造型形态统一、色彩色调统一；对比体现在体量大小对比、造型形态对比、黑和白的对比、曲和直的对比、虚和实的对比、疏和密的对比、亮和暗的对比、冷和暖的对比等。在符合史实的条件下，既有统一又有对比，并且有叙事情节的主题空间设计才能产生丰富的视觉效果，调动观众的情绪，吸引观众的注意。

二、情景与叙事

技术手段只是叙事空间的外化或者说依靠的工具，叙事情景的营造和叙事情节的表达才是关键所在。不管哪种艺术形式、表现手法，都要落在“内容为王”这一博物馆展览陈列的核心命题上。情景叙事是一个场景的定格，所以如何在这一定格画面中展现出事件的流动感，展示出动静结合的叙事方式是最需要注意的。这里所说的情景与叙事的关系，可以看作对布展陈列空间中细节意义的深化。布展陈列空间中的每一处细节都应该蕴含着可供探寻的情节描述，而这些细节又是整体空间叙述的组成部分，这样的叙事空间在内容的体现上才能更加耐人寻味。“叙事空间通过对某一特定历史事件、历史人物的描述和再现，尽可能真实地反映当时的历史事件和典型人物在关键时间点上的作用。”[1]在叙事性展览陈列空间中，具有叙事作用的情和景是向观众传递叙事信息的重要因素，情和景在叙事链中起到了关键作用。

内蒙古自治区准格尔旗博物馆煤化工厅的井下采煤叙事场景就是一个以情景取胜的例子（见图1-20）。设计师深入矿井下，了解采煤的环境、工艺和各种设备，在真实的采煤环境中提取到井下采煤工作的基本元素和

[1] 吴诗中：《人物纪念馆的叙事方法》，见《中国人物类博物馆、纪念馆陈列艺术学术研讨会论文集》，上海：上海社会科学院出版社，2013年，第19页。

图 1-20 井下采煤叙事场景 | 设计：姜昊生 熊勇峰

素材。设计师继而对煤矿的地质结构、开采设备及工艺、流程等都做了全景复原和情景定格。这一叙事情景的定格设计以艺术仿真的手法呈现了采煤的相关细节，成功地达到了叙事之情和叙事之景的统一，在艺术化展现的采煤环境前，让观众感受到井下采煤工作的不易，令人们更加珍惜这一不可再生资源。

三、空间特征

在叙事空间里对“空间”的描述必须注意“时间”和“空间”的特征及其相互关系，只有在时空中提取最有代表性的元素，有所取舍，才能有效地呈现想要表达的意义。四川达州川陕苏区战史馆序厅在初步概念设计基础上进行的布展深化设计就很好地把握住了这一空间特点（见图 1-21）。

图 1-21　巴山星火 —— 川陕苏区战史馆序厅 ｜ 深化设计：吴诗中　陈奕君

该布展深化设计表现当年红四方面军开辟川陕苏区，真实再现了 80 年前红四方面军在川陕地区忍饥挨饿、缺医少药、直面严寒酷暑、少衣受冻的艰苦条件下，与敌人周旋、坚持斗争的历史。设计师高度概括、精辟提炼、艺术复原了当时对敌斗争的历史氛围和空间环境。红四方面军与敌人斗智斗勇，不胜不休，在战斗中体现出浴血奋战、忠诚奉献的精神。

战史馆序厅中的主雕塑作为标志性视觉形象起到了主导空间视觉关系的作用，它没有采用一般的红色题材展馆常用的符号——“枪”“手”作为主要视觉形象，呈现在观众眼前的是序厅中心“4”字造型的红军军号主题雕塑，“4”字意指红四方面军，军号上的红绸子飘带呈“C”字形围绕在金光闪耀的军号上，“C”是取“川”字音的拼音首字母，寓意川陕苏区。军号主雕塑的两边是川陕苏区发生的六次重大战役主题浮雕，其背景是巴山蜀水，有巴山星火燎原之势的含义。六大战役分别表现的是“反‘三路

围攻’”“仪南战役”“营渠战役”“宣达战役”“反‘六路围攻’”“强渡嘉陵江战役”。其中“反‘六路围攻’”里的万源血战是载入我国军事史册的一次著名战斗，由许世友指挥。许世友亲自拎着大刀杀入敌军，手起刀落，将敌军指挥官的脑袋砍了下来，令敌人丧胆。反映六大战役的六块艺术浮雕组合成一片整体的艺术性大型浮雕群，全景式展现红四方面军在川陕革命根据地的重大战役，体现了红四方面军的战斗精神，达到震撼人心的效果。序厅所表现出来的红四方面军的政治性、军事性、纪念性和唯一性在此被表达得淋漓尽致，在观众们的心中矗立起一座铁血丰碑。

四、互动叙事

叙事空间的互动是现代博物馆在陈列的技术观念上的一项新变化，它

图 1-22　某军史陈列馆八千里边防线互动景观 | 设计：张雷山

让观众和展品、展项在设定的条件下适时发生互动关系，引导观众直接、主动地进入和参与展项设置的情境，并接受它所要传递的信息，这也是博物馆陈列发展的一个必然走向。交互技术结合 4D 动感影院的机电控制技术，以艺术时空的手法仿真模拟自然景观，往往能够产生撼人身心的展示效果。

某爱国主义传统教育基地军史陈列馆中关于八千里边防线虚拟交互空间的设计就能说明交互技术的作用（见图 1-22）。这个交互展项以信息时空融合转换的手法，表现了边防部队的战士们守卫祖国的八千里边防线的场景。互动屏幕被观众点击时，会适时呈现边防线上额济纳旗或额尔古纳河边防线的景观，景观画面上沙漠、草原、森林、蒙古包、骆驼群、骑兵队、界碑、哨所适时显现，远处雪山延绵起伏，近处战士骑马巡逻。观众在交互屏幕上点击某边防口岸，视频上就会出现这一口岸的地理位置、人口、气候、经济、对外贸易、历史事件等详细状况，以及口岸周边的基本军事情况。这些呈现结果让观众明白了边防部队在经济建设时期的重要地位和作用，展现了边防部队保卫边境、保卫人民群众，以及贯彻强军目标，着力提高管边、控边能力建设边防所取得的卓越成绩。在交互场景中，设计师还设置了可供观众参与的技术平台，观展者可化身为一名边防战士，站在八千里边防线上，警惕地关注外方和我方之间的交界地带随时可能发生的事情。交互展示技术营造的叙事景观、叙事环境是一种新型的展示体验空间，这种技术更为紧密地联系了观众与环境、空间、展项、展品之间的关系，有利于营造一个全方位的立体叙事空间。观众不再是“被动”的信息接受者，而是展陈空间的“参与者”和“制造者”，这进一步增强了观众对观看展览和深入了解的兴趣。同时，将交互技术融入叙事性展示设计，更引起了人们对信息时代审美观念的关注，新的审美特性脱离了传统观念的束缚，新的互动审美、虚拟审美体系正在形成。

需要补充说明的是，从 20 世纪六七十年代开始，以纽约现代艺术博物馆（The Museum of Modern Art）为首的艺术类博物馆所倡导的一种新的展览审美理念在全球范围内得到响应，影响到了博物馆展览的叙事性审美评价。布莱恩·奥多尔蒂（Brian O'Doherty）将这种审美形式称为“白色立方体”。在一部分人眼中，白色空间已成为“国际范”的代名词。这些白色展示空间的目标是在展览中引导观众关注个体艺术品。其主要特点是朴素的白色墙壁、非彩色的地板，以及无建筑装饰物。简而言之，不要被任何精致的装饰转移了应有的关注点。在现代、简洁、白色审美观念的引导下设计出来的简洁的白色空间，的确有一种形式美。在这个白色空间里，展品按照一定的模数和规范有序地排列，整齐有致，把观众的视线聚焦在一起，所以有人把这类展示陈列空间称为“白盒子”（White Cube），它取消了辅助性设计，并尽量取消背景（暗示）的存在，以作品本身的故事性诉说和作品之间的相互关系表达来实现作品对空间的支配。然而，这一“白色立方体”的设计模式并不能引领当前博物馆陈列的叙事性设计，它只能作为一种主流外的分支对陈列设计艺术形成一个小的补充。

小结

综上所述，当代博物馆陈列的艺术设计呈现出了设计创新、学科交叉、心理引导、叙事空间的内容和艺术特征，可以看出，当代博物馆陈列艺术最明显的特征就是叙事性。

尤其是随着信息技术的不断发展，展示手段也在不断创新，博物馆陈列在数字化、交互性和虚拟现实等方面进行探索，布展陈列从静态形式逐渐转向动态的布展陈列形式，由物质性陈列形式逐渐转向非物质性陈列形式，在布展陈列信息化方面探索人工智能、人体感官体验上的全面延伸。而这种延伸的依据依然是将展品从原环境中"剥离"，置入博物馆的特殊空间中，或者由博物馆给它设置一个有意义的空间，使之成为博物馆进行文化、历史等知识叙事的载体。

"一件物品在成为博物馆藏品之前，它必须与原环境存在密切关系，并且能够从原环境中剥离出来。该物品一旦从原环境中剥离出来，其之前所具有的某些价值将会丧失，但与此同时，该物品将在收藏的新环境中获得展览价值。"[1]无论如何，历史事件和历史展品内容意义的呈现最终是靠空间叙事才得以实现的，而对空间叙事的表达则需要设计师对上述各方面的因素进行合理组合、技术深化和意义提升，发掘空间叙事在布展陈列设计中特殊、独立的美学价值。

---

[1] ［美］爱德华·P. 亚历山大、［美］玛丽·亚历山大：《博物馆变迁》，陈双双译，南京：译林出版社，2014 年，第 203 页。

第二章

博物馆陈列艺术的叙事特性

当前的博物馆、纪念馆展览陈列叙事性设计，主要有四种叙事形式，其一是空间演绎，其二是情景对话，其三是图文演绎，其四是互动体验，这四种叙事形式是博物馆展览叙事性设计的常见手段。这些叙事设计形式既扩大了博物馆陈列艺术在叙事形式上的张力，也反过来影响了观众和研究者对博物馆的再认识。这些叙事形式自有其对博物馆陈列的解读角度和层次，但在博物馆陈列设计中，陈列主题叙述的明晰性大多取决于设计师对它们的综合实用整合度。当然，随着社会发展和技术不断进步，必将会有新的叙事形式出现，尤其是当前人工智能技术已经被运用于博物馆展览陈列艺术设计，在不久的将来定能对叙事表现形式产生显著的影响。

第一节 博物馆陈列叙事性设计的空间演绎形式

就常用的四种叙事形式来说，图文演绎比较传统，作为最基本、最常规且使用较多的叙事设计方式，最为设计师和观众所熟悉，双方对它的接受度都比较高，但反复单一的使用难免会有令人视觉疲劳的不足之处，特别是在针对新的群体、陈列条件、陈列主题时，常给人力有不逮之感。而情景对话和互动体验则是近年来新兴的展览陈列叙事形式，它一方面受“以观众为中心”的博物馆工作方向变化的影响，另一方面也是博物馆陈列在数字时代背景下，对与其他设计艺术门类、其他学科及博物馆研究视角的转变相结合的跨学科、综合性内容的呼应。但这并不意味着后者是对前者的全方位替代，后者实际上是在前者的基础上对博物馆陈列艺术在形式和内容上的扩展与提升，且还在很大程度上促使前者对自身设计能力进行更深入挖掘。

一、空间演绎

“埏埴以为器，当其无，有器之用。凿户牖以为室，当其无，有室之用。”后人对老子《道德经》里的这段描述有很多不同解读，而与艺术设计有关的解读主要集中在空间和器物两点上。器物的实在性和空间的虚无性是一对既对立又相依存的概念，人们以泥制陶的目的在于它形成的虚无空间，这是器物之为器物的价值；在房子上面开门窗，里面的空间是居室之为居室的根本。没有空间的虚空，无论陶器还是居室，它们就没有任何意义，而这个虚空间又是被实际的门窗、泥土围合而成的。对空间物理形式的见识、触摸、分辨、度量，要从形成空间的物理条件上寻找解决的办法，这是一个相互为证的问题。空间有大小、色彩、形状等概念，有长、宽、高的数据，有各种量词来形容它。如，我们说一个房间很大，墙是白色的，窗子是方的，等等，这间房子是物质形式的空间。但是，我们对空间的感受并不是具体的黑白、长宽，而是进入空间之后由这些条件综合而成的感知。

中国传统空间概念崇尚有形和无形互为前提的关系与之不同，后工业时代，在从人的审美空间到生活、交往空间之中，这样的有无的关系似乎都不再那么明确了。信息技术带来的虚拟时空完全消解了物理条件的意义——这些技术不仅为设计创造了许多新的奇特、玄幻的视觉效果，而且借助新的视觉体验打开了一扇通往新世界的门。非物质的、虚拟的空间的出现，打破、改变和扩展了经典物理学的时空观念。空间可以不再具有物理的特性，它可以是柔软的、曲折的、无法被测量甚至是能被人改变的。计算机构建的虚拟空间也延展了人类对于未知世界的想象——苹果熟了不一定掉到地上来。设计师依据空间的非物质特点在电影、网络、广告传媒等领域创作出了许多出乎人们意料的作品，电影《盗梦空间》就是很好的案例。博物馆陈列本身就是一种特定空间的视觉叙事，新技术在展示设计领域的应用显得理所当然。

但是，博物馆陈列艺术中的空间并非单纯的虚拟空间，而是由虚拟空间和物理空间融合形成的叙事空间，因为在未来很长一段时间里，具体实在的展品仍是博物馆陈列的主角。在这一点上，博物馆陈列空间在性质上更接近于“混合现实”，或可称作“混合空间”。近年来，设计师在博物馆陈列设计中逐渐开始在客观存在的物理空间中介入虚拟手段，两者交叉使用。客观存在的空间有物质空间、流动空间、交互演示空间、对话空间、公共空间和过渡空间。而纯粹的虚拟空间则是“看得见、摸不着的，是非物质形式的空间”[1]，它能给观众造成独特的心理暗示，进而使观众在观展时产生一种新的心理空间。以虚拟技术为支撑进行叙事性设计具有更强烈的空间深度和视觉弹性的效果，视觉弹性的意思是这种叙事空间的设计会使表现出来的空间在视觉感受上更有活力，不是单一的僵化的体验。

位于北京市北三环的原中国科技馆展厅中陈列的全息影像“虚拟恐龙头骨”（见图 2-1）就像一个真实的立体的恐龙头骨，漂浮在观众眼前，看得见，摸不着，很多观众被虚拟的立体影像所吸引，甚至被虚拟的形象欺骗，以为它是真实存在的，便绕到镶嵌头骨全息照片的金属框后面，在空气中摸一下，看看恐龙的头骨是否真的存在。这一全息技术虚拟表现手法的出现和运用，增强了展示效果的空间深度和视觉弹性，使科技馆陈列设计空间更具有神秘感和趣味性。

叙事空间严格来说并不是一种新的空间形式，因为叙事性本身就是博物馆空间的基本功能之一。当前，很多设计师之所以对叙事空间进行探讨和强调，是因为随着后信息时代博物馆、纪念馆、科技馆、博览会等博物展览形式的兴起，叙事性的作用已经在设计实践中凸显出来。专门用于讲述“故事”的叙事性设计，越来越成为一个新的不可忽视的设计观念。能够为参观的观众复原过去、模拟未来，再现历史人物、历史事件，有多媒体技术支撑、场景空间配合，并以观众（人）的体验和需求为出发点，在现实的人和展品（展览主题）之间建立双向通道，是叙事空间的基本特征。

叙事空间的特殊性在于它本质上并不是静态的，博物馆所提供的物理空间仅仅是一个叙事所发生的场所，展品有时不过是触动两个空间转换的按钮，而虚拟性的叙事空间的重点在于其物理空间所承载的虚拟特征。叙

[1] 吴诗中主编：《展示陈列艺术设计》，北京：高等教育出版社，2012 年，第 53 页。

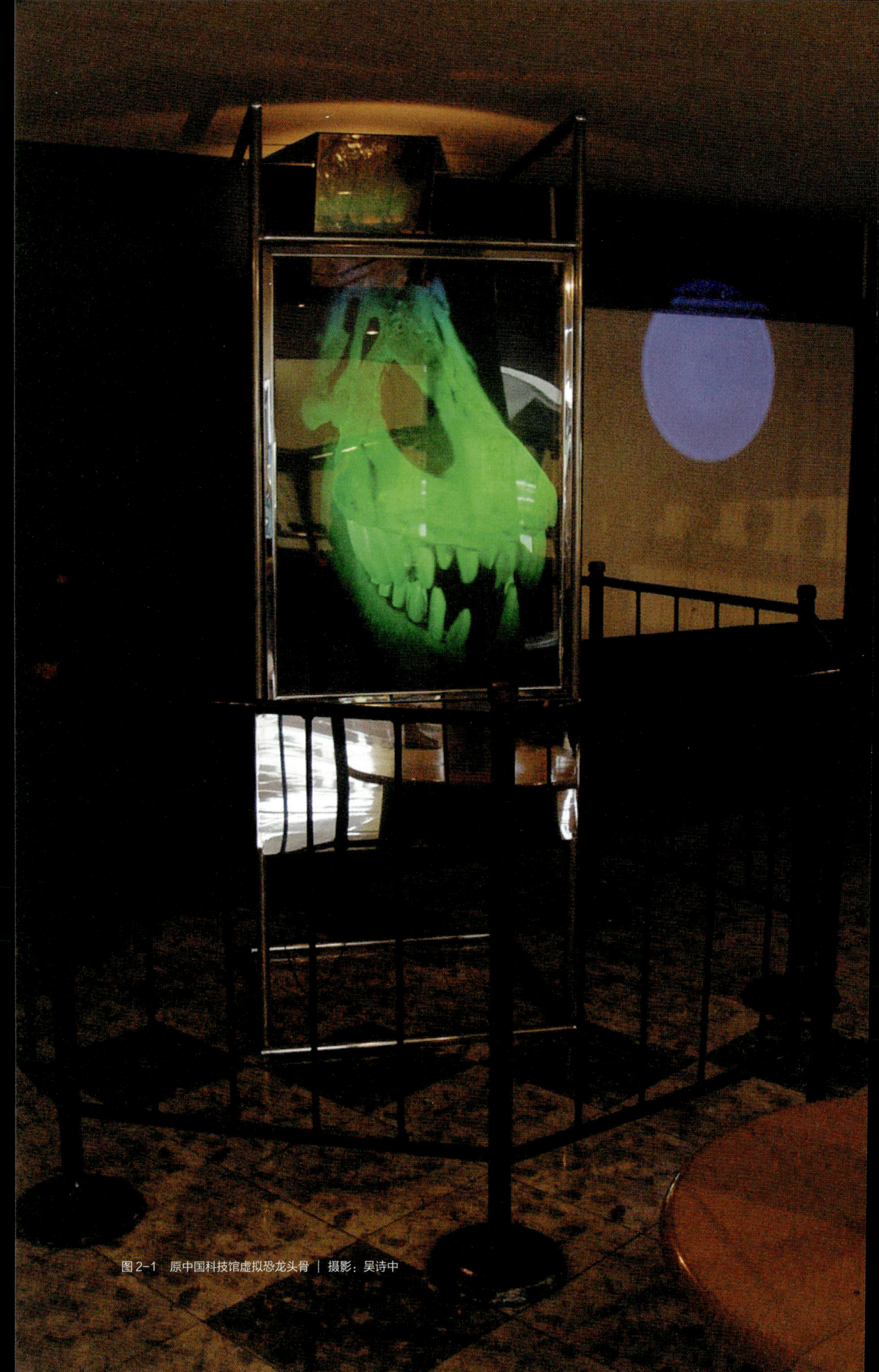

图 2-1　原中国科技馆虚拟恐龙头骨 ｜ 摄影：吴诗中

事空间所讲述的内容能够承接过去与未来，是一个不断发展变动的过程。在内容描述上，它能够回溯过去，展望未来；在空间形式上，它综合运用了多种媒介，更强调整合性与超越性；在表现方法上，它也融合了平面、立体、交互等多种手段，拥有前所未有的视、听、触觉等方面的表现力。虚拟的叙事空间表现的特殊性在于它本质上并不是静态的，虚拟现实技术在陈列布展中发挥出传统布展方法所缺乏的视觉、听觉、触觉方面的优势，具有超强的表现力。

二、叙事空间的多维性

博物馆陈列艺术设计中除传统空间的长、宽、高以外，较为重要的是时间概念。而历史类博物馆以物化的方式典藏历史、储存记忆，其实就是对“时间”的凝聚。人类思维、活动的发生是要以时间为依托的，没有时间，就没有运动，离开时间，一切都无从谈起，观众将无法运动，更不可能感知展示陈列的内容。叙事形式的陈列艺术就是在传统的三维空间中引入时间概念，让空间的流动和观众的活动合二为一，让空间成为一种具有双重意义的开放的展示形式。就像科技史学家刘易斯·芒福德（Lewis Mumford）在对16、17世纪欧洲的观察中描述的那样，“时空一旦与运动协调起来，就可以加以缩短或伸长：人们开始征服时空了”❶。博物馆陈列设计师就是要掌握这种调度时空的工具。

如果某一个设计师想要创造出空间与时间的连续性，就要在叙事时敏锐地抓住具体时间段内所发生事件的关键点。因而，博物馆叙事空间的多维性就体现为对某一个时刻的“设定”，它被设定的那一刻如同凝固的琥珀，但是从事叙事性陈列布展的设计师还要在这个凝固的范围内把它激活，

❶ ［美］刘易斯·芒福德：《技术与文明》，陈允明、王克仁、李华山译，北京：中国建筑工业出版社，2009年，第21页。

开创另一个世界。在这个世界中，时间被重新编码，事件可以前后左右全方位地呈现。“观古今于须臾，抚四海于一瞬。”在设计构思时展开想象的翅膀，须臾之间就浏览了古今，一瞬间就游历了四海。目前，不少博物馆设计的成功案例就是通过对具体情境和元素（特定的历史事件、人物）的描述与表达，尽可能贴近真实地反映它们在某一具体的关键时间点上的价值、作用和意义，博物馆展陈设计在这个方面的手法有些类似欧洲古典戏剧的“三一律”，要求作品中的时间、地点和情节是一致的。

在各种类型的叙事行为中，无论文学叙事，还是艺术叙事，抑或设计叙事，时间和空间都是不可忽视的两大要素。所谓叙事，就是要在现在的时间里去追溯过去的时间，在现在的空间里去复原过去的空间，空间可以随着时间的流动而变化，时间在空间的变化中延续。在叙事学中，时间和空间这两大叙事元素互相依附、不可分离，这种互相依附、不可分离的状态使得时间和空间获得了新的生命。而兼有时空两种维度的叙事性展览陈列空间在处理这个问题时，应该说拥有得天独厚的先天优势，它的多维性主要表现在以下六个方面。

（一）物理形式的叙事空间

传统展示设计方式主要是以物理空间形式为主，在物理形式的展示空间里，设计师首先要根据用户的要求，结合自己对空间物理属性的专业认知，通过物质材料的空间设计达到有意义的叙事目的，利用大与小、黑与白、高与低、冷与暖、新与旧、粗与细、轻与重、虚与实等各种对比关系，对博物馆展览陈列的叙事性物理空间进行规划、设计。虽然这种空间形式比较传统且常见，但从展陈内容的创新和观众正在发生变化的角度而言，也要考虑在这些屡见不鲜或“了无新意”的造型、材质等语言上进行探索，赋予其与时俱进的时代特征，甚至面向未来的探索性。

图 2-2　《工具》 | 设计：毛同强 | 摄影：王晓松

艺术家毛同强的作品《工具》（见图 2-2）在 2015 年乌镇的国际艺术邀请展中展出。从 2005 年开始，毛同强从农村收集了 30000 多把镰刀和 8000 多把铁锤，堆在一间大屋子里，赋予了镰刀和锤子新的意义，当“镰刀”加“锤子”一起出现时，就不再是工具意义上的镰刀和锤子，而联系着一个世纪以来的共产主义运动。以镰刀和锤子作为符号化代表的工农联盟群体曾经引导着中国摆脱了贫穷落后的命运，时间让这个联盟群体成为国家的中流砥柱，当这堆锈迹斑斑、残破不堪的镰刀和锤子堆满整整一大间屋子时，就产生了一种震撼感，仿佛每一把镰刀和锤子都诉说着故事，这 30000 多个乃至难以计数的故事合在一起，就汇聚成了沉默而恢弘的血汗故事。每一把镰刀和锤子都连接着使用过它的主人——那些普通甚至最底层的工人或者农民的命运，而时间最终把镰刀和锤子变成了一堆“有故事的锈铁”。

在设计时，作者从现成品的艺术框架出发，进行了新的创作。重达 40 吨的 30000 多把镰刀和 8000 多把锤子铺陈在一起给予观众强烈的震撼力，钢铁视觉上的硬度感和重量感使观众产生无比沉重的情绪，引发深思，于无形之中描绘了这个时代特殊群体的视觉形象，叙述了这个时代特殊群体的命运。正因如此，这件作品所承载的意义远远超越了眼前的镰刀、锤子堆放的现实的重量感，体现了叙事性设计方法强大的感染力。

（二）流动的空间

影像投放技术、交互技术、虚拟技术和网络技术是信息时代技术发展最主要的特征。流动空间设计彻底打破了传统的展示设计方法，摈弃固定的展板、画框、展墙、说明牌等，利用 3D 技术高清投影至环状的曲面上进行循环滚动播放。

图 2-3 是 2010 年上海世界博览会（简称“上海世博会”）湖南馆设计，在这个造型特殊的设计中，流动的造型、流动的影像形成了流动的空间。这一创意是清华大学教授鲁晓波在上海世博会“城市，让生活更美好”的主题之下，为湖南馆世博会主题下的“都市桃花源”命题，根据场馆的性质、功能和地理环境，结合先进科技观念所进行的视觉化演绎。它以“魔比斯环”（Mobius

Strip）作为布展的主要造型，利用“魔比斯环”这一魔术般的曲面结构来承载展示信息，打破了常规的有明确“始终”的展示结构，从“自然桃花源、人文桃花源、理想桃花源三个角度，展示湖南现有生态社会资源，演绎未来新型城市构想”❶。

“‘魔比斯环’代表一种‘循环’的理念。它常被认为是无穷大符号‘∞’的创意原型。如同中国的太极，相生相灭，亦‘无始无终’。设计体现了一种融合和谐的哲学思想，以及自然和社会发展的某种规律和本质，简洁即丰富的哲理。”❷“它正好与和谐自然的中国城市理想意境以及长株潭城市群‘两型社会’的理念相契合，也与湖南馆都市桃花源‘自然、循环、和谐、未来’的理念相吻合。”❸“鲁晓波教授始终秉持‘隐藏技术，为情境服务’的理念，在投影仪放置、防止炫光、保持画面流动性等问题上不断尝试解决方案，让参观者切实感到‘身临其境，难辨虚实与震撼体验’。”❹

（三）虚拟空间

“信息时代解构了传统以实在的物质世界为基础建构起来的时空观念，取而代之为一种以冯·诺依曼（John von Neumann）二进制代码为基础的数字化构造起来的新型时空观念，即一种虚拟的和非物质性的时空观。”❺虚拟性与非物质性是信息时代展示艺术设计的基本特性，虚拟空间是非物质

---

❶ 王小茉：《艺科融合，知而行之——清华大学美术学院院长鲁晓波教授的学术探索之路》，《装饰》2016 年第 10 期。

❷ 鲁晓波：《设计都市桃花源》，《设计》2010 年第 10 期。

❸ 鲁晓波：《设计都市桃花源》，《设计》2010 年第 10 期。

❹ 王小茉：《艺科融合，知而行之——清华大学美术学院院长鲁晓波教授的学术探索之路》，《装饰》2016 年第 10 期。

❺ 吴诗中：《虚拟时空——信息时代的艺术设计及教育》，北京：高等教育出版社，2015 年，第 48 页。

图 2–3　2010 年上海世博会湖南馆 | 设计：鲁晓波

HUNAN Xanadu

形式的空间，是无法在传统物理学意义上被测量、被触摸的，这给它所表现的内容打开了一个不受物质空间束缚的更为广阔的天地。[1]虚拟空间的构建主要依靠虚拟现实技术来实现，技术上主要由四部分组成：成像计算机、投影系统、VR 软件和外部设备。

图 2-4 是清华大学美术学院信息艺术设计系学生邱艺芸设计的《Quantune Club——天地互动，太空音乐艺术装置》。这个音乐艺术装置是以三维建模软件模拟的虚拟形式外太空空间，实际上并不存在。作者认为，虽然外层空间里没有空气，但并非没有“声音”，只是这些“声音”人类的耳朵不能直接听到。设计者虚拟的交互装置是在太空设置一个球形太空乐器，在地球设置一个体验空间，在太空的球是一个在零重力环境下全方位收集太空声音的装置，太空乐器的声音素材来源于适时接收到的各个方向的宇宙波动信息（如太阳风暴、宇宙辐射等），太空乐器搭载其他的飞行器进入太空。在地球的部分是一个和太空乐器结构相同的交互体验空间，在地球的这个空间里体验者能够适时听见来自宇宙各方向波动奏成的乐章。虚拟太空空间的目的是打造一个基于天地合一理念的太空乐器，设计者的灵感来源于量子纠缠，量子纠缠是一种量子力学现象，一旦两个粒子建立了纠缠态，即使相距遥远距离，一个粒子的行为也会影响另一个的状态，实现适时同步。

虚拟技术除了用于模拟虚拟空间，还适用于博物馆文物展品保护陈列。当你千里迢迢赶到某博物馆欣赏某件或某系列藏品时，却发现藏品由于外馆借展、回库维修保养或特殊藏品安全性等原因未能展出，只留下一面空墙或空荡荡的展柜，那种失落之感一定无以言表。但是，采用虚拟技术进行展品“陈列”则能在一定程度上弥补这种缺憾，借助高解析度的成

---

[1] 吴诗中：《虚拟时空——信息时代的艺术设计及教育》，北京：高等教育出版社，2015 年，第 50 页。

图 2-4　《Quantune Club——天地互动，太空音乐艺术装置》 | 设计：邱艺云

像技术，今天的虚拟陈列可以逼真地将展品的体积、大小、色彩等各种细节展现在观众面前，甚至可以进行 360 度的立体呈现。引进互动技术之后，观众还可从自己的兴趣出发，选择任一个展品观看，甚至“触摸”，这使得观看的趣味性得到大大增强。网上虚拟博物馆的流行 [如谷歌公司在全球范围内与各个博物馆、美术合作推出的“谷歌艺术计划”（Google Art Project）]，正是以虚拟成像技术和网络分享为基础的信息技术大力发展的结果。

（四）交互演示空间

交互和体验是展示艺术设计研究领域所关注的重点。我们正处于从后工业时代向信息时代全面转型的过程当中，以机器工业为代表的生产与生活方式，正在被新兴的以信息传播和承载为代表的生产与生活方式取代。而从实践和理论原理的角度看，虚拟和交互是紧密交织在一起的，交互艺术设计的发展将是一个与过去完全不同的具有全新的设计方法并引领新的设计实践的学科。

就全球范围内的情况看，交互艺术设计的探讨与研究已经在交通工具、产品设计、展示设计、城市信息、教育、计算机、军事等学科和领域取得阶段性成果，像最近几年的无人驾驶汽车和从军用到民用的无人机都开始进入或正在进入日常应用阶段。近年来，交互体验技术在博物馆的陈列布展中使用更为频繁，体验效果非常好。

“不忘初心 牢记使命——中国共产党历史展览”第四部分中的“中国梦”交互展项设计（见图 2-5），是以多维度、多感官、多通道数字屏幕构建的交互体验装置，参观者在此触摸自己感兴趣的界面，查看“中国梦”数字内容，就能获得所需的信息，交互装置有拍照留影功能，点击拍照按钮，确认后上传，自己的形象或者视频就在这个交互装置中向上下左右各个方向滚动，加入“中国梦”的人物形象中，与“中国梦”装置中所有的人物影像互动，为展览增加了趣味性，吸引观众前来体验，使展示内容活起来。在新的形势下，当前博物馆展览陈列所采用的交互展项越来越多，数字技术在交互展项中的使用越来越普及。

然而目前交互设计所取得的成效还是点状的、局部的，这些技术的运用大多是其他产品和活动的附属物，与未来展示设计所需的系统性或实操性还有一定距离。展示艺术中的交互设计理论急需梳理，交互艺术设计系统的研

图 2-5　“不忘初心 牢记使命——中国共产党历史展览”之“中国梦”部分 | 设计：王斌 刘克

究方法也亟待探索，以便给从事展示设计的设计师提供一个可以落地的设计视角，使设计师迅速掌握展示艺术中交互体验设计的基本设计理念和设计方法，并能将之转换到展示设计的实践当中。早在 2002 年，伊夫雷亚交互设计中心主持人吉莲 · 克兰普顿 · 史密斯（Gillian Crampton Smith）就曾阐述这样的理解：“如果说工业设计师是以有形物体为媒介，改变了我们每天在家及办公室的生活，那么，交互设计的媒介就是诸如计算机、电信与手机等所提供的交互式科技；以一句话来概括，交互设计就是通过数字界面形塑出人类对于工作、娱乐与休闲的新面向。”❶

国内外很多高等院校和研究机构已经针对信息时代交互艺术设计领域的新特征与新变化展开研究，在此基础上探索了交互艺术设计专业的建设方法。它不仅需要传统的设计技术与观念，还需要和计算机、工学

❶　［美］比尔·莫格里奇：《关键设计报告——改变过去影响未来的交互设计法则》，许玉玲译，北京：中信出版社，2011 年，第 15 页。

等学科不断深入结合。在这一方面，国内外均有敢于走在时代前沿，勇于开展信息科学技术与艺术设计相结合的研究并进行教学的案例。

清华大学美术学院信息艺术设计教学开辟了一条新的途径，即通过与清华大学计算机系、新闻传媒学院展开跨学科联合培养交叉学科研究生，来进行教学实验。不同学科、专业背景的导师们尽力发挥各自的优势，加强学科之间的有机联系，研究生们能够跟随不同学科背景的导师，在更广泛的知识领域学习专业知识、吸收所需的营养，完成令人满意的作业。短短几年，清华大学交叉学科研究生的培养模式就显示了明显的教学效果，所完成的作业多次参加国内、国际作品展览，所培养的交互设计人才走向世界。

国外方面，麻省理工学院媒体实验室（The MIT Media Lab）则致力于数字媒体方面的科学技术和艺术设计研究，是科学、艺术和设计相融合的跨学科研究室，为媒体行业翘楚。实验室的研究范围不仅涵盖传媒技术、计算机、生物工程，还包括纳米工程及其他人文学科等多个不同领域。与社会上其他多媒体公司以营利为目的研究的性质不同，媒体实验室专注于数字媒体科学技术的发明，而非将科技发明产品化、市场化，因此，其发明有很多看起来不切合实际，如悬浮的立体虚拟影像，能够与之对话的电脑，程序化的乐高玩具，等等。但是，实验室的其他数字化研究如交互式电影、社会化媒体、数字化艺术、情感计算机、手势与故事、可触摸感应，引领了多媒体技术应用的趋势和潮流，媒体实验室的这些研究具有新兴交叉学科的特点，具有创新活力，具有前瞻性，并且他们的研究面向人的需求，坚持以人为本。

放眼国际，许多艺术设计院校正在开展以信息技术为基础的交互设计的教学、研究，取得了显著的成果。日本多摩美术大学（Tama Art University）研究交互设计的学者指出，交互艺术设计的目标是形成优美又简洁的信息使用环境，设计活动是工学、人文学科（如艺术理论）等方面的新综合，而其培养人才的目标是培育在对新的人文、艺术、技术观念的理解的基础上，能综合现代信息、时间和价值等观念的新人才。

北欧也有艺术设计大学设有媒体实验室，在实验室里开设媒体艺术设计研究方向，除了研究数字技术条件下全新的、可能的交流、交互和表达方式，还关注虚拟现实环境中三维界面的表现方式，对用户在三维虚拟空间中的操作方式进行了深入的研究。

交互体验可以在多方面进行，在展览中，它包括观众与环境的交互、观众与展品的交互、观众（现代人）与对象（历史人物）的交互、观众（现代人）与历史事件的交互，体验科学的原理、贴近对象的历史经历，以及对人物发生虚拟的"换位思考"。在这样的环境下，物质体验和非物质体验有时候是共同产生的。信息时代，交互体验的艺术设计必将成为人类向工业文明告别而转向信息时代或非物质时代的一种新的设计形式。或者也可以这么理解，当每一个人都成为信息世界的一部分、每个人都持有智能终端设备（如智能手机）的时候，在生活中我们自己与世界、自己与自己的交互行动都拓展了一个又一个交互"演示"空间。"交互设计所对应的是结合了电子硬件与软件的实体产品，而人类是与独特的计算装置进行互动，但有时根本不会将它视为计算机，而是当作可以有所响应或是有一些聪明设计的产品。"❶

（五）心理空间

博物馆布展设计师应该是一个多面手，或者一支不同专业设计师组成的工作团队，但在平面、规划、编辑之外，对展陈结果的评判大多要落到

❶ ［美］比尔·莫格里奇：《关键设计报告——改变过去影响未来的交互设计法则》，许玉玲译，北京：中信出版社，2011年，第493页。

空间设计的状况上。塑造空间的基本形态，展现空间的基本特征，延展空间的场力效应，也就奠定了人与环境交流和对话的基本姿态。空间本身是会“说话”的，这依靠的是人通过感知而进行的与环境的心理交流，这种空间是物质形式延展出来的心理空间，它使物理空间充满了意义。

图 2-6 是位于湖南安化的中国黑茶博物馆三层的匾额碑刻厅前厅。这个前厅有一种心理上的不可见的场、力存在于该叙事陈列空间之中，“岁月留痕”几个醒目大字将观众引导向前，房顶和墙面只有少许文字装饰，肃穆寂静的气氛让人用心去体会空间的主题，石板、水道、老树等无不引人思考，观众通过眼前视觉环境的心理感知，会与这一陈列空间产生心灵上的交流。

“如何使某个事物从情感上对人具有吸引力（且令人难忘）？通过运用亲切的语言和美学，加入幽默元素以及激发人的好奇心，创造流畅的体验，平衡游戏机制等等其他类似策略。”❶ 博物馆陈列空间的设计和其他的空间设计的一个重要的区别在于前者以故事性为信息传递特征。如果我们借用情感设计的分层概念的话，那么参观者进入博物馆展陈空间中，决定展陈是否有效的是它在物理形态上能否获得她或他的认同进而带来“使用的愉悦和效用”。博物馆空间的根本目的就是通过对情感的调度让人们去体验一段历史、一个故事、一个事件、一种文化，而塑造空间是达到这个目的的基本手段。犹如一部戏剧，如何开场、如何引导情节的变化，最终不过是要通过观众对自我心理的确认来赢得他们的认同，“反思层次”正是借助“自我形象、个人的满足、记忆”

❶ [美]Stephen P. Anderson：《怦然心动——情感化交互设计指南》，侯景艳、胡冠琦、徐磊译，徐磊审校，北京：人民邮电出版社，2012 年，第 13 页。

图 2-6　中国黑茶博物馆匾额碑刻厅 | 设计：陈奕君

来取得的，博物馆的工作就是传递文化记忆。❶ 设计师要通过文字、图形、影像、光影等所带有的共通的、集体的情感认知，将各种细节的暗示引导到空间设计者所希望表达的方向上来。

（六）公共过渡空间

过渡空间是公共空间的一部分，一般不会特别设置展品，但是由于它起着承前启后、上传下连、体验转换的作用，是各个展出单元的连接点，因此在设计上的意义更加不同寻常。在博物馆空间、纪念馆空间或其他展示空间里，过渡空间将各个部分、各个章节连接起来，观众在参观完某几个部分，阅读了一定长度的展线后，需要在过渡空间里有一个短暂的放松、调节，并为下一个部分的进入做适当的心理准备工作，一方面是视觉心理上的，另一方面也可以是物理方式上的。视觉心理上的调节是在过渡空间里没有内容性展示，没有特别需要阅读、理解的文字、图片等。但放松的时间又不宜过长，稍事休息就需要进入下一阶段的参观，时间太长会中断

❶ ［美］唐纳德·A. 诺曼：《设计心理学 3：情感化设计》，小柯译，北京：中信出版社，2012 年，第 27 页。

图 2-7　浙江乌镇木心美术馆的休息区 | 摄影：吴诗中

观众的思路和体验。休息区可以设置轻松的休闲视频资料或小件装饰艺术品点缀环境，供观众缓解疲劳、放松心情。在浙江乌镇木心美术馆的休息区（见图 2-7），木色的台阶上点缀着黑色的沙发坐垫，木架上陈列着相关历史人物照片和图书，观众可以随手拿来坐在台阶上阅读，放松心情，稍作休憩。这种物理方式的调节也就是物质形式的调节，即在过渡空间里给观众提供可供休息的设备、设施、环境等，让观众可以坐下来，让身心得到一定程度的缓解。

这样的过渡空间，很多时候是由建筑设计师来预设的。如苏州博物馆新馆内的院墙，设计成“米氏云山”的造型，观众在曲折的石板桥上可以隔水“遥望”赏鉴，将博物馆的典藏空间与临时展陈空间做游观上的空间转换，暗示了两种完全不同的展陈性质。又如浙江乌镇木心美术馆休息区外的公共空间（见图 2-8），观众在经历一段时间的参观展览后，略有视

图 2-8　乌镇木心美术馆休息区外的公共空间 | 摄影：吴诗中

觉疲惫，走到此处，在台阶上坐下来，一眼望去，细白的小石子衬托一片灰色的墙壁，墙壁前有几座造型生动的微缩山石，为数不多的翠竹在灰色的墙头随风摇曳，令人心旷神怡，观众的心情在一瞬间放松下来。从装饰艺术带给人的心理感受来看，这个设计产生的意境更有一番江南烟雨云山的遐想，与苏州博物馆的庭院园林设计有异曲同工之妙，不难看出这也是出自贝氏家族的设计。

经过贝氏家族设计师精心设计的木心美术馆公共空间和庭院中的山水、紫藤、草房，无一不在向读者暗示公共空间叙事的文化性质，它们主导了整个美术馆的空间格调。而这种暗示在叙事理论中被认为会刺激读者或观众的好奇心，进一步增加叙事的张力，使展示空间的前后关系更加紧凑且富于逻辑性。

三、叙事空间的科学求真性

博物馆的陈列工作给观众的视觉体验是审美的，但方法和观念是科学严谨的。“大多数关于叙事形式的科学实际上是关于一致与连贯的科学。就像物理学家、化学家或微生物学家一样，传统上叙事学家的作用就是揭示出隐藏着的叙事结构模式，从而使对象被人理解。”[1] 博物馆的叙事空间存在着一定的模式化特征，科学规律在背后起着很重要的作用。首先，博物馆的设计需求要以实际功能为前提，陈列空间、过渡空间、对话空间等空间的设置都遵循着相应的学科规律。而且，博物馆叙事空间在设计之初就应该考虑到时间上的有效性，材料、功能和主题的时效性等要尽可能长久，这也是可持续性绿色设计观念的实践。

博物馆展陈设计是艺术设计中极其重要的部分，艺术中蕴含着科学道理，科学技术中也有美的因素，特别是当科学和艺术结合时，能产生更具吸引力的作品。图 2-9 是湖南韶山毛泽东同志纪念馆展陈提升时的小青马陈列方案。这是初步的陈列设计概念，展示空间中的核心元素是小青马的标本，它是根据毛泽东转战陕北时所骑的一匹小青马的标本复制的。胡宗南大举进攻延安的时候，毛泽东骑着这匹马在陕北转战，一直走到西柏坡，小青马最后累死在转战陕北的路上，作为毛泽东运筹帷幄指挥三大战役的见证者，它的标本陈列自然就具有一种无可置疑的说服力，具有科学求真性。小青马陈列方案虽然只是一个概念设计，但已经体现出设计价值，后来因为建筑空间改变，这个概念未能实施，非常遗憾。

[1] ［英］马克·柯里：《后现代叙事理论》，宁一中译，北京：北京大学出版社，2003 年，第 5 页。

图 2-9　湖南韶山毛泽东同志纪念馆小青马陈列方案 | 设计：姜昊生 金志城

图 2-10 是山东临沂革命纪念馆中央圆形大厅布展完成的实景照片。这个大厅是沂蒙革命纪念馆陈列设计中的一个代表性场景，巨大的圆形叙事景观讲述的是沂蒙人民用小推车支前的故事。在观众眼前，86 个人、84 台小车，以超常规的手法围合成一个几乎不可能的运动感十足的环形造型，给人以巨大的心灵震撼，它使人马上想到陈毅元帅“淮海战役的胜利是人民群众用小车推出来的”的名言。陈毅元帅的意思是，广大人民群众积极支援前线，在人力、物力等方面给予军队大力支持，所以，我们才赢得了淮海战役的胜利。

图 2-10　临沂革命纪念馆中央圆形大厅大型艺术装置“迎接新中国的曙光”　| 设计：洪麦恩 吴诗中 张雷山

用这样一组群雕构建的纪念馆大厅的环形陈列，形成一种历史叙述的“真实”空间，而雕塑把这种基于历史活动的真实叙事视觉化，甚至使之可触摸。展陈设计利用了原建筑本身的结构条件，将自然光从天顶引入室内，把建筑的基本功能、艺术品的感染力和历史真实结合起来并进行合理升华，体现了以科学的求真精神为根本的展陈设计的学科使命。

四、叙事空间塑造的基本手法

（一）实物、图片和影像相结合的叙事方法

实物陈列、照片版面和影像播放相结合是博物馆陈列布展叙事性设计的基本方法，可以使广大观众产生最为直观的视觉感受和第一印象，铭刻着历史印记、散发出岁月沧桑气息的历史文物，黑白或彩色照片，以及珍

图 2-11　“不忘初心　牢记使命——中国共产党历史展览”第一部分 | 设计：王凯　赵彤　陈奕南

贵的记录影像，能够真实而客观地记录和反映历史事件、自然社会与人类文明的进程，是社会发展与自然发展最客观、最真实的见证物。运用实物展品和照片版面配以影像视频的布展方法虽然是传统的布展方法，但是其叙事的作用和传达历史信息的基本功能仍然是不可替代的，仍然为多数博物馆陈列布展所采用，图 2-11 是“不忘初心　牢记使命——中国共产党历史展览”第一部分。这一部分以真实的照片、有故事的文物、准确的文字，以及流动的视频叙述了一段真实的历史——近代历史上，帝国主义列强对中国的侵略和中华民族的历史任务。设计师运用叙事性陈列设计方法进行布展，珍贵的历史文物、文献按陈列内容相关要求陈列，有价值的历史照片散步在叙事性壁饰主展线上。与众不同的是，主展线的背景上流动的视频循环播放珍贵的历史视频和历史史料，让整个版面活了起来，增加了历史沧桑感，是社会发展最客观、最真实的见证物。以实物、图片和影像播放相结合的叙事方法进行博物馆陈列的布展设计，能够叙述重要事件的真实背景，表达时代和社会意义，是博物馆和纪念馆陈列中叙事设计的一个基本方法。这一基本方法要求设计师们在进行方案设计时除了要掌握陈列主题、目的、展品，还要设计文字脚本和进行必要的图形装饰。图文描述需要注重图文的对应度、文字表述的清晰度、准确性和整体性。

以建筑空间为基础的博物馆叙事性设计，需要根据陈列内容的要求设计出传统意义上的物理形式为主结合数字视频技术的布展形式，按叙事性设计的要求来突出展览的主题，表现展览的故事情节，也能形成展览内容所需要的特定的气场，这是最基本、最原始、最朴素、最生动的叙事性展览的具体设计方法。

博物馆陈列的文物、照片、电子图文、影像、叙事景观等展品和展项，形成观众和博物馆联系的纽带，在这条纽带上，按叙事设计要求陈列文物是第一要旨。文物陈列素来被布展设计师重视，在博物馆陈列中起着至关重要的作用，用文物说话一直是博物馆人的口头禅。文物和其他实物展品最直观、最直接、最生动、最实在，无需多言。实物展品结合文字、照片这种陈列布展的理念和设计方式多年传承，历久弥新。

（二）融合数字声、光、电技术的信息传递空间

数字交互视频、流媒体影像技术、物理交互技术支撑下的信息传递空间，是信息时代特有的叙事空间艺术形式。

信息时代的博物馆陈列设计不仅是空间艺术，还是信息传递和形象传播的载体。科技的发展，使博物馆展陈成为集各种媒介（平面、三维、互动展示）、技术（数字、信息、生物技术）于一身的综合设计体。虽然以

文字描述、图形、图表为表意载体的传统型平面设计手法依然在博物馆陈列展示中发挥着不可或缺的作用，但是，当下一味使用传统图文的陈列方式已经受到质疑，传统的物理形式的平面图文展板在充分满足展陈和观众的双重需求方面的作用大打折扣，交互的、流淌式的信息图文展板扮演着越来越重要的作用，而且动态式的数字化展板在灵动性上更具有优势。

图 2-12 是位于湖南浏阳的胡耀邦同志纪念馆第六部分“担任中共中央总书记”陈列内容的信息展板设计——电子图文展板。该部分内容重点叙述党的十一届三中全会后，党中央做出一系列重大决策，不断推进改革开放和社会主义现代化建设。在党的中央总书记岗位上，胡耀邦大刀阔斧地领导和推动以家庭联产承包责任制为标志的农村改革，释放了农村生产力，改善了农民生活。随后，他又推动以城市为中心的经济体制改革，社会主义商品经济得到发展并不断走向繁荣。在重视物质文明建设的同时，他强调精神文明建设，尤其是在科学技术体制改革方面有重大突破。

设计师将在此处陈列的内容部分设计成电子图文展板，表现科学技术体制改革取得的重大成果：通过信息墙，以数字交互视频、流媒体影像技术、物理交互技术展示一批达到世界先进水平的高科技成果，包括银河巨型计算机、重离子加速器、正负电子对撞机、同步辐射实验室和运载火箭发射卫星。这一部分还使用了 1985 年 3 月 7 日的一段珍贵视频，是胡耀邦在全国科技工作会议闭幕式上发表重要讲话的历史影像，作为叙事性设计真实性的支撑材料。通过数字化的交互技术、流媒体播放技术形成的信息传递空间，呈现了胡耀邦坚持党的尊重知识、尊重人才的方针，推动了全国科技、教育、文艺工作的蓬勃发展，他的努力为我国开创社会主义现代化建设新局面作出了重要贡献。从胡耀邦同志纪念馆第六部分这一案例可以看出，数字化动态的图形影像叙事描述比传统的静态图文展板更能有效、直观地

图 2-12　胡耀邦同志纪念馆第六部分信息展板　| 设计：王思梦

表达展示内容，更受观众青睐。

（三）艺术作品创作表现叙事主题空间

在博物馆叙事性陈列中采用艺术作品创作表现主题内容的主要形式有主题雕塑、主题绘画、主题叙事景观。同时可以将雕塑、绘画、景观三者结合起来，展现出更强的艺术感染力。恰当地采用艺术作品创作可以增强叙事空间的艺术氛围，直观地表达叙事主题，艺术地再现过去的历史事件、历史人物，穿越时空、还原史实，在激励后人、面向未来的教育功能的发挥上有着明显的优势。

图 2-13　郑州中原英烈馆“二七大罢工”叙事场景 | 设计：刘孔梁

郑州中原英烈馆第一展厅的“二七大罢工”叙事场景（见图 2-13），表现了 1923 年那场震动全国的工人大罢工运动。1923 年 2 月 1 日，各个工会准备在郑州成立京汉铁路总工会，被得知消息的军阀吴佩孚派人驱散。为反抗吴佩孚的暴力镇压，次日，铁路工人们举行大罢工。2 月 7 日，吴佩孚派湖北督军肖耀南以调解的名义，诱使工会代表去武汉江岸工会谈判，工人们选出来的工会代表到达谈判地点后即被当场逮捕，遭到屠杀，工人纠察队也遭到镇压，军阀的残暴行为造成了震惊中外的“二七大惨案”。

“二七大罢工”叙事场景要求必须真实、准确地表现和叙述这一段历史事件，要在建筑空间仅仅长 10 米、高 5 米、深 3 米的有限范围内表现大罢工宏大无边的场面、数以万计的工人，还有 20 世纪 30 年代的火车与铁轨。这一限制条件下的叙事场景设计难度非常大，设计师经过无数次的思索和

推敲，终于设计出以雕塑、油画、景观综合而成的叙事性艺术时空的表现形式，来叙述“二七大罢工”这一真实的历史事件。在观众眼前，近处是按比例缩微的当年郑州火车站和铁路的仿真景观，其中布满了枕木、伫立的信号灯等常见铁路器具模型，还有一个按比例设计的 30 年代的火车头，车头上站立着 3 个“二七大罢工”的工人代表，车头下密密麻麻站满了成千上万参加大罢工的铁路工人，工人仅仅 80 厘米高，远处的工人和远景房屋、天空等用写实油画表现出来。叙事性绘画、叙事性雕塑和叙事性景观三种艺术形式有机地统一在一起，互相呼应，组合成一个完整的、仿真的、符合历史条件的叙事性主题空间，恰当地突出“二七大罢工”历史事件，展现“二七”志士们在大罢工中的英雄气概，以及林祥谦、施洋等烈士在这片土地上洒下的热血。这个案例说明了艺术作品创作在表现叙事主题空间时有着无穷的魅力。

（四）与野生设计俱来的野生叙事

设计不一定出自设计师之手，社会上到处可见一些为了传达某种信息随意涂鸦出来的招贴、广告、启示、海报等，有人称之为涂鸦艺术，也有人称之为野生设计。野生设计是没有事先策划、没有设计、没有组织、没有管理的一种设计形式，是某人为某个目的或一时兴起而进行的信手拈来的行为式的设计，具有涂鸦性、浪漫性、讽刺性、无限制性、无目的性或有目的性、人人都能参与等诸多特点。无目的性指的是涂鸦只是一种信手拈来的乱涂乱画，没有任何倾向，没有创作主题和创作要求；而有目的性指的是作者借涂鸦而进行的个人内心思想表达和情感发泄，具有政治性。在所有的涂鸦艺术中，柏林墙的涂鸦堪称典范。柏林墙于1961年8月始建，全长155公里，是当时民主德国（俗称“东德”）和联邦德国（俗称“西德”）的分界线，最初柏林墙是用铁丝网和砖石建造的边防墙，后经过“升级”，成为由混凝土建造的墙体、瞭望塔及在开放地带挖掘的反车辆壕沟共同组成的一道整体边防设施。柏林墙既是冷战时期两大阵营对抗的标志物，也是德国分裂的象征。1989年11月9日，柏林墙轰然倒塌。在柏林墙存在的28年间，无数艺术家在柏林墙上进行涂鸦创作，随心所欲，不乏艺术精品，是世界上具有代表性的现代艺术表现形式之一。柏林墙上有一件著名的涂鸦艺术作品《兄弟之吻》，它的作者是莫斯科艺术家迪米特里·弗鲁贝尔，作者创作的意图是表现东德和苏联的战略合作关系，画面形象是前东德最高领导人埃里希·昂纳克与前苏共中央总书记列昂尼德·伊里奇·勃列日涅夫亲吻的特写。这幅涂鸦经典已被官方擦除，作者弗鲁贝尔对此盛怒不已，表示自己将在不同的场地再画一幅同样的新作。《兄弟之吻》这幅涂鸦就是有目的的叙事性创作，具有很强的政治性和讽刺性。

现在，柏林墙原址上建了一座柏林墙遗址纪念公园，里面有世界上最大的露天画廊——东边画廊。柏林墙倒塌后，来自不同国家的约两百位艺术家在一段 1300 多米长的残余柏林墙上进行创作。1991 年，这段柏林墙被列为保护建筑。柏林墙的野生叙事设计和涂鸦艺术具有三个特点：一是时常对时事政治进行关注性的叙事，叙事内容很有特色，热爱自由、追求民主、向往和平、关爱生命成为野生设计艺术家表达的主要题旨；二是绘画面积非常大，“载体”为共计长达二十多公里的柏林墙残留墙体；三是参与的作者非常多元，既有国际著名艺术家，也有不少大学生、中学生等普通民众。

柏林墙的野生叙事涂鸦艺术近年遭到严重破坏，有关方面已经认识到涂鸦艺术的价值，正在组织艺术家对柏林墙的艺术作品进行修复。

野生设计的叙事性创作行为在人们的日常生活中很常见，这种叙事性的创作行为是自发的，来自内心的冲动，从叙事性的行为中反映出人们对待生活和工作的态度，以及人们对物质生活之外的精神生活的追求。

图 2-14 是日本京都伏见稻荷大社为游客设计的处理所抽神签的场所，在该图中我们可以看到几个游客正在架子上系自己抽到的神签。在神社游玩的游客往往会抽神签，看看自己的时运，祈求神灵庇护。抽到的神签有吉签，也有中签和末签，中签和末签会被系在架子上，代表坏运气留在寺内，让神灵化解不好的命运。图 2-15 中，系好的神签经受了一场大雨的洗礼，雨水可以带走不好的运气，雨后，神签的纸条还在滴水珠，随着滴答的水珠不停地落下，游客的心情慢慢好转，心灵得到安慰。

平安时代的天台宗僧侣良源，为了占卜神的意思而进行的“抽签占卜”大约是抽神签的起源。到江户时代，天台宗的僧侣天海大僧梦中受良源的委托发现了隐藏在户隐的偈文一百篇，大僧将这一百篇偈文编号，就形成

图 2-14　几位游客正在系神签　| 摄影：吴诗中

图 2-15　系好的神签遭遇一场大雨，化解了不吉运气　| 摄影：吴诗中

了现在日本的抽签方式。此后，这种抽神签的方式在日本神社寺庙中流传，抽神签、系神签的行为在日本民间自发地广泛传播。如果一个人在神社抽到“凶”签，不愿意将之带回家时，往往就将其系在寺内，一方面是让坏运气留在寺内，另一方面则是祈祷神明保佑自己，通过“结”和“系”的行为能够和神明结缘并提升自己的运气，这是系神签的意义。用不常用的左手来“系”神签，做了一次不易的事，意味着能够逢凶化吉。人们自发的“系”的随意行为，包含着精神上的追求，有着避“凶”迎“吉”的意义。这种盼望好运气的行为方式的策划，虽然是“野生”的，但是其中体现着“抽神签”的传承脉络和叙事意义。

“野生”的设计行为还反映在普通民众日常的劳动和生活中。普通民众时常有一些不经意的想法，也会有一些不经意的行为动作，去处理自己身边发生的事情，应对周围的人。与此相对应，周边的一切人和事会因为一个普通人的普通行为产生回应。比如，每个普通公民爱护居住环境的点滴行为积累起来，就会给外来的旅居友人留下干净整洁的印象，获得此地适宜旅居的正向感受。

图 2-16 中，日本大阪城公园的一位清洁工为了公园的整洁将地下的树叶扫在一起，并堆聚成英文“WEICOME TO OSAKA...”，虽然她只是一个清洁工，不是一个设计师，但是她热爱自己的工作，熟悉这里的环境，熟悉手里的扫帚，使用扫帚得心应手。她关注大阪公园这一块土地，希望地面干净、整洁、悦目，便用一堆堆树叶摆出英文词句，既代表她自己，也代表这一地区的民众对外来游客热烈欢迎的心情。扫地是一种常见的清扫垃圾的行为，但将树叶垃圾变为艺术——随意的树叶堆积景观，这就是典型的“野生”设计，反映出人的内心世界，叙述了一个普通人的内在的心态，赢得了外来游客的尊重。

图 2-16　日本大阪公园的清洁工 | 摄影：魏佳

图 2-17、图 2-18 是位于海南省琼海市万泉河入海口的博鳌镇的博鳌亚洲论坛附近“海的故事”酒吧里的野生叙事设计。

在博鳌“海的故事”酒吧里，有的路过此地的过客为后来的游客留下有用的信息，以便后来者联系到自己；也有留言者希望自己的出行目的能得到别人的赞同，从而找到同行的伴侣或者志同道合之人。两图所示都是留言者随意书写留下的，纸条日积月累，一层一层堆积成这样。留言用的纸条是酒吧提供的，基本上大小、色泽一致，书写的字迹千姿百态，随意地用绳子悬挂在木柱上或者用图钉钉在墙壁上，有的系上红绳子、蓝绳子，别有一番特色。

图 2-17　博鳌“海的故事”酒吧留言牌野生叙事一角 | 摄影：吴诗中

图 2-18　博鳌“海的故事”酒吧留言牌野生叙事近景 | 摄影：吴诗中

第二节　博物馆陈列叙事性设计中的情景对话与互动体验

“触景生情”，“一切景语皆情语”，“感时花溅泪，恨别鸟惊心”……这些在中国古典美学中不断被讨论的词句，说明了作为审美主体的人在不同情景下的心理反应。这种心理反应及由它触动而产生的其他行为，都是人与物、人与环境交流的直接结果之一，这就是情景对话所涉及的内容。而在博物馆展示陈列中，塑造人与环境的对话空间是设计师的重要工作，不同诉求和状态的空间交织在一起，丰富了现代展示空间的表现力和感染力。空间的造型、主题形象的体量、虚和实的对比、色彩和光的交织，这些因素形成一股现场合力，使观众参与的主动性被展示的内容、展品更为有效地调动起来。

一、叙事性陈列设计的趣味性

透过情景对话增强博物馆的趣味性，是较为常见的展陈设计手法，是吸引观众的重要展示手段。情景对话除要表述特定的场景和情节之外，还是对事件的再次认证，是一种对历史真实性的情感陈述。博物馆的情景叙事也要遵循“一切设计都要自然，最好在观众不知不觉中起到作用”的观念。“不知不觉”指的是在自然状态下产生趣味性。

图 2-19 是始建于 1969 年的美国旧金山探索博物馆（Exploratorium）中陈列的一个“烟圈”产生原理互动趣味展项。图中一对父子正在合力按压一个装置在台子上的大橡皮圈，“烟圈”从大橡皮圈里吐出来。二人兴奋地一次次用力按压，似乎完全停不下来，进入了一种十分投入的状态。从这个互动展项可以看出，博物馆里趣味性的情景对话应该更具有开放性，

图 2-19 美国旧金山探索博物馆“烟圈”互动展项 | 摄影：吴桐

应该巧妙地融入展示叙事的总体设计之中，而不应该有突兀感。除了自然而为的因素，将人们平时认为不可能的状态在观众眼前变为可能，也会引起人们的好奇，产生趣味性。

更为有效的方式是在博物馆的陈列布展中设计一种可以获取专业知识的学习展项，让观众亲自动手参与，引起观众的兴趣。在动手实践的过程中，观众与之交流、与之互动。

日本大阪博物馆设计了名为“做一回考古学家”的陶罐复原展项（见图 2-20）。这个“做一回考古学家”展项吸引了一名清华大学博物馆展示陈列艺术专业的研究生，她正在用博物馆提供的一堆残破的陶片复原一个

图 2-20　日本大阪博物馆陶罐复原展项　|　摄影：吴诗中

图 2-21　聪明的姑娘成功复原了陶罐，露出满意的笑容　|　摄影：吴诗中

古陶罐。她要细心研究陶罐的器形，陶片的花纹、色泽、残破的缺口，一片也不能错，否则陶罐就不能复原，当这个陶罐在她手中完整复原后，充满成就感的她露出了满意的笑容（见图 2-21）。

二、叙事性陈列设计的艺术化

以信息的视觉传达为基本诉求的博物馆叙事性展示陈列设计师，自然要多方吸收许多其他艺术门类的表现特长，遵循相应的审美原则和规律。不同艺术门类不仅给人们带来感官上的不同冲击，也刺激着人的思维向各个方向发散。博物馆陈列艺术在这些基本艺术审美经验的前提下，充分运用新的技术使展陈设计在艺术性上得以丰富和提高。具体方法主要有以下三个方面。

首先，将从文学叙事中借鉴而来的夸张、比喻、拟人、烘托、渲染等表现手法，有针对性地引入博物馆的展陈设计中。在 2010 年上海世博会西班牙馆第三部分展出的一个巨型机器人娃娃，被称为“西班牙国家馆的孩子”——吉祥物“小米宝宝”（见图 2-22），“在藤条建筑的围裹中，象征着城市文明如同摇篮孕育了人类生命”❶。

“小米宝宝”雕塑高 6.5 米，和面前的观众相比形成体量上的巨大反差，这种超常规尺度给观者造成一种奇异的陌生感，带来一种扑面而来的震撼力。很多观众都为之吸引，纷纷和这个巨大的象征人类未来的“娃娃”合影。这个西班牙洋娃娃可爱的神态、超大的比例尺度、极度夸张造型的表现手法，

❶ 《小米宝宝》，世博会博物馆官网，访问时间 2020 年 3 月 12 日。

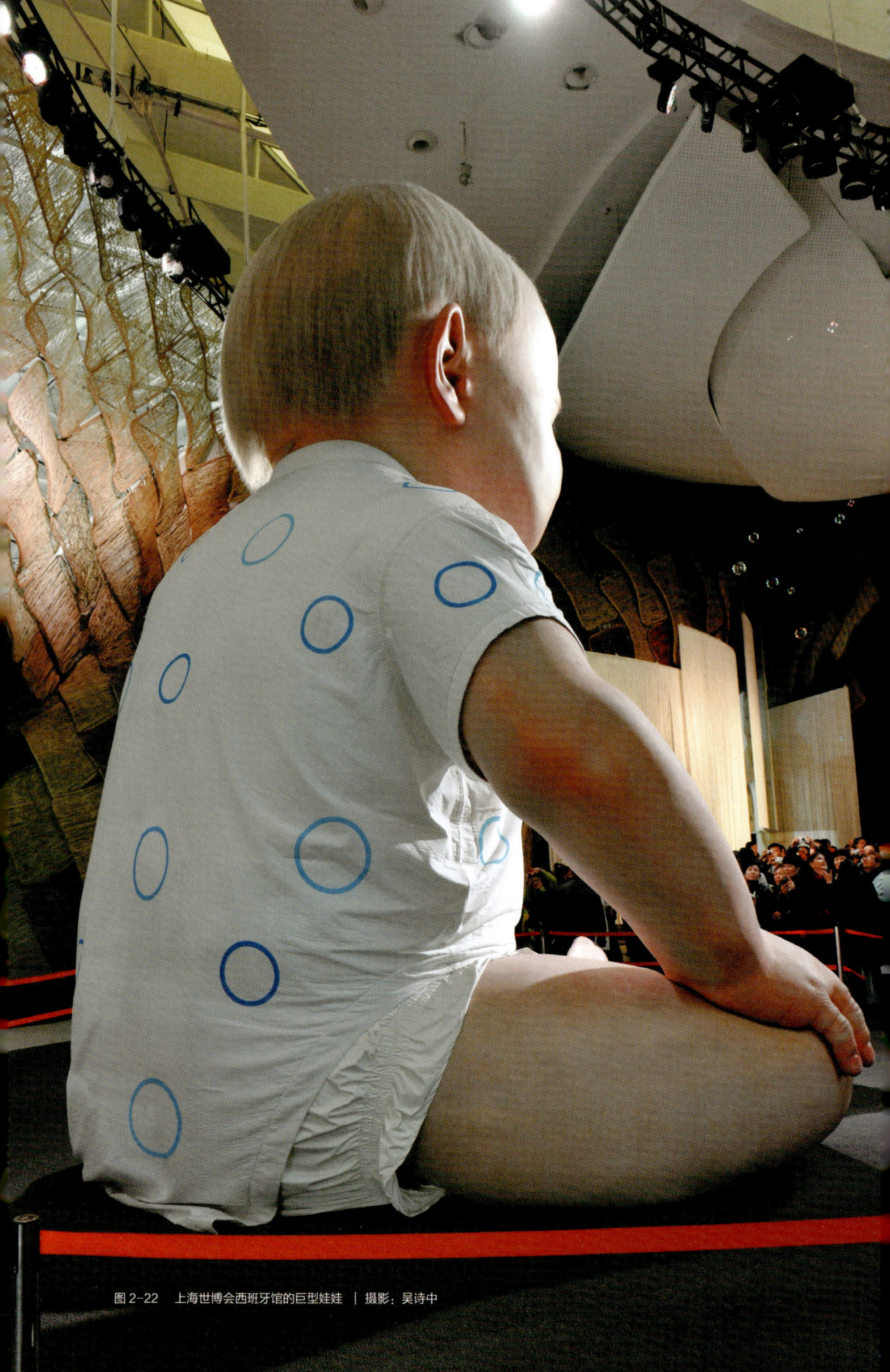

图 2-22　上海世博会西班牙馆的巨型娃娃 ｜ 摄影：吴诗中

图 2-23　戏曲博物园设计中引入的虚拟成像技术 | 设计：姜昊生

给前来参观的观众带来强大的视觉冲击力，既有趣味性又有艺术性，吸引了人们的眼球，引起了观众心灵上的震撼，给观众留下深刻的记忆，成为2010年上海世博会的“网红”，是一个成功的设计作品。

其次，从绘画艺术中借鉴典型的风格化画面，选用集体心理共同认知的经典色彩、线条和形体贯穿其中，以使博物馆设计具有和谐一致的形式美。而借鉴戏剧艺术中对情节冲突的集中表现，可以使博物馆叙事更集中在能够调动观众情绪高潮的片段，并使叙事富有节奏性和律动感。

图 2-23 是某戏曲博物园中的游乐景点设计。设计师选取古代经典戏剧中的情节，以湖中的一艘船为舞台，从浩瀚的湖面为舞台背景，利用虚拟成像手法，让经典戏曲人物活起来，栩栩如生，尤其到夜晚，灯火辉煌，似幻似真，经典戏曲人物穿越时空，来到观众眼前，与观众互动，调

动观众的情绪，激发观众的兴趣，达到了观看剧目的高潮。其中除了声光电综合的舞台美，还具有古典戏剧艺术的叙事美。运用电影艺术中的蒙太奇（Montage）手法，可以让博物馆陈列叙事在不同内容、技术的“拼贴”上达到“异想天开”的效果。如电影导演让－吕克·戈达尔（Jean-Luc Godard）所认为的那样，蒙太奇的“异想天开”其实是“揭示而不是混淆更深刻意义上的真实”[1]，这正是博物馆叙事性设计的最核心的价值之一。

再次，信息化展示设计通过先进的技术手段和独特的设计审美能够创造出丰富的、高还原性的、互动的、体验式的展示形式，它既可以模拟真实的场景，又可以创造出现实中所“不存在”的空间环境和视觉效果。这就要求设计师在设计视觉效果、场景气氛渲染、音响效果、人机交互体验等方面都要对数字化展示设计的艺术性特征了然于胸。

三、叙事性陈列设计贴近生活

贴近实际、贴近群众、贴近生活，是一项重要的设计要求，是改进和加强博物馆叙事性陈列设计工作的一条指导原则。在这个原则的要求下，博物馆陈列的叙事性展示设计既要注重趣味性、艺术性，也不能忘记三贴近的指导思想，不能忽略群众生活化的内容。

图 2-24 是胡耀邦同志纪念馆序厅。序厅表现内容创意者为夏佑新，他选择了胡耀邦总书记心在人民的主题，叙事景观选择了一个夏天的午后，胡耀邦来到人民中间，与群众在某一农村打谷场上聊天，了解群众的生活，问他们今年收成如何、有什么困难。这个主体性的叙事设计表现胡耀邦来

---

[1] ［美］迈克尔·拉什：《新媒体艺术》，俞青译，上海：上海人民美术出版社，2015 年，第 29 页。

到民间体验群众的生活、了解群众的疾苦的场景，贴近群众，贴近实际，是一个成功的案例。

博物馆陈列的叙事设计始终应该在博物馆展品和设计的一般性前提下，向人性化方向努力，拉近博物馆与普通观众的距离，为普通人提供参观博物馆的各种方式和进入博物馆的各种通道。普通观众在博物馆陈列叙事性的感染中可以获得相关的专业性知识，打破专业与业余之间的知识藩篱。今天的知识传播强调主体和客体双方在地位上的平等性，或者借用经济学的概念来说，“以人为中心”的博物馆工作理念，已经从之前博物馆一方主导的卖方市场向买方市场倾斜，这种市场供求情况要求博物馆在传播方式上从生活出发，寻找各种为观众市场服务的可能性。

博物馆文化如今已悄然走进了我们的生活，即使不去实体博物馆，在家中打开电脑，在上下班地铁上、公交车上打开手机，我们就可以通过互联网参观数字化的、虚拟的线上博物馆、图书馆、艺术馆，在虚拟空间中，深藏于博物馆的文物、艺术品的形象，以及文物、艺术品的相关信息，在很短的时间内就可以呈现在我们面前，而且信息更为海量，文物、艺术品的细节可能比在博物馆参观所能看到的更为丰富。

四、叙事性陈列设计的交互体验与虚拟现实

在当今的信息时代，异军突起的数字技术势如浪潮，大数据、云计算等各类新技术不断推动数字技术以几何级数增长而形成新的浪潮，譬如多媒体技术、光电演示技术、物联网技术、网络传播技术、虚拟现实技术、智能传感技术等，这些都是信息时代孕育而生的堪称全新的技术文明，展示陈列艺术设计特别是博物馆陈列艺术，需要对这些技术特征和随之而来

图 2-24　胡耀邦同志纪念馆序厅“心在人民”叙事景观 ｜ 设计：吴诗中 喻建辉 王思梦

的社会集体心理潜在需求做出回应，这种回应可以看作博物馆展示设计艺术从物质性向非物质性或两者混合使用转换的根本社会动因和技术基础。当然，对上述技术问题的回应，不应单方面局限于技术应用或博物馆设计等方面，而应该放到纵横交错的大的社会背景下综合考虑，探索信息时代叙事陈列艺术设计在博物馆展陈中的不同作用。这些新的信息科学技术可以带来何种新的设计观念？能够推动博物馆陈列设计向何种方向发展？具体说来博物馆的陈列设计艺术可以借鉴哪些新的技术，尤其是博物馆叙事

性陈列设计中可以创造出哪些新的形式？比如，博物馆陈列设计当前采用的比较普遍的交互展项都是综合利用这些技术而建成的，这些技术的集成应用形成交互设计技术。

究竟如何去解释交互设计？百度百科这么描述："交互设计（英文 Interaction Design，缩写 IXD），是定义、设计人造系统的行为的设计领域，它定义了两个或多个互动的个体之间交流的内容和结构，使之互相配合，共同达成某种目的。交互设计努力去创造和建立的是人与产品及服务之间有意义的关系，以‘在充满社会复杂性的物质世界中嵌入信息技术’为中心。交互系统设计的目标可以从‘可用性’和‘用户体验’两个层面上进行分析，关注以人为本的用户需求。”[1]从这一段的文字描述中可以看出，“交互设计”是在两个及以上的能够互有信息反馈的个体之间，在内容和结构上进行互相配合，以共同达到某种目的。叙事性的交互展项，要求在两个或多个个体之间进行互动以形成自主有趣的不同体验，多方位的感知触动、可以在交互行为中实时得到所期望的动作信息的反馈、寓教于乐的新型信息介绍技术运用，都可以使博物馆叙事性陈列设计艺术焕发出新的生命力。在博物馆叙事性陈列中，新生命力的焕发实际上是博物馆陈列设计观念和设计方法的变革。对设计观念和方法的变革产生影响的还有另外一个因素，那就是信息时代信息传播媒介和方式的颠覆性变革，传统的平面媒体和实物介质在便捷性、即时性和视觉多样性上已经很难再发展，或者说遇到了明显的瓶颈。在人们快速高效地获取大量、直观信息的需求下，交互设计便应运而生。

（一）交互与体验

当代社会逐渐向数字化转型，各种网络化、自动化、数字化、信息化设备方便了人们的衣、食、住、行，也对传统的教育和公共教育产生了影响。展陈设计作为以信息传播为主要目标的视觉设计，为了传播的有效性、准确性，需要将过去可能冷漠严肃、呆板无趣、强迫观众被动接收的信息，转化为一种能调动观众情绪以至于希望主动参与体验的艺术与科学相结合的全新设计艺术形态。而利用数字体验技术与观众互动交流，在展陈空间中模糊了虚拟与真实世界间的界线，突破了以往固有的时空、环境等因素对展陈的制约。

---

[1] 《交互设计》，百度百科，访问时间 2021 年 11 月 3 日。

相对于其他空间来说，博物馆的工作性质、空间特征和技术条件使其成为交互场景叙事表达的理想空间，交互叙事场景也成为包括展陈在内的博物馆设计的重要发展方向，通过物理时空和虚拟时空的结合，创造一个混合的在场情境，使观众沉浸其中，让文化和历史的记忆通过直接的感受深入人心。观众在互动参与形式设计的技术引导下可以无障碍地融入虚拟的展示情境中，通过物理形式诸如机器操作或者界面点击触摸等互动方式创建或进入一个虚拟的环境体验，在享受参与和创造带来的乐趣的同时，也有以自然传递方式获得知识和信息的愉悦。

图 2-25 为日本国家新兴科学与创新博物馆（National Museum of Emerging Science and Innovation ，又称 Miraikan）大厅的互动展项“Geo-Cosmos”。该馆位于东京，是日本最好的科学博物馆，面积庞大，展厅总面积达 8881 平方米。该馆的展示理念是与大家共同分享 21 世纪“新知”，面向所有人开放。

图 2-26 中，三名观众正在点击她们头顶上的交互屏幕。在交互屏幕上触摸互动可以操作控制大厅顶上悬挂的超大地球模型，这个超大地球模型与卫星连接，根据卫星的数据适时反映全球的气候、洋流、星云等信息。大多数观众到此都要参与这个有趣的交互装置的互动，查阅全球的各种信息。在这里既可以查阅关于地球的自然知识，也可以看到人类最新科技文明的信息，还能获得天文科学方面的相关知识，如宇宙系列和太阳系列图文显示等，还有很多生态环保相关的展示内容。

这个超大地球模型是该馆最有特点的展品，共由 10362 块 OLED 显示屏组成，分辨率达到 1000 万像素，而且地球模型上显示的云层变动情况是根据天气卫星所录得的数据适时变化的。由于超大地球模型上显示的云、海、大陆都会适时而动，并且有一年四季和一天 24 小时的变化，观众每一次看

图 2-25　日本国家新兴科学与创新博物馆大厅互动展项“Geo-Cosmos” | 摄影：魏佳

图 2-26　观众在日本国家新兴科学与创新博物馆大厅与交互展项进行互动 | 摄影：吴诗中

到它时都会有新的震撼。

与传统的常规博物馆布展理念不同的是，该馆交互设计注重参观者的参与，使观众在亲身体验尖端科学技术的同时，思考科学技术对人的生活的实际意义，并展望科技发展的未来。观众参与也就是体验，比如日本国家新兴科学与创新博物馆，在展厅里设有科学交流员及科学志愿者进行科学原理现场讲解，并与观众一起进行多种互动交流实验，一起体验科学技术原理，一起享受现代科学技术给人类带来福音的喜悦。

交互体验技术在博物馆展陈设计中的应用为博物馆转向提供了关键的技术支持，虽然目前仍处于探索阶段，在技术结合度和视觉呈现、互动体验等方面尚显粗糙，但它背后广阔的发展空间值得所有展览陈列设计师重视。扬长避短，使技术与艺术不断融合，将成为博物馆展陈中体验性环境设计的目标。

作为文物（艺术品）的展示和传播平台，博物馆展陈的公共教育功能显得越来越重要，陈列的展品与观众之间互动的趣味性、即时性、真实性也越来越重要。采用虚拟现实技术的博物馆叙事性陈列设计，一方面具有以传统人机工程学为基础的人机交互，另一方面还具有类似人际交往的方式和特征，可以满足人类面对面交流的情感和心理需求。

德国哲学家威廉·狄尔泰（Wilhelm Dilthey）认为，体验是生命的真正本质。互动体验设计要求突破以往技术条件的限制，以设计的方式改变叙事生成的周边环境，增加交互在方向上的多维性，改变身体感知与体验的方式，加深沉浸式体验的程度，并有可能使观众忽略介质甚至创作者的存在，而与展项叙述的故事、传递的文化精神直接对话。其使用者也不仅是“观众”，还是“设计产品”的“用户”。

交互体验还必须注意情感和心理，关注参与者在体验过程中的思想情感和心理感受。具有虚拟特征的交互体验的应用正是顺应时代潮流的产物，它更多的是通过建立交互体验行为方式创造出身临其境的复合式情境，在交互体验的模式中，观众可以自主、自由地“控制”环境、“改变”环境，查找、挑选、感受所想了解物品的情况。需要补充说明的是，这一切的“自由体验”都是有限度的，都应该是在博物馆和设计师对展陈知识观念与内容的把握、规范的范围内完成的，漫无边际的发挥不仅会曲解展陈的价值和意义，而且在技术上也是不可能的，所以，设计师要对交互体验背后的博物馆的知识边界有清醒的认识。或者可以这么理解，博物馆展陈叙事设计是以交互为语言特征、以情感设计为线索，引领观众观看、体验行为的复杂设计。

（二）虚拟与现实

虚拟现实技术近年来已在国际国内的博物馆陈列设计中开始使用，它是一项跨学科、跨门类、跨专业的数字高新实用技术，运用于博物馆展示陈列的效果十分明显，它与多媒体、因特网并称为信息社会的最具代表性的词汇。沉浸、实时和互动是虚拟现实的三个基本条件。虚拟与现实是矛盾的一对词语，然而虚拟技术能够把现实的物象虚拟出来，有体量没重量，让人看得见摸不着，业内人士称其为虚拟现实技术。虚拟现实技术最早由美国人发明，其后德国人运用它来进行汽车虚拟设计，节省了人工、时间和材料成本，同时带来了虚拟的体验。再后来，有航空公司利用虚拟现实技术制造飞行模拟机，模拟飞行训练。从此，虚拟现实技术开始走向市场，为人们所接受。在 2016 年 12 月 8 日广东美术馆举办的策展人论坛上，德国凯泽斯劳滕大学的马蒂亚斯·普法夫（Matthias Pfaff）所作的《计算机成像——当代艺术语境下的虚拟摄影到虚拟现实》（“Computer-generated Imagery:Virtual Photography to Virtual Reality in the Context of Contemporary

Art”）的演讲，展示了通过摄影和电脑成像技术的结合，完全改变客观环境对传统摄影的束缚，进一步影响人对“真实”的感受性定义，可以凭空创造出一个完全“真实”的叙事情境。

虚拟现实技术与设计艺术的结合能产生特殊的虚拟艺术效果。虚拟技术中的3D全息投影技术是一项重要技术，2005年“超级女声”总冠军李宇春登上2015年春节联欢晚会舞台时现出多个“分身”，唱着同一首《蜀绣》，精彩绝伦，震撼无比。设计师利用全息投影技术“分身”出多个舞台人物，带来了无比神奇的视觉效果，全息投影技术在多项媒体技术条件的支持下能在空中产生立体的虚拟幻象，还能使虚拟幻象与现实中的人物互动，产生奇特场景效果，更让人惊奇的是实体的人物和虚拟的幻象能够同台表演。在这方面做得较早且效果出众的是2014年成功实现周杰伦与邓丽君的隔空对唱，出现在同一个舞台上的是相距30年的两个巨星，他们“同台”对唱三首歌，让观众为之疯狂，为之称奇。集合了空气投影技术、3D全息投影技术等多项信息技术的“隔空对唱”所创造的虚拟艺术效果令人十分惊叹。此后，这一技术在舞台演出中常常被使用。

3D全息投影技术在博物馆展览设计及舞台上所产生的立体空中幻象，可以使幻象与表演者产生互动，就像两个真人在表演，展示效果令人震撼。从博物馆陈列虚拟设计展项到大型时装表演T台秀，全息投影技术的巧妙运用使美轮美奂的虚拟画面伴随人物形象的漂移把观众带入一个神奇的世界，效果不可思议，令人惊叹，观众好像在此体验了一把虚拟与现实的双重世界。全息影像的虚拟效果也得益于舞台科学技术的发展，液晶显示大屏，舞台数字灯光、数字画面、数字融合投影机等，都是信息时代才有的数字舞台设备，是运用全息投影技术实现展示效果的基础条件。

虚拟艺术设计是一项涉及众多学科门类的高新实用技术，在国际国内的博物馆展览陈列设计环境中和大型表演的舞台上都有着强大的表现力，尤其是虚拟后的神奇视觉感受和空间演示效果十分明显。

近几年来，设计师们将虚拟现实技术运用于艺术设计的各个方面，获得了满意的成效。图 2-27 为清华大学艺术设计本科学生王亚萌的展示创意设计作业“漫步月球”。王亚萌模拟了一个月球的地面环境，在模拟环境中运用虚拟技术设计了一个超大的“月亮”。其实，在月球上看到的“月亮”是地球，或可叫作“地亮”。在电脑里设计好动态的“地亮”形象后，再以数字投影技术、空气投影技术和无反光纱幕屏将“地亮”表现在模拟的月球环境中，这个超级大的“地亮”也因循运动规律缓慢地自转和公转，背景是浩瀚无垠的宇宙太空，天空中还以虚拟技术呈现悬浮着的登月飞船，地面上则是实体的登月车模型。设计好视觉形象后，最为复杂的是月球地面环境中的虚拟体验设计，要模拟月球和地球的引力差，也就是失重状态，先以磁性材料在模拟的月球附近设计一块模拟走路平台，再设计出登月鞋，登月鞋的鞋底也是磁性材料，磁性材料有正负极之分，如果该平台的材料是正极向上，鞋底的磁性材料则是正极向下。观众将登月鞋穿在脚上进入模拟的月球地面平台之上，磁性材料的正极相对，同极相排斥，观众在月球地面平台走起来，会有向上的弹力，产生离地飘飞的感觉，感到体重减轻许多。观众在平台漫步时，无比轻松的行走形象也会被采集下来，投射到眼前的月球环境中，让观众自己看到自己飘飞的体态，体验到在月球行走的奇特感觉。这只是一个大学生的模拟设计，但是也说明了虚拟技术与多项技术融合能够产生的绝佳虚拟体验效果。

虚拟现实技术是信息时代学科交叉和技术集成应用而产生的新技术，利用虚拟现实技术可以更好地模拟环境、陈列展品、传递信息、拉近久远的历史空间与受众之间的距离。虚拟现实技术结合设计艺术可以复原过去、

图 2-27 “漫步月球”展项设计 | 设计：王亚萌

假设未来，一切创造性的虚拟场景看上去是真实的，可又是摸不着的非物质性的存在。这在历史性博物馆的叙事性陈列中的作用尤其明显，它可以将某些异想天开的不可思议的创意描述转变为一个活生生的似乎可以进入的历史场景。虚拟现实技术和设计艺术的融合为我们打开了又一扇通向未来的大门，通过这扇大门，我们似乎看到了设计艺术未来的广阔发展前景。

增强现实技术是最近开发的一种虚拟技术，较之于虚拟现实技术，由于在真实场景中模拟虚拟形象或以真实的物理的介质为基础进行场景虚拟，其真实感更强。当前，增强现实技术已经开始应用于博物馆展陈设计。虚拟现实技术和增强现实技术对展陈设计而言，其优势在于可以塑造出立体的幻象，可以从全方位的视角、多种多样的透视点去提高设计表现效果，通过虚拟的三维模型建构渲染虚拟漫游动画，调动受众的视觉兴趣，更加直观地、趣味性地呈现展览陈列设计成果。

虚拟现实和增强现实技术的另一个应用特点在于展示设计中利用虚拟现实、幻影成像等虚拟三维的展示手法，突破了传统展示设计的固定模式，替代因物理条件限制难以公开或长时间裸露展出的文物，让沉默的或者只能深藏在库房中的文物借助多媒体介质焕发新生。这一方式可以更好地保护文物，更利于精品文物陈列、文物价值表现和重点文物保护。

图 2-28 为汝瓷博物馆序厅“天地之中”主题的创意表现。目前，已知全球范围内存世汝瓷仅 67 件，每一件汝瓷都价值连城。天青釉荷叶口瓶是汝瓷中的精品，设计者以虚拟现实技术复原天青釉荷叶口瓶，使之悬浮在一个圆形的陈列装置中，并缓慢旋转。看得见、摸不着，既不沾天、也不落地，让人感到不可思议，引发参观者的好奇心。真实的天青釉荷叶口瓶并不需要在此陈列，依旧藏在文物库房，受到重点保护。

应用虚拟展示形式的博物馆陈列空间也由于展项的运用而变成流动的、开放的、充满变化的空间。不同于电影院的全虚拟展示，博物馆陈列采用的虚拟展示注重虚实结合，既坚持了展览馆展陈对科学、真实的本质追求，又在传播、接受和体验等媒介中融入了科技与艺术的元素。

在虚拟的环境中复原历史场景、叙述历史故事、模拟未来世界，使观众能跨越时间的障碍了解文物产生、影响和传播的系统性文化价值，将博物馆展览陈列表现的可能性发挥到最大化。通过对叙事场景的渲染增强展览陈列效果，实现一个有声有色，高度信息化、情景化、思想情感化的展示空间环境，可以反过来赋予展品以鲜活的生命力。

具有互动性与体验性特征的数字虚拟技术介入叙事性景观设计，在技术上进一步改善了博物馆展览陈列中人与物的交互关系，也使博物馆展览陈列的导向问题得到有效控制。而利用数字技术构建三维空间和叙事场景，可强化时间维度在空间叙事中的作用。图文演绎在其中的功能也在发生新的变化，互动体验的尝试空间刚刚打开，可以肯定的是，叙事性博物馆展览陈列设计将在各种不确定的探索中产生无法估量的魅力，这将是未来博物馆展览陈列设计的一个重要方向。

“人类将无生命的和未加工的物质转化成工具，并给予它们以未加工的物质从未有的功能和样式。功能和样式是非物质性的：正是通过物质，

图 2-28　汝瓷博物馆序厅“天地之中”展项 ｜ 设计：刘翰础

他们才被创造成非物质的”❶。正如汤因比所说，非物质是由物质转化而来的表达物质的形式。虚拟展示技术可以理解为依据物质的特性和采集的数据，通过计算机程序处理，把存在于现实中或曾经存在于现实中的物质进行虚拟的时空再现或转移时空的技术。引入叙事形式的博物馆陈列正在综合“虚”与“实”、“美”与“情”的因素，慢慢实现从“冷冰冰”向“温情脉脉”的转变。这一变化所带来的不仅仅是展陈变化或参观体验的新奇性，而且是一种会反哺博物馆的创造能力，为以博物馆为载体的物质文化和非物质文化研究提供新动力。

❶ ［法］马克·第亚尼编著：《非物质社会——后工业世界的设计、文化与技术》，滕守尧译，成都：四川人民出版社，1998 年，第 9 页。

第三节　叙事性设计在博物馆陈列中的三个特性

一、叙事性

“叙事”二字拆开理解，“叙”就是叙述、讲述、论述，“事”就是事情、事件、事由，“叙事”之意是叙述某个历史事件的来龙去脉，某个有意义的纪念地的古往今来，某个关键人物的正史、非正史和趣事。叙事性理念用在博物馆展示陈列设计中可理解为使用叙述的方式描述清楚事情从发生到结束的全过程，通俗地讲就是讲故事。在博物馆中陈列的每件展品都拥有一个属于自己的小故事。通过叙事性展示陈列设计将这些凌乱的小故事串联成一条故事主线向参观者进行展示，是博物馆陈列设计的基础。

巧妙地运用叙事性展示设计方法进行布展陈列创意，能够增加展示陈列的趣味性。图 2-29 为河南郏县规划展览馆中的“今日郏县”展区叙事设计。展览的主题是反映郏县历史上各个时期社会生活状况的不断发展、不断变化、不断进步，以此映射人民群众生活质量的不断提高。为了恰当地表达这一主题，设计师在“今日郏县”展示部分设计了一个螺旋式不断上升的展示台，以高清投影技术投射的影像在螺旋屏幕上不断变化。沿着螺旋式屏幕不断上升的投影形式成为设计中的一个亮点，巧妙地表现了需要展示的主题。这个叙事性展示台的背后是展板图片墙，图片墙上展示的是与螺旋式展台相呼应的今天郏县人民群众生活水平在不断提高的主题照片，整个叙事性展示陈列设计反映了当代群众生活的真实情况，既有与生活息息相关的真实内容，又有展示陈列的趣味性特点。螺旋展台设计效果既有变化又较为统一，使用简单的一片螺旋上升的屏幕及屏幕上承载的不断变幻的影像串联起了郏县过去的风物景象，现在群众居住环境改善的大量翔

图 2-29　河南郏县规划展览馆　“今日郏县”展区 | 设计：朱瑀

实图片，未来郏县发展的规划设计图、规划数据和规划图表，以影像投影形式演播方便快速，非常成功地表达了主办方的意图。这样的简洁直观而富于变化的叙事性的展示陈列方法较为巧妙，效果也较好。展示设计师依据自身对展示内容的理解，加入艺术性陈列的表现方法，顺着不断上升变化的影像生动委婉地叙述着郏县的昨天、今天和明天，讲述各个时代的不同故事，表现各个时期的指导思想和精神引领，调动人们奋发向上、放眼未来的情绪。

恰如其分的叙事性陈列形式更能唤起参观者对悠久历史的回忆，增强参观者的认知感和年代感。叙事性的展览设计可以系统地、多件组合地、合理地对文物展品进行展示。博物馆展览陈列中，文物展品较多，如果每一件文物展品都采用单件的展示陈列方式，会产生杂乱的视觉效果，使得参观者在参观中产生眼花缭乱的感觉和视觉疲劳状况。犹如背诵英文单词一样，单个词记忆的速度远远低于将单词放入有趣味的例句中、放入文章中记忆的速度。叙事性陈列设计就是将一个个单独的展示物品，经过展示陈列设计师的思考、归纳、重组后，把一个个故事性情节串联在一起进行展示陈列的方式。这种展示陈列方式富含逻辑性，能让参观者记忆犹新，引发参观兴趣，减少参观疲劳。

二、叙理性

叙事性展示陈列设计在满足了参观者的基础认知后，会更进一步将展示设计的表达引向叙理阶段，引导参观者对文物展品陈列进行理性的思考。

我国古代宋明理学中的认识论观点为“即物穷理”，指探究客观事物的内在规律。叙事性展示陈列设计中的“叙理”就是描述展览事物本身具有的客观秩序，也有探究“叙事性展示陈列设计客观规律”之意。相对而言，事理、道理在展示陈列设计中的表达较为困难。一件单独的文物或展品安静地置于博物馆中，无法自我释放其所包含的意义。这就需要展示陈列设计师将展品置于讲故事者的位置，通过专业的艺术陈列设计手法进行合乎历史发展规律的理论描述，结合图文及高科技陈列技术和设备进行合理的、有秩序的叙述，将看似简单的文物展品以“叙理”的方式展示给参观者，让观众明白文物展品这件“事物”后面的“理”，也就是文物展品所诞生的时代背景、社会规律，文物展品的社会动因和历史文化环境对文物展品的影响等，并引起参观者的共鸣。

叙事性展示陈列设计的“叙理”性要求博物馆的展示陈列设计注重展示文物展品背后的文化背景、历史动因和历史脉络，尤其要以文物的原生

图 2-30　河北承德板城烧锅酒文化博物馆辽金驿道场景复原 | 设计：姜昊生

时代和原生环境来佐证文物展品的历史，这就要关注博物馆展览陈列所涉及的总体的社会环境、社会文化、社会关系。如果将社会环境、社会文化和社会关系联系起来，就可能从中找出事物发展的规律，这也是历史和文化的意义。例如河北承德板城烧锅酒文化博物馆的布展陈列设计，并没有对所生产的酒进行简单的陈列展示，而是将整个酒文化博物馆空间划分为四个叙述内容：（1）千年板城人间佳酿的历史厅；（2）百年工艺日臻完善的记忆厅；（3）五行入酒文化独蕴的文化厅；（4）风雨兼程成就辉煌的成就厅。展览从四个内容出发表现板城烧锅酒的古往今来。在历史厅的设计中，设计师将烧锅酒最初的环境、历史、经济、政治、文化因素联系起来，理性叙述板城烧锅酒的由来。在辽金驿道场景复原（见图 2-30）中，布展陈列设计师利用有限的空间，采用艺术时空的表现形式在立面壁饰展墙上设计制作了北齐长城风光，壁饰展墙下部则以高科技结合声、光、电融合表现的方式表现当地的滦河及河中的水草、游鱼，形成水在流、鱼在游、云在走的生动画面。

辽金驿道叙事景观的整体展示陈列环境和展厅空间表现出塞外疆域的旖旎风光，在山水环绕之间陈列摆放有以原生态土砖材料在地坑上围合而成的中心展龛，展龛后面是古驿道上的关隘。叙事空间中的所有视觉元素都遵循了一个“理”字，叙理性的陈列设计还原了一千多年前的社会环境，表现了当时的社会状况、驿道风情和酿酒文化，展现出当年的工匠技艺，从中传达出某种规律。以“理”性要求的综合叙事陈列景观，仿佛在向参观者娓娓道来，辽金驿道上依河而居的板城人正是因为其特殊的居住环境——好山好水，才使得该地的烧锅酒闻名遐迩。这种理性的历史长篇式的叙述，通过原生状态的、优美的场景还原和艺术化的时空转换，真实地呈现在参观者面前，引导参观者进入千年前的时空，观众可以在此与水中鱼儿进行互动，向山上的长城招手，边走边玩，不知不觉地沉浸到板城烧锅酒当时的社会历史环境中，从而产生对当时社会环境和社会文化的认知，产生对烧锅酒文化的兴趣。

由此可见，理性叙述可以用图文并茂的方式、场景与绘画结合的方式、动态科技的表现形式，甚至虚拟现实表现手法。各种表现形式及展示创作方式的基础是对展示陈列物品背后社会环境和历史文化的深刻理解。这样的展示陈列设计不会肤浅地停留在物体本身的展示陈列层面上，更能挖掘出被展示物品的深层次的历史背景、人文知识，丰富展览的内容，使得博物馆叙事性展示陈列设计更具有深刻的内涵。

三、叙情性

关于叙事性设计的叙情性研究为数不多，《叙情与叙理·异识与共识——

博物馆艺术设计中的叙事特性研究》一文对叙情有如下描述：“‘情’是因某些因素和某些事物而引起人的喜、怒、哀、乐、爱、恨、情、愁等心理活动状态。‘情’有感情、性情、情绪、情怀、情谊、情趣、情愫等等。”“叙情就是多人在一起交流、讲述、谈论事情，交流实意。”“叙情与叙理是博物馆叙事性艺术设计的基本规律，在艺术设计中动之以情、晓之以理，将事物、事件讲述得恰到好处，这种叙事方式尤其适合于历史人物、历史事件纪念性题材的表达。表达要注重叙事素材的历史性、故事性与真实性。”[1]

叙情性是博物馆陈列设计的升华。采用触景生情的叙事性设计方法更能贴近历史、贴近参观者，引起参观者的共鸣。广东罗定长岗坡渡槽纪念馆的设计采用了叙事性设计的叙情性设计手法，图 2-31 是“十里长虹耀中华——长岗坡渡槽精神展览”的序言部分的设计方案。

由于展厅面积不大，所以采取有序无厅的方法，以序言开始叙事叙情，首先以数字技术与雕塑艺术融合的手法制作动态沙盘，清晰地展示过去罗定的地形地貌。由于罗定地区地势倾斜，每逢大雨，水往山下急泄，滔滔而去，罗定人只能眼睁睁地看着水白白流走。设计师设计了数字透明显示屏展示罗定的气候、地形，以视频播放的形式讲述造成罗定干旱的历史原因、地理因素和气候因素。罗定位于广东省西部，由于地理位置特殊、地形奇特、气候变化等因素，在历史上一直都是十年九旱，水贵如油，三天不雨，赤地生烟。旧社会，不少人在灾害之时被迫远走他乡，发生了“大逃荒”“走三行”等悲惨故事。1949 年以后，罗定人在党的领导下，开始兴修引水的水利工程，但是由于水利工程不大，引来的水只能解决一些局部缺水的问题，罗定仍然严重缺水。1973 年，罗定县委领导下决心要从根本上解决缺水问

[1] 吴诗中、王晓松：《叙情与叙理·异识与共识——博物馆艺术设计中的叙事特性研究》，《现代传播（中国传媒大学学报）》2016 年第 11 期。

图 2-31　广东罗定长岗坡渡槽纪念馆“十里长虹耀中华——长岗坡渡槽精神展览”序言部分数字沙盘景观 | 设计：于晶

题，修建一个水利枢纽工程“引水灌金”，将附近太平、罗镜河水通过输水渡槽输送到罗定的金银水库，每年输水 4 亿立方米，而金银水库的水能够输送到罗定任何缺水的地方，这其中最为关键的是长达 5 千米的长岗坡输水渡槽。“引水灌金”水利枢纽 1976 年拉开序幕，1981 年完成，历时 4 年零 2 个月。在当时条件极其艰苦的情况下，4 万余名当地群众流汗、流血，在修建渡槽的过程中，有 6 位修渠的群众献出了生命，最后，终于修通了长岗坡渡槽这条生命之渠，创造了继红旗渠之后的又一个人间奇迹，留下了“北有红旗渠，南有长岗坡”的美誉。

走进这个展览的序言部分，头顶上的彩霞往前延伸，从心理上引导观众向前。宽敞的序言空间在彩霞的映照下显示出红色经典项目的庄重感和仪式感，使观众进入接受教育的气氛之中。序言雕刻在透明亚克力材质上，亚克力的透明特质使之具有虚的意境，虚实结合更丰富了数字地形地貌沙盘的层次。数字视频除播放缺水原因的素材以外，还能播放纪念馆展厅内的叙事景观，讲述艰苦奋斗、流血流汗建渡槽的感人事件。在后面的第五章，有一个叙事景观表现 1976—1981 年罗定人在长岗坡修建渡槽过程中某些感人的具体时刻的定格场景。设计师的创意比较有特色，呈现在观众眼前的是一个步入式的叙事景观，观众可以进入叙事景观之中，与景观中的人物、景观、工具、道具进行互动，可以亲手触摸叙事景观中的一切，从互动中体验到当时的人民群众在渡槽工地上鞭山赶石、万众一心修建渡槽的决心，为国家、为集体、为他人、为后人造福的高尚品质，尤其是一个叙事景观反映了渡槽修建中一次突然的塌方夺去了 6 人的生命，设计师以写实的平实语言表现了普通群众无私奉献、不惜生命修渠的真情，让观众在抒情的体验中受到情感的触动，留下难忘的记忆，这是叙事性设计中叙情表达的较高层次。

叙事性展示陈列设计方法能够从参观者实际出发，结合当代社会现状与需要展示的物品进行关联。站在当代社会的立场，站在现代人的立场去解读以前的历史和文物展品，更加贴近大众生活，可使参观者在参观展览时融入其中，从而勾起参观者的回忆。

位于四川成都的中国泰迪熊博物馆中的桃园三结义场景设计，是设计师对叙事性场景再造的表达，这种陈列方式就是加入设计师自我的主观想法。设计师以拟人的手法将泰迪熊装扮成刘备、关羽和张飞，并将形象再造的三位古代英雄放进现代卡通形式的桃园三结义的叙事场景之中。现代泰迪版的刘关张依然具有其古代原型的某些形象特点。在观众熟悉的古典小说《三国演义》中，刘、关、张三位可以说是讲情义的代表性人物，桃园三结义是三位之“情”的典型节点，是“情”的高潮，桃园三结义以后，刘、关、张三人同生死，共命运，抛头颅，洒热血，征战四方，关怀他人，心系百姓，建功立业，成为《三国演义》这部古典名著中最闪光的亮点之一。在我国，刘、关、张的故事脍炙人口，几乎家喻户晓，设计师抓住了三结义一个瞬间的情节进行叙情表现，将生死之情、兄弟之情演绎得惟妙惟肖。虽说泰迪熊和这些经典故事中的人物形象没有直接的关系，但经过叙事设计师的主观创意，将可爱的泰迪熊和三结义的故事联系起来：三只小熊在桃园里各自手捧一只杯子，焚三支香，朝天祭拜，扮演了桃园三结义的角色。尤其是泰迪熊既憨又萌的姿态符合前来参观的大量儿童观众的审美标准，为他们所喜爱，为这个博物馆增添了童话般的卡通故事情节，增加叙情的生动性和趣味性。当小观众们看到这个可爱的叙情场景，不仅能温习古典名著的典故，从中学习古人的英雄情怀，弘扬古代英雄的正气，还能在心灵上对其进行情感投入，关心古代三国中的英雄人物，关心他们的生死，关心他们的命运。

小　结

叙事即以真实的历史事件、以真实发生的事情为叙述研究对象，叙述其中所包含的事件、感情和道理。叙事性博物馆展示陈列设计是将叙事性的表现手法运用到博物馆陈列设计之中。叙事性陈列设计不仅要求简单地叙述事情的来龙去脉，更要求将事情背后的历史故事、事情发生的原因及事情发生时的社会背景叙述清楚，这也是叙事性设计能与博物馆展览陈列设计相结合的原因。

叙事性陈列设计在博物馆陈列设计中所具有的功能意义、叙事性设计的主导性，以及叙事性设计在博物馆陈列中的叙事、叙情与叙理特性等一系列内容，构成了当代博物馆展览叙事性陈列艺术与传统博物馆展示陈列方法不同的特点，尤其是信息时代的博物馆展览陈列艺术设计，在当前大力提倡文化自信的理论支持下，具有了多样文化特性、多种科学技术支撑，比如人工智能技术用于博物馆展览陈列必将产生更多新的文化语言。

当然博物馆叙事性陈列设计还具有其他特点，本章仅仅探讨了其中一部分。博物馆展览陈列设计通过文物展品向参观者直接展示的同时，附加以文物展品的时空环境、社会环境、文化特色、地域特色、人文风俗等相互关系、相互影响的内容，以展示陈列设计师适宜的主观性的再创造能力，进行叙事性的娓娓动听、引人入胜的讲述性展示，带领参观者走入叙事性情节中，使参观者置身于其间，并主动参与到再创造的互动过程中来，这就是博物馆展览叙事性展示陈列设计与传统展示设计方式的不同之处。

第三章

叙事性陈列设计的创新意义

新的时代、新的技术条件下的博物馆陈列艺术设计中的叙事性设计不同于以往一般展馆的展示陈列艺术，其重点在于用叙述的方式向观众讲述所要展示陈列的内容。以往一般的博物馆展览陈列设计多为图片、文字和展品三者的组合，一般来说缺乏与观众的互动交流，不能有效构建博物馆展示环境与观众、博物馆展品与观众之间的对话关系。而叙事性陈列设计则为博物馆展览陈列设计开启了一个全新的模式，大大提升了博物馆展览陈列的艺术品质，唤醒了文物、展品陈列的社会性，体现了叙事性陈列设计的创新意义。

第一节 创新陈列模式

叙事性设计在博物馆展览陈列艺术设计当中起着重要的引导作用，这一思想不仅启发设计者的思维模式，还会影响参观者的价值认知及心理活动。因此，在当前博物馆陈列艺术设计当中，叙事性设计具有非常重要的地位，信息时代的数字技术发展和人工智能的应用导致人们的审美观念正在发生剧变，在这个变化的时代，以叙事性设计方法更新传统的陈列模式尤其紧迫。

一、开启博物馆展览陈列的新模式

纵观博物馆传统展览陈列艺术设计，单一的、传统的、静态的以摆放展品为唯一手法的展示陈列方式由于缺少文物、展品、展示环境和观众之间的联系和呼应，缺少信息传递和互动，缺少情感交流，往往导致博物馆展览陈列呈现单调、冷峻、寂静、空旷、被动的展示氛围。很多设计师为了尽快拿出博物馆展览的展示设计方案，不得不追求方便快捷，设计理念趋向标准化、模块化，使得设计本身失去了原有的鲜活性。另外，当下的博物馆展览陈列设计多注重对展示空间及展示道具的材质、色彩、肌理等的表现，忽略了文物、展品本身能够传达的信息及其延伸的历史文化含义，这种展示陈列设计变相成了展示物品的包装礼盒，缺少内在的自我叙述和综合的思想传达。失去活力的展示设计活动走进了一条窄胡同，需要一股新的活力来开拓博物馆展览陈列设计的未来之路。在这样的形势下，博物馆展览陈列的叙事性设计应运而生。叙事性展览陈列设计不仅能够弥补之前展示陈列设计过于传统和单调的弱点，而且能够引起博物馆主办方的策展人和展示陈列设计师对博物馆陈列的文物展品与当今社会需求之间关联性的思考，引导参观者在不知不觉中主动地参与到展览的叙事性情节中，沉浸在展览主办者的学术思考中。观众可根据自己的思考，系统地梳理大量陈列物品之间的相互关系，构建自我完善的知识体系，由此，单一性的展示陈列设计转变成为以人为本、客观性和主观性相互融合的综合性叙事性展示陈列设计模式。

叙事性设计概念融合于博物馆展览陈列设计中，能够为人们提供新视野。随着博物馆展览陈列向多元化的方向发展，设计师在充分理解、消化博物馆文物和展品的形态、内容、时代背景、器物特征及所处环境等信息后，再将这些信息结合自己已有的专业知识进行整理、分类、归纳，融入自我情感后进行梳理，并与当代社会环境相结合。这种多元化思考方式，拓展了展示物品的外延性知识，为设计者提供了更多的设计思考角度，便于设计者多元化表达。

叙事性设计概念融合于博物馆展览设计之中，能够引起参观者的参观兴趣。当今时代，设计师不应只将关注点停留在对被展出物品自身的陈列表现上，而应从参观者的需求和兴趣出发，去讲述展品背后的故事。通过叙事陈列设计形式，博物馆展览陈列可以成为一本生动有趣的故事书，这本有趣的故事书的特点是受众人群相对较广，传授知识的方式较易被大众接受，能满足不同人群的需求。与之相反的是传统的说教式的被动的设计形式，这种陈列形式相对叙事性陈列设计形式来说较为朴实，仅仅以文字、图文、版面的方式表现和展示内容。这种方式将博物馆展览空间、藏品和展品整合起来变为一部严谨专业但略显枯燥的教科书，它的特点是具有知识性和深度，但是，受众人群有一定局限性，多以学者和专业领域人群为主。这是一个特殊的观众人群，范围有限。相比叙事性陈列的故事书式的设计形式而言，枯燥的教科书似的陈列形式有些乏味、晦涩。选择故事书式的陈列形式与选择教科书式的陈列形式的区别就在于受众人群范围不同、专业层次不同及讲述口吻不同。当下博物馆参观群体文化程度参差不齐，观展者来自社会各个阶层的不同年龄段，并具有不同的地域特征，这就要求设计者在展示陈列设计中以现有的实际展品为基础，从专业性角度出发，用通俗易懂的表现形式进行表达，建立与读者平等对话的环境，既能够满足一般参观者的普遍需求，又能够满足特殊参观者的专业要求，从而引起参观者的观展兴趣。

叙事性陈列设计的概念融合于博物馆展览陈列设计中，能够赋予被展示物品新的意义，利用叙事性陈列设计方式，可赋予冷冰冰的展品鲜活的生命。

美国华盛顿海军陆战队博物馆陈列的 M1 加兰德步枪（见图 3-1）名声显赫， 在第二次世界大战中的实战表明，M1 步枪是当时最好的战斗步枪之一。M1 加兰德步枪是以枪的设计师约翰·坎特厄斯·加兰德的名字命名的。由于这款枪是半自动武器，枪身短、重量轻（小于 2.5 千克），很快成为美军的制式装备，大量生产，到 1957 年为止，一共生产了 1000 万支。当然，这款枪也有弱点，原本美国军方开发这款枪的目的是取代手枪和冲锋枪，为二线部队装备自卫基本武器，与步兵的长枪相比，M1 步枪短而轻，但射程不够远，射击精准度不够。鉴于 M1 加兰德步枪在战争中起到的作用，设计师采用叙事性陈列方法将它陈列在博物馆，以讲故事的方式让这个冷冰冰的展品显示出活力，从图中可以看到，在这把枪的背后是面积十多平方米的战争历史图片组成的版面背景，讲述这把枪在战争中的故事，展示士兵们行军作战时在山地、在丛林、在夏天、在冬天是如何使用它的。

设计师还设置了一个能够让观众亲自体验展品的环境，观众在好奇心

图 3-1　美国华盛顿海军陆战队博物馆陈列的 M1 加兰德步枪 | 摄影：吴桐

图 3-2　观众体验 M1 加兰德步枪 | 摄影：吴桐

的驱使下，可以体验 M1 加兰德步枪（见图 3-2）。虽然这把步枪是静态摆放的，但是由于采用叙事性的陈列手法和让观众体验的空间，充分赋予了展品故事性和活力。

博物馆展出的展品，按照叙事性陈列设计的要求，更多展示的是一种对历史的追溯和对故事的回忆。虽然被陈列展示的物品有些历史久远，但透过展品我们依稀能体验展品所在时代的记忆。通过叙事性展览展示陈列设计的加工，加入与展品相关的历史故事、相应年代的图文说明，历史事件复原再现，运用互动体验技术，或加入与当今社会、未来社会的联系和对比等，进行辅助性展示陈列设计，既真实地陈列了展品，又延伸了展品的内在价值，赋予展品新的时代意义，这是叙事性陈列设计方法的优势所在。

二、提升博物馆陈列展览的规划品质

叙述学研究中的叙事概念较为宽泛，包括叙事主体本身、叙事者、叙事对象、叙事过程等，它们都与叙事有着直接或者间接的关系。展示陈列设计作为一个跨学科的艺术设计专业，所包含的内容也较为宽泛，作为叙事性展览陈列设计新理念，融合叙事学理论，将传统的博物馆陈列艺术设计中静态的、单调的、单一的展示陈列设计模式演变为更加时尚、更加科学、更加完善、更加适用、更加感人、更加系统的博物馆展览展示陈列设计方法。这种方法包括：展示陈列设计规划、展示陈列设计方案、展示陈列深化设计、展示陈列施工大样、展示陈列材料选择和展示陈列设备选择等。新的展示陈列设计方法使陈列设计者能够宏观、综合、系统地从展品陈列、展示空间、观众、博物馆展览内外部环境、地域因素、时代因素、设计者自身思想表达等多个方面去思考展览展示陈列的设计问题。

叙事性博物馆展览陈列设计能够规划博物馆展示陈列的宏观结构，策划博物馆展示陈列的内容，深化博物馆展示陈列的相关细节。博物馆展示陈列设计的前期规划犹如结构骨架，每个展品犹如展陈中的肌肉、细胞。骨架的优良与否直接影响到博物馆整体的展示陈列效果。使用叙事性展示陈列设计形式，能够在设计最初阶段把握展示陈列设计的主要方向，合理组织展示结构模式，构建展示陈列设计框架和策划展览布局。叙事性博物馆展示陈列艺术设计具有的整体规划性，可以使整个博物馆展览陈列更具有系统性、连贯性、时代性、艺术性和故事性。

叙事性博物馆展览陈列设计能够规划展示陈列秩序的微观情节。博物馆陈列设计犹如一部小说、一部电影，也遵循了一定的故事发展逻辑、故事情节结构，这其中包括因果、时间、情节等的叙述。叙事学遵循的开端、发展、高潮、结局，可大致对应博物馆展览陈列设计中的前言、内容、重点、结束语。综合考虑展示物品、展示地域环境、参观人群等因素，合情合理地以叙事性展览陈列形式对博物馆展览的陈列设计进行整体规划，使得陈列设计师更像一部电影的导演，主办方策展人提出的布展大纲如同脚本，设计师按照策展人提出的展览脚本的要求导演出一个好的叙事性展览。策展人、设计师、展览大纲、展品、空间环境和观众都是一个好的叙事性展览不可缺少的角色。合理的叙事性展览规划能够把握好总体的大方向，指导博物馆展览实施。在叙事性展览规划的指导下，叙事性的展览陈列能够设计成为有主题思想、有教育意义、有艺术价值的发人深思、令人流连忘返的展示陈列艺术作品。

叙事性博物馆展览陈列设计能够在整体上规划展览的节奏，如同一部经典的交响乐一样有高昂、有低沉，有快节奏、有慢节拍，有舒缓的韵律、有激情的旋律，遵循着一定的规律，也掺杂着轻微的变化，平静无波或持续高潮都会出现一定的问题。叙事性博物馆展览陈列设计在节奏方面的规划遵循历史的叙事逻辑，遵循故事的情节发展，像叙事性文学作品一样有主次、轻重、缓急之分。通过合理的空间分配、合适的技术手段，时而紧密结合，时而疏松有序，适当地加入互动体验装置或情境再现的景观设计，虚实结合、动静结合、快慢结合。这样节奏的博物馆展览陈列设计打破了传统展示设计中单一的摆放式的被动的展示模式，能取得意想不到、事半功倍的陈列艺术效果。叙事性的展览陈列设计从展览内容前期策划和展览形式的前期规划阶段就考虑参观者生理和心理因素，预先设计观众在参观中可能发生的兴奋点，在参观流线上给观众留下可以放松、能够思考的时间，重视过渡区，设计休息区，减少参观过程中的疲劳感。由此可见，利用叙事性展览陈列的方式进行陈列设计，可以从整体上提升博物馆展览设计的规划品质。

三、唤醒博物馆展品陈列的社会性

博物馆展览陈列的物品总与我们的生活或与我们先辈的生活有着密切的关系，这些展示陈列出来的物品是历史和社会发展演变的必然产物。然而，由于历史久远，有些陈列出来的文物和展品会出现残缺不全、年代与功能等信息丢失的情况，导致考古专业人员和博物馆陈列设计师无从考证，无法给予物品准确的定位，这种情况下简单的展示陈列设计无法全面地对其附带的信息进行解读，更难以引领参观者对文物和展品所在的年代进行相关意境想象，最终导致参观者参观时缺少对文物的理解和自我的再思考过程，仅仅走马观花式地参观。由于考证工作不充分和未采取叙事性陈列方式，本来很有内涵的物品在观众眼里也许会成为过眼云烟。这种状况在现今博物馆文物和展品陈列中常常会出现。这就需要运用叙事性展示陈列设计理念，将单个的、信息缺失的陈列物品有序地串联起来。文物和展品含有多元的信息，可以相互佐证，既可以补充并扩充展品缺失的身份信息，组成相对完整的信息链，又可以创造展品多元的新时空展示陈列环境，赋予展示物品社会性，使其更容易被广大参观者接受，也能让文物和展品所具有的深刻的社会意义、文化价值等更容易为观众所理解。

叙事性展示陈列设计是连接历史、当代、未来三者的桥梁和纽带。运用讲故事的叙述性陈列设计形式，这些看似离我们遥远的、孤立的、冷峻的物品重新被赋予系统的社会性。这样既缓解了参观者参观过程中视觉神经的疲劳乏味，又增加了参观者的参观兴趣点，让参观者自然而然地融入其中，时而观看、时而聆听、时而体验、时而触摸，总能激起对历史的回忆、对当代的感知、对未来的憧憬。叙事性陈列的思考与设计，能够赋予博物馆中展示陈列的物品更多的精神价值、艺术价值、历史价值、社会价值及艺术价值，激发参观者的热情，唤起参观者一连串的记忆，引导参观者去理清陈列物品的历史文脉，增加观众对展示物的兴趣，真正使博物馆叙事陈列设计达到教育、认知、娱乐、互动的目的。

在湖南韶山毛泽东遗物馆一层展区的中心展柜里陈列着一件毛泽东穿过的苜蓿棉睡衣（见图 3-3）。这件睡衣是新中国成立初期添置的，毛泽东穿了 20 多年，上面一共打了 73 个补丁，布展设计师在展柜旁边加了一个叙事说明，说明中有设计师对当年毛泽东的警卫员周福明的采访内容，其中主要回忆了这件睡衣的故事，对这件睡衣的叙事说明以文字的形式陈列在展柜边。周福明在做毛泽东警卫员期间，看到毛泽东的睡衣破了，几次建议毛泽东换一件睡衣，毛泽东却回答说：“现在国家不是很困难吗，我看再补一补就行了嘛！” 这一个简单的物象之语的叙事陈列，通过对展柜中陈列的睡衣的叙事，表现了一代伟人毛泽东一生勤俭为政、廉洁奉公，简单朴素、生活清廉的品质，体现了他一生为人民服务的崇高思想品格和

图 3-3 湖南韶山毛泽东遗物馆睡衣陈列 | 设计：文霞 刘孔梁

道德情操。在当前，这既是共产党员廉洁奉公的最好典范，也是执政为民的最好佐证。这一件普通的睡衣，这一个典型的叙事陈列，唤醒了展品的社会性，表现出毛泽东伟大的精神力量，具有重大的教育意义，激励着无数的后世子孙。

任何物品，都不能脱离自然环境和社会环境孤立存在。在博物馆展示陈列设计中，设计师会面临不同时期、不同用途、不同功能、不同材质的展品或出土文物，有的陈列文物有据可考、有事可查，如上述的毛泽东睡衣，在展品的叙事陈列中，设计师能够顺利地运用叙事陈列方法去表现展品的历史价值和社会意义。但是有的展品可能是无据可考、无关联信息的物品，这就需要展示设计师从历史文化信息和相关历史事件的内涵中深究展示物品的用途、形状、色彩、质地、所处时代背景及人文关系，然后进行叙述性陈列设计和表达性说明。这种加入社会性的展示物品更容易被参观者注意、理解、想象，更能延伸出时代特征、社会状况、历史背景等社会性的具体体现，获得更多附加的信息，也更能展示出展品的故事内涵和深层意义。

第二节 提升观展价值

一、启迪思维模式

博物馆是一个集展示陈列、历史研究、科学探索、思想教育、社会服务、文物保护为一体的综合性研究机构，博物馆陈列设计应该具有多元化、多样性的设计思维理念。以往布展设计师具有的传统设计思维模式有一定的局限性，对展示陈列设计创新要求不高，他们的关注点主要是以能看清展品为主要需求的实体形象展示模式。这种展示设计者的设计模式在很大程度上影响了观众的参观思维联想，使得参观者处于看热闹、走马观花、过后就忘的被动状态。传统的展示模式缺少了对观众在参观中主动思考、独立思维的引导，不论设计师还是观众，他们对展览内容、展品陈列形式的认知和理解均趋于表面化。

叙事性陈列设计方法要求布展设计师主动引导博物馆展览陈列的设计思维模式。博物馆人的任务是让观众了解博物馆馆藏历史文物的内涵及其文化价值，将其与过去人的生活联系起来，并能于其中体验过去物与过去人之间的联系和历史意义，进而引发观众的思考与共鸣，其中最应该思考的是如何协助观众找到历史、现在和未来的关联性。[1] 因此，除去思维内容（内容展示和展品陈列），布展设计师的思维模式也具有相对的独立性和差异性。相对独立的陈列设计思维模式，因布展设计师的文化水平、价值观、世界观的不同而各有差异。例如博物馆常见的编年体形式的展示陈列思维模式的套用，使得各个博物馆展示方式千篇一律，千馆一面，乏善可陈。叙事性展示陈列设计理念的提出，可以启迪布展设计师的思维模式，

[1] 吴国淳：《博物馆学习之诠释及沟通内涵探究》，《博物馆学季刊》2007 年第 4 期。

由展示陈列设计初期规划入手，成功地设计有故事可叙述的博物馆展示陈列形式，进而引导参观者的思维模式。布展设计师可以从两种视角着手：首先，设计师可以从专业的布展设计师角度出发，利用自身的专业技术知识对展示物品加以理解、判断、推理，然后进行具有引导性思维的叙事性展示陈列设计，从中梳理出整体的、有机的、系统的联系，以便启迪参观者的思维模式。其次，布展设计师可以进行身份和思维模式的转换，代入普通参观者的视角，兼顾参观者的参观感受和兴趣点对陈列的展品进行艺术设计上的考量。

叙事性展示陈列设计启迪参观者的思维模式，为参观者设计参观的最佳状态及参观环境。参观者通过自主观展，对所参观的展示物品、展示环境产生抽象思维和灵感思维相结合的思考，在思考中评价，在思考中学习，在思考中领悟。通过观看、思考、消化、回忆的全过程，参观的质量得以提高。叙事性陈列设计方式的运用不只是提供给参观者一个事件的结果，而且在讲述着一个完整的历史事件发生的全过程，通过对一个历史事件全过程的浏览，参观者体验这种陈列方式，并产生对事件结果的反思。也就是说，这种展示陈列方式还可以引导参观者自主参与到叙事过程中来，进而引起不同以往的具有故事性特点的参观思维方式，产生不一样的思考模式，从而引发参观者对结果的思考和对已认定价值的判断，形成展示陈列物品和参观者之间和谐对话的关系，便于博物馆叙事性展示陈列设计走入参观者的内心，使得参观者对博物馆的参观成为良性的认知过程，形成了解博物馆陈列内容的最佳行为模式。

二、引导价值认知

在博物馆里展示陈列的物品不仅具有自然属性，也具有社会属性。多

图 3-4　甘肃省博物馆彩陶展中的马家窑彩陶陈列 | 设计：那拉

数参观者所学专业背景不同，导致其对展品专业知识的了解状况参差不齐，不能明确了解展品的自身价值和社会价值，也就更不能理解展品的历史价值和学术价值。要解决这一问题，就需要布展陈列设计师利用艺术的语言和叙事性表现形式，对展示陈列物品进行自身价值和社会价值的二次表现，让观众对陈列物品进行二次解读，从而引导参观者由表及里对陈列物品进行深刻思考。叙事性展示设计思维提供给布展设计师可描述的范围更为广泛，让设计师可以从更多角度对陈列物品进行展示剖析，增强参观者对陈列物品价值的多重认知。

展示陈列物品所具有的价值、所处时间和展陈对象这三个重要因素之间有着密不可分的联系。例如，甘肃省博物馆的彩陶陈列在引入时间和空间的叙事概念后，在不同时空语境下，针对不同的对象，展品所具备的价值功能不可同日而语，叙事性陈列设计的价值和意义在博物馆陈列中的引导性在此得到体现。图 3-4 至图 3-10 均为甘肃省博物馆彩陶展的陈列设计

图 3-5　甘肃省博物馆彩陶展中的“黄河母亲”场景 ｜ 设计：那拉

实景效果。

图 3-4 中这件彩陶器皿是比较经典的，尤其是彩陶上的装饰纹样很典型，反映了马家窑时期彩陶装饰纹样的特点。设计师恰当地运用了陈列道具，配置了既安全又较为舒适的灯光照明，将彩陶的纹样清晰地展示出来。从某种意义上说，彩陶的纹样比器形更为重要，更能表达彩陶的文化价值、历史价值和学术研究价值，彩陶纹样也是那个时期的历史特征。陈列设计师将彩陶置于一个合适的位置，让观众有一定的视点高度，在非常舒适的条件下清晰观察彩陶的纹样，了解彩陶的时间脉络、造型特点及功能意义。这个看似简单的陈列向观众传达出文物丰富的历史价值、文化价值和美学价值。但是，这仅仅是设计师的创意中的一个细节表现，设计师的陈列智慧集中表现在使用叙事性陈列设计手法设计出“黄河母亲”的叙事陈列景

观（见图 3-5）。

伟大的黄河在亿万年的历史中孕育出了伟大的黄河文明，孕育出了早期的人类，观众来到“黄河母亲”景观前，眼前是以绘画形式表现的一片宏大的黄河背景。黄河在流淌，不断泛起波涛和涟漪，两岸是绵延起伏的群山，在霞光照耀下，一个怀孕的妇女一只手牵着她的孩子，另一只手提着盛满水的彩陶罐。她刚刚从河中打水而归，正赤脚走在河边崎岖的小路上。这一切复原了五千多年前黄河岸边原生状态的自然景象。在这样一个叙事景观中，设计师的“黄河母亲”构思主题让人惊叹——惊叹黄河孕育着华夏文明、滋生了彩陶文化，惊叹黄河的源远流长，惊叹中华民族的文化艺术在此起源，惊叹彩陶文化是中华远古先民创造的最灿烂的文化，惊叹华夏的祖先在此繁衍栖息、延续至今。这个叙事性陈列景观对主题陈列意义的表达淋漓尽致，并以直观的形象说明了彩陶的时间特点，塑造出黄河流域的空间环境，引导人们对黄河流域历史文化的崇拜、对彩陶文化艺术价值的认知。

在石器时代，先民们根据彩陶器形状、功能的不同，将其作为各种实用器皿使用，此时的彩陶对于古代先民来说，其使用价值为首要价值。当陶器历经几千年的风雨洗刷，通过考古人员的发掘再次呈现在人们面前时，作为被参观对象，它被展示陈列在博物馆特定的展示环境里、在参观者的视野里，它所具备的历史价值、艺术价值和观赏价值显然取代了先前的使用价值。而作为出土器物，彩陶器为现代史学家和考古学家研究陶瓷发展史与古代人类进化历史、社会形态、生活观念等提供了不可多得的研究线索。鉴于此，陈列设计师将彩陶的陈列设计成叙事性的生活景观，图 3-6 至图 3-10 是彩陶时代生活叙事性组合陈列场景。

这一系列彩陶家庭场景也是由甘肃省博物馆陈列部原主任那拉创意设

图 3-6　甘肃省博物馆彩陶展中的彩陶家庭陈列设计 ｜ 设计：那拉

计的。这个系列叙事场景设计体现出设计师不仅具有陈列布展的能力，而且具有考古学的专业知识。场景以艺术复原手法搭建一间半地穴式的木架子房，木架棚子里面一个腰围兽皮的半裸的女人正在地穴的火坑前摆弄木头，打算生火（见图 3-7）。

木架棚子外面一个同样腰围兽皮、脖子上挂着一串兽牙装饰的半裸的健康、端庄的少女，正提着盛水的彩陶罐打水回来，大概正准备为全家人做晚饭（见图 3-8）。

木架棚子的另一边是一个年龄稍大的男子，正在收拾整理打猎用的武器，他将一个打磨过的尖状石器绑在一根木棍上，做成可以攻击野兽的石矛（见图 3-9）。

从图 3-10 中可以看到，一个尖底的漩涡纹样彩陶罐挂在木柱上。从这个漩涡纹装饰纹样的彩陶上可以了解到一个较为准确的时间信息，这个彩陶时代生活叙事性组合陈列场景表现的是距今 5800 多年前新时期时代晚期

图 3-7　甘肃省博物馆彩陶展中正在生火的妇女 | 设计：那拉

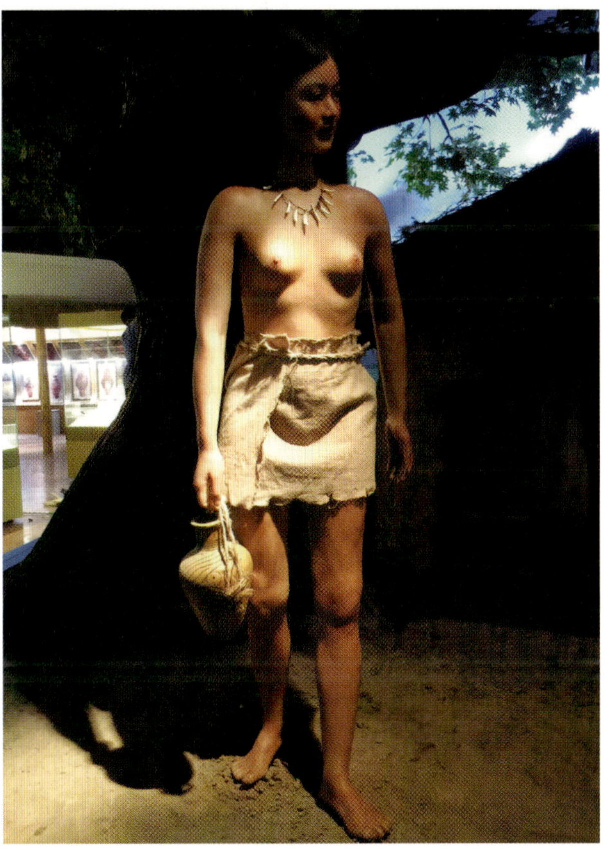

图 3-8　甘肃省博物馆彩陶展中打水的彩陶少女 | 设计：那拉

图 3-9　甘肃省博物馆彩陶展中收拾武器的男子 | 设计：那拉

的马家窑彩陶时代的一户普通的彩陶人家。叙事场景中的艺术景观木构架，彩陶，三个不同年龄、不同性别的人物和人物手中的道具都与彩陶有关，说明了马家窑时期彩陶和人们的生活息息相关。这个叙事场景表现了彩陶的使用价值和功能意义，但它表现出来的马家窑彩陶特有的文化价值和艺术观赏价值更为重要。

马家窑彩陶的文化价值和艺术价值是其他远古陶器无法比拟的，因此在彩陶学者的眼中，其历史研究价值、学术研究价值和文物研究价值大大超越了其他价值。由此可见，在叙事性场景中运用艺术手法赋予彩陶器皿不同的时空概念，吸引不同的参观对象，其所承载的自身价值和社会、文化、艺术价值便会成倍地显现出来，并得到不同参观人群的认可。当然，在博物馆展示陈列环境设计中，时间特征和空间形式的表现需要展示陈列设计师进行创意设计，不同时间特征表达出不同的艺术效果、不同的视觉

图 3-10　甘肃省博物馆彩陶展中挂在木架上的彩陶 | 设计：那拉

感受和不同的情感体验。通过叙事性展示陈列设计的表达，从时间概念入手，可兼顾展示陈列物品的过去、现在及未来的价值，引发参观者对文物本身价值和文物社会历史价值、文化艺术价值的思考。

历经千百年时间的打磨，多数古代文物流传至今已无确切资料信息、确切文献可考。留给参观者认知的大多数是外在直观的器物形象，而其内在的历史文化价值只有依靠考古专家和展示陈列设计师依据文物的研究考证成果，结合自己的理解，用设计的语言进行转化，进而将文物所处不同历史时期的社会价值全面展示给参观者，指导参观者认知。

大概五年前，笔者在意大利罗马的一个博物馆参观馆藏古埃及石刻，由于文物太多，陈列设计师只是利用钢结构将这几件石刻文物固定在展墙上。展墙的底色是一片米黄色，以获得和石刻整体统一的氛围，石刻下方有一个非常简单的关于文物年代和文物原生地名的说明牌。至于这几件石刻是怎么到罗马来的，这几件文物是否历经几千年、几百年时间的洗礼，文物与原生地的关系，以及文物所经历的历史事件，均没有说明，文物的社会价值、艺术价值也没有介绍，所以在主导价值认知方面，这几件石刻的陈列并不理想，缺乏叙事学的理念，缺乏创新观念，要让观众明白文物的故事，还有很多工作要做。

陈列设计师要运用合适的、客观的文物陈列手法，与布展设计师的主观能动的思维模式相结合，去获得最有效的展示陈列方法，求得最完美的陈列效果，这不仅能够诠释出被陈列物品的内在价值和外在价值，还有助于对文物价值的提升。

第三节 更新时空观念

《淮南子·齐俗训》有言："往古今来谓之宙，四方上下谓之宇"，这里所说的是时间和空间的关系。就以历史性的文化记忆为主体的博物馆来说，博物馆陈列艺术的主旨是要将文物的时间纬度、物理尺度和现场观看者在观看浏览时的时间与空间体验感有机地结合起来。我们在谈到博物馆陈列艺术的时间和空间时，由于博物馆对实体的依赖性和对情感体验的表达性要求，也就自然而然地会将它与物理学上的时空观念和透过哲学、心理学而来的情境渲染联系在一起。而且，博物馆的展览陈列艺术是通过视觉观看、肉体感知而进行的意群传达，那么就需要运用叙述性设计手法对叙事元素（由设计手段组织起来的展品、展项）在一个特定空间的构建，去营造一种时空重置、移植或再造的效果，所以，在强调剧场感的展览现场，"虚拟"本来就是它的应有之义，而虚拟技术的介入使它这层意义得到了进一步延伸，并为陈列空间的虚拟意义注入了新的内涵。

随着信息技术的不断发展更新，特别是以深度学习（deep learning）为特征的人工智能的突飞猛进，人们希望突破现实时空的限制而构筑虚拟时空的想法从技术上来说已经不是难题，并且这种超现实的虚拟时空观念已经对整个世界造成了巨大的影响，在信息化环境中生活的人们，其思维模式、生活习惯、传统观念正在不断更新。处在更新大潮中的虚拟时空观念必然有它的本质规律和本质特征，如何认识其本质规律、如何把握其特征既是必须要弄清楚的理论问题，也是必须要解决的实践问题，既是影响到未来的时空观念的学术问题，也是眼下要处理的艺术设计工作的现实问题。同时，这要求我们对以往艺术设计领域所采用的传统时空观念进行分析，提出符合信息时代艺术设计领域时空观的应对策略，在信息时空观念的条件下，结合博物馆陈列叙述学的观念，在设计方法论上建立与博物馆展示陈列艺术之间的关联，构建新的设计思维模式，产生新的设计创意方法。

一、物理时空和日常感知[1]

人们日常所接触到的时空基本属于物理学意义上的时空，它主要以人身体的感官知觉为尺度建立一个“实体”。它的首要特征是时间和空间的可度量性，比如以长、宽、高对某一具体物体进行数据归纳，这既是它自身占据空间体量的反映，也是我们判断它与其他物体之间关系状况的基础。在博物馆展示陈列设计中，叙事性陈列设计要求展示现场的所有设计元素相互之间具有明晰的关联性。如通过对一个陈列文物展柜的长、宽、高的测量，我们就可以将它植入展场的相应位置来判断其适合度。除此之外，还需要同时考虑的两个因素是：（1）所需展示的展品、展项的体积，能否符合展柜的小环境；（2）展柜与观众之间形成的展示空间关系。后者要结合人机工学的原理，找出最佳结合点，因为观众的行为是以在这些物理空间中对具体物品进行观看作为基础的。例如展柜高度的设定，一般来说要有具体的人体尺度的要求，还要考虑到不同地域、不同人群在某一特定空间观展的习惯，以及观众在观看展品时最常见的行为动作。观众观展的习惯和行为动作与展柜的物理尺寸有着必然的联系。在此，还要引入时间的概念，时间的概念和功能隐含在所叙述的故事情节之中，以引人入胜的叙事情节吸引观众、留住观众，让观众沉浸到所叙述的情节中，为文物展品的坎坷经历担忧，产生情感。布展设计师要营造一个单独的时空情境，观众进入陈列现场之后，能够切分开与之前时间的关联，浸入为博物馆而设计的时间中，两者的长短、大小不同。这看起来很不可思议或不可理喻，

[1] 吴诗中:《虚拟时空:信息时代的艺术设计及教育》,北京:高等教育出版社,2004年。

那不妨想一下电影院的情境，看一部 90 分钟的电影，观众可能会在这几十分钟内体验到几年、几十年、几百年甚至几千年，完全落入电影制造的时空“陷阱”。博物馆的展示陈列设计，也有同样的要求。“观古今于须臾，抚四海于一瞬。” 西晋文学家陆机的这番表达也可以用在博物馆展示陈列空间应该予人的体验上。

无论时间还是空间，它们的可丈量性都是相对的，时间和空间真正发生作用还要与人们自身的生活经验、生活习惯及对知觉的再组织有关，并非单一、无表情的单位和数字。我们的生活就是被毫米、厘米、分米、米、千米、尺、寸、丈、平方米、立方米、秒、分、小时、天、月、年等各种计量单位环绕、裹挟着的，它们以某种编码的形式共同作用于我们每一个人，这种作用才使这些单位、数字拥有了真实的意义。

“时间与空间一直是‘物理学’问题，这个‘物理学’概念并不是我们今天作为自然学科的‘物理学’，而是在亚里士多德意义上的‘自然哲学’，即对世界和自然本身的追问。亚里士多德（Aristotle）在严格的哲学意义上区分了物理学（physics）和形而上学（metaphysics），前者探讨的是针对自然界而形成的哲学思想，后者则是对世界本质的探寻，即世界成为世界的本源意义。”❶

人们一直在对世界的本源的相关问题上进行理论探索，对于“这个世界究竟是客观存在的还是人们意识中的？”这一论题，千年来争论不休。对应于中国哲学史，从先秦时代开始，古人在意识到自身与宇宙的关系边界之后，生发出来以“宇宙”的概念为代表的朴素的世界观。东西方早期文明中的时空观念都是建立在对事物性质的思考之上的，其最明显的特征就是以人类所熟悉的事物来描述、界定时空特征，如“子在川上曰，逝者

❶ 吴诗中：《信息时代的虚拟艺术时空观》，《文艺研究》2013 年第 8 期。

如斯夫”。面对流淌不息的河水，古人感慨时间一去不复返。再有“庹”（tuǒ）、“拃”（zhǎ），就是以人身体的某些部位为丈量的基本单位。无论古希腊时代人类的时空观，还是传统中国的时空观，都具有将呈现、描述客观事物作为目的的特征，它也就必然与物质相关。这预示着经典物理学的发展脉络。

“在人类历史的大部分时间当中，人所使用的工具和器皿总体说来都是他自身机能的延伸。这些工具和器皿没有或者更重要地是看起来没有独立的价值。”[1] 与博物馆陈列技术观念相关联的是，因为物理学（更精确地应该说是经典物理学）意义上的时空观念是可以切实把握的，博物馆展示陈列活动在工作中所使用的工具、手段，都被视为作为陈列艺术设计主体——人的手的延伸，都是单向度地从展品、展项出发的，而对后者的理解也都是在一个预设的框架里进行的。

众所周知，牛顿（Isaac Newton）的经典物理学奠定了现代人关于时间和空间认识的基础，牛顿的经典物理学也是时间和空间认识的起源，尤其是他的经典力学。在经典力学中，牛顿做出了两个基本假设：其一是假定时间和空间是绝对的，也就是说，无论由谁来进行测量，采用什么样的尺度，时间和空间都不会发生变化；其二，时间和空间可以在物理的量的原则下进行无限精确的测量。在形而上学的意义上，经典力学所假定的时间和空间，即不依赖于主体且可以无限精确测量的时间和空间，实际上与启蒙哲学家笛卡尔（René Descartes）有关。在《第一哲学沉思录》中，笛卡尔谈到思维实体与广延实体的区别。换句话说，真理所谈到的广延实体，在空间上具有长、宽、高，可以在三个向度上予以测量。所以，笛卡尔定义的时空是实体意义上的时空，它可以不依赖具体个体而独立存在，而后来的经典力学无疑接受了笛卡尔的这个结论。

---

[1] ［美］刘易斯·芒福德：《技术与文明》，陈允明、王克仁、李华山译，北京：中国建筑工业出版社，2009年，第281页。

牛顿显然将笛卡尔关于空间广延相对的假设拓展到时间之上，不难看出，牛顿进一步从物理学的高度，将时间和空间变成了一个可以量化的实体。也正是由于时间和空间可以在广延上量化，牛顿物理学与基于基督教神学的形而下知识决裂了。除此之外，笛卡尔在他的研究中也提出了时间和空间的概念，但是牛顿经过研究提出来的空间与时间的概念更具有实体的意义。牛顿指出：物理世界是由实体构成的，在这个物理世界里，空间与时间具有本体意义。但是，牛顿认为在本体意义中存在着神的影子，人们从哲学上开始寻找一种不依靠神而存在的独立性。也就是说，空间与时间可以不依赖具体物质和主体而独自存在，空间与时间的存在样态就是运动。关于时间和空间，牛顿还有一些精辟的论述，譬如：时间和空间是一切事物的坐标，所有的事物都有时间的排序和空间的位置，时间和空间可以感知、可以度量，等等。我们可以根据某一事物与我们视为不动的物体之间的距离定义出所有事物的坐标，再根据物体由某坐标移动至另一坐标的过程，测算出相对于这些坐标的所有运动，实际上借以标志其他物体的坐标和运动的那个静止物体，可能是不存在的。❶

在人类社会的进程中，在物理学发展过程中，经典力学、量子力学的出现也验证了人类对时间、空间和对科学认知的变化，同样反馈到人的生活当中，与此相对应的是人类从农业社会到工业生活的转变。“传统农业看的是自然的时间周期、有机的生长情况”，而“工业革命不仅为人类带来了时刻表和生产线的概念，更将这些概念推广到几乎所有的人类活动中”❷。钢铁工业的发达为埃菲尔铁塔的建造提供了前提，而以埃菲尔铁塔、摩天

❶ ［英］牛顿：《自然哲学的数学原理》，赵振江译，北京：商务印书馆，2017 年，第 7 ～ 9 页。

❷ ［以色列］尤瓦尔·赫拉利：《人类简史——从动物到上帝》，林俊宏译，北京：中信出版社，2014 年，第 345 页。

大楼为代表的高层建筑的兴起，又完全改变了人的时空感知。

二、虚拟技术与虚拟时空

随着数字和网络技术的广泛应用，进入信息时代的人们的生活也随之悄然发生变化。其中最值得关注的是依靠虚拟技术所做的艺术设计创作形式，对理解时空甚至跨越以往的时空界限都有莫大的作用。本书第二章分析了周杰伦 2013 年世界巡回演唱会台北演出中虚拟邓丽君与真实周杰伦的隔空对唱，由虚拟成像技术所投影出来的邓丽君演唱成为那场演唱会上一个激动人心的篇章。这场演出之所以能激荡起观众心中的涟漪，可以说归功于虚拟成像技术与电影的投影技术相得益彰的结合。从天而降的邓丽君似乎跨越了时空，从遥远的过去向观众走来，与周杰伦一起演唱歌曲，这是虚拟时空与真实物理时空相结合的合唱。之所以能达成这样的效果，离不开虚拟成像技术、全息成像技术、投影技术的相互配合，这样的演出向我们展现了多层次的时间和空间的叠加。

显而易见，虚拟现实是一种技术，同时更是一种观念上的创新，它既使以往的头脑想象成为视觉、知觉的“时空现实”，又逐渐展现出一种新的时空的苗头。以虚拟现实等综合数字影视技术制作的电影有《阿凡达》（*Avatar*）、《回到未来 2》（*Back to the Future Part Ⅱ*）等。电影人以数字影视技术为基础创作了一场又一场立足于当下投向未来的视觉盛宴，从《阿凡达》到《哈利·波特》（*Harry Potter*），人类获得了一次又一次飞往异世界的时空旅行，而所有这些，又反过来为人类世界的存在状态和生存的时空载体提出了伦理学命题。

以深度学习为特征的人工智能就是这样一个例子。人工智能这项技术逐渐模糊了以往技术创造空间和现实空间的差异，甚至将一切反转——现实不再是现实，虚拟不再是虚拟。目前谷歌艺术计划（Google Art Project）及其他利用全景技术制作的线上博物馆陈列，已经极为常见。在这些虚拟场景中，人不再是单纯的漫游者，而是可以与环境互动的场景参与者和建构者，这种体验的逼真程度甚至模糊了人们对“虚拟”对象的边界的认知。人工智能给人类世界及伦理带来的挑战固然令人焦虑，但也不能否认，它以时空为切口给人类开启了一个前所未有的世界。就像以梦的层层解析为理论基础的《盗梦空间》*Inception* 所展示的那样，空间折叠在虚拟时空中成为一种真正的存在。一言以蔽之，所有这些现象都指向了在现代化的数字技术之下，我们可以创造一种全新的时空类型，或可称之为虚拟时空。

我们可以使用很多新词来描述这个虚拟时空，如赛博网络、大数据空间、互联世界、虚拟网络，等等。无论我们怎么称呼它，其内核都指的是现代数字技术和视觉艺术的结合，在数字化成像的映射下，全新的景观就此形成，我们将这个景观称为虚拟时空。

从物理学角度来看，由数字技术和视觉艺术共同打造的虚拟成像仍然有一个无法摆脱的物质之锚，让它仍然与物质的大地紧紧相连。不过，我们可以开始想象，随着大数据、云计算，甚至人工智能等方面的技术取得突破性进展，这个物质之锚是否还可以成为虚拟时空的羁绊？此外，我们可以设想的是，依照尼古拉斯·尼葛洛庞帝（Nicholas Negroponte）的说法，这不仅仅是一种技术问题，也是数字化生存的问题。那么真正的问题是，即便存在着无法摆脱的物质之锚，虚拟时空价值却并不在于那些可见的物理层面，恰恰相反，我们更关注的是虚拟时空在数字技术和视觉艺术中衍射出来的价值。[1]

简单来说，在现实的物质世界中，空间与时间总是以物质的方式存在的。

[1] 吴诗中:《虚拟时空——信息时代的艺术设计及教育》，北京：高等教育出版社，2015 年，第 50 页。

但是，我们对时空的关注来源于我们作为生存者的人的操持（Sorge），如果没有人的操持，那些空间与时间永远属于静默的、被遮蔽的，并不会向我们敞开。德国哲学家马丁·海德格尔（Martin Heidegger）在《存在与时间》中谈到的也正是在我们的交道（Umgang）活动中，除去物质世界之蔽，让一个从未向我们展开的世界向我们展开。

在此，我们不妨引用一段叙事学、符号学学者，文学家安贝托·艾柯（Umberto Eco）的对读者之于小说的作用的阐述，来说明人的参与对时空叙事的意义。安贝托·艾柯说："任何叙事性的小说都命中注定必须简练敏捷，因为，在塑造一个包容万物的世界的同时，小说并不可能面面俱到。小说只能对此提供暗示，再要求读者凭自己的想象去弥补一系列文本没有填满的小缝隙。"❶

"原始"的虚拟世界是人想象的产物，技术条件下的虚拟时空、网络漫游则是人通过活动对自己和世界的新的双重发现。历史唯物主义告诉我们，时间和空间的概念形成，都与人类的实践活动有关，它并非凭空产生的内容，而是在我们的具体实践中被建构起来的。当我们处在广延中时，可以向不同方向延伸，如我们行走，便知道了前后、左右、上下等具体行为实践构造出来的概念，对这些诞生于实践的概念的进一步抽象化，让我们得到长、宽、高这样的三维概念，而在三维概念基础上我们可以得出空间。但是，虚拟时空又是如何构建出来的呢？如果我们坚信虚拟空间完全与物理世界没有关系，那么我们在虚拟空间中的行为和实践构建，可能会产生与现实中不同的空间经验，如在《盗梦空间》中，那个叫阿里阿德涅的小女孩构建出来的类似埃舍尔绘画中的不可能的空间。

---

❶ ［意］安贝托·艾柯：《悠游小说林》，俞冰夏译，北京：生活·读书·新知三联书店，2005年，第3页。

图 3-11　中国汝瓷博物馆的虚拟现实设计 | 设计：刘翰皑 姜昊生

由此可见，尽管虚拟时空是一个现代虚拟技术，尤其是数字技术和视觉技术锻造出来的新经验，但并没有完全摆脱历史唯物主义的结论，即我们仍然需要将时空观视为一种实践活动的建构。在实践活动中，美感得以重构，成为我们理解虚拟时空的一部分，也成为虚拟时空涉及的一个重要基础。此外，虚拟时空独立于具体物理世界，甚至可以用“生命体”来描述，或者可以大胆假设人工智能愈来愈有可能另立门户（事实上人工智能正在自立门户）。若回到眼前，信息技术赋予设计和艺术一种前所未有的创意能量，使农业时代、工业时代的诸多“神话”成为可以自由“操作”的“现实”。

如果将虚拟观念和传统文化传承结合，应用于设计实践，能够出现更为理想的虚拟设计效果，图 3-11 是河南汝州中国汝瓷博物馆的现代汝瓷陈列展区的虚拟现实设计。这个现代汝瓷的设计案例是更为具体的虚拟技术条件下的虚拟叙事设计。由于历来业界对汝瓷的评价很高，甚至用“家财万贯不如汝瓷一片”来形容汝瓷的珍贵，所以设计师在汝瓷博物馆陈列布展设计中着重以虚拟手法去表现其稀少、高贵和文化传承。在观众眼前，只见一个半透明的弧形虚空间从天空而下，收缩、吸纳、集中的形态反映了集天地之灵气的意念，在这个时空中，以虚拟现实的设计手法漂浮着一件汝瓷器皿。仅仅一件汝瓷器皿说明其稀少珍贵，看得见，摸不着，表现了汝瓷珍贵得不可多得。在虚拟造型的背景上，以简洁的文字和经典汝窑瓷器组合来叙述千年来汝瓷和人的生活关系，这一上下悬浮、前后呼应叙事的陈列表达了汝瓷在“天地之中”与天地共存的品质概念。

从以上虚拟叙事设计案例我们体会到两层含义。一是虚拟时空观念在现实的物质世界中已经由天方夜谭变为实施案例而且在蓬勃发展。二是虚拟技术应用于叙事性陈列设计有着更强大的、更神奇的表现力，人们不得不相信物理时空之外还有虚拟时空存在，这不仅是一个观念问题，它已经由“虚拟”走向“现实”，已经影响到我们的现实生活。虚拟现实技术支撑的博物馆叙事性陈列艺术设计如虎添翼，虚拟时空观念正在颠覆或已经颠覆人们固有的传统博物馆陈列设计的时空观念。

三、 艺术创作，艺术时空

艺术时空观具有自身的独特性，我们不能简单将之还原为经典力学意义上的时空观，更不能将之视为纯粹的形而上学，艺术时空构造了属于自己的空间，它更多依赖于创作者的想象。我们可以说，它依赖于创作者的物理世界的经验构成，但一旦设计师和创作者试图超越现实的界限，便可以在艺术审美上创造独特的时空观。在这个意义上，艺术时空观致力于从观念上探索空间和时间的可能性。在艺术世界里，存在着一种蕴含深刻的抽象、形而上问题的艺术化的时空。

艺术的时空观念及相关论述是概念性的，但从某种程度上说，它又是与技术、与人类的时间和空间的技术观念相关联的。文艺复兴时期的艺术家在二维的平面上“发现”了以焦点透视引领的三维空间，而在六朝之后的中国山水画家眼中，这种空间并不是恒定的，它随观察者的“需要”而灵活调整，山水画中的“三远”（深远、平远、高远）都是相对的概念，是与人的审美主体性相适应的视觉显现。

无论何种艺术类型，它的呈现和发生作用多少都离不开与时空的“连线”，风景、山水故不待言，人物肖像、静物亦然——无论是表达抽象的视觉概念，还是体现某种意义上的主题性，都与艺术家和观看者通过作品建立的时空认知分不开。被称为“点彩派”的法国新印象派（Neo-Impressionism）画家乔治·修拉（Georges Seurat）的作品，将未经调和的颜色，通过观众的视觉来调和。“印象主义画家把未经调和的颜色画成稀松散漫的星星点点，通过观众的眼睛把这些分散的色点溶合起来。这种手法有助于创造一种模模糊糊的气氛，而印象主义者相信这就是世界的本来面貌。”[1]而在后印象派（Post-Impressionism）画家保罗·塞尚（Paul Cézanne）看来，所有的物品都是几何体，世界就是几何体的空间组合——无论圣维克多山，还是城镇街巷，无论瓶瓶罐罐，还是花花草草。塞尚的看法直接影响了毕加索（Pablo Picasso）、布拉克（Georges Braque）等人的立体主义作品，在控诉德军轰炸西班牙小镇的作品《格列尼卡》中，立体主义对空间、形象的解构和超现实主义对时间的反转，使这件作品在叙事上有一种超越具体时间的普适的悲恸力量。

音乐的旋律本身就是时间的延伸，在悠扬的旋律中敞开了一个想象的空间。文学作品亦是如此，一位引人入胜的作者一定有能力将读者带入一个独特的想象性空间。文艺复兴时期意大利戏剧理论家提出“三一律”，要求时间、地点和行动的一致，即只允许有一条故事线索，发生的时间不

[1] ［英］尼古拉斯·佩夫斯纳：《现代设计的先驱者——从威廉·莫里斯到格罗皮乌斯》，王申祜、王晓京译，北京：中国建筑工业出版社，2004 年，第 50 页。

能超过一天，地点必须只有一个。而土耳其小说家奥尔罕·帕慕克（Orhan Pamuk）依据他的小说《纯真博物馆》的叙事线索、故事情节在伊斯坦布尔创建了一座博物馆。

所以，没有时间和空间，就没有艺术作品。不过，需要我们进一步思考的问题是，什么样的时空观才是艺术的时空观，在这个艺术的时间和空间里，所包含的物理时空是单一的，还是多元的？物理时间和空间对艺术时空究竟有什么样的影响？古希腊哲学家亚里士多德在谈论艺术的《诗学》中就谈到了不能在艺术时空和现实时空之间做简单的等同，尽管现实生活的确是艺术创作的源泉，但艺术创作总是能够营造出一种不同于现实生活的氛围，让生活空间里面的人物和角色能富有艺术性地根据自己划定的时空规律来运行。例如索兰纳（Juan Solanas）的电影《逆世界》设定了两个引力互反的星球，对于这样的戏剧情境，观众大可不必在物理学上细究这种双引力体系是否成立、里面的人物在双引力体系下能否生存这样的问题。

历史上的艺术和设计曾经没有任何界限，然而，经过一段时间的发展，艺术和设计分为两家，如今，随着时间的流逝和科学技术的发展，它们再度结合在一起。艺术博物馆中越来越多的作品已经很难用艺术或设计来界定，艺术家仿佛重新回到了文艺复兴时代。艺术家不是一个个体，而是一个团体，只不过文艺复兴时期的工作坊变成了工作室，学徒成了来自不同学科的合作者，艺术家更像一个创意总监，用观念来整合不同的专业内容。丹麦艺术家奥拉维尔·埃里亚松（Olafur Eliasson）在德国柏林的工作室，就是由设计师、建筑师、艺术家、IT 工程师、生物工程学家等不同专业的人士组成的工作小组，他在英国泰特现代美术馆（The Tate Gallery of Modern Art）展出的作品《气象计划》（*The Weather Project*），以黄色灯光为基础，在美术馆的涡轮大厅（Turbine Hall）创造出一个人造“太阳”

的奇观。上海龙美术馆展出的以光和空间为对象的美国艺术家詹姆斯·特瑞尔（James Turrell）的作品、佩斯北京（Pace Beijing）展出的艺术小组Teamlab的作品，它们营造出的前所未有的视觉现场受到了观众的极大欢迎。出生于挪威的年轻艺术家雅娜·文德伦（Jana Winderen）常常采用最新科技研究世界上不为人所察知的东西（如海洋深处的声音），把它们呈现到作品中。在名为*Situation NY*的作品中，艺术家和一位法国建筑师合作，在建筑内部设计一个红色物体，里面安装上声音传感器，人走进去既可以有听觉感受，还可以欣赏到神奇的视觉效果。

艺术作品天然就与空间和时间密不可分。但是，需要探讨的并不是艺术作品是否在形式上与空间和时间相一致，关键在于艺术作品所阐释、展示出来的空间和时间在根本上与我们所理解的时空观是否相同？它们的时空概念与物理学上的时空概念是否同一？在《理想国》中，柏拉图（Plato）提出世上存在三张床：神之床（先验之床）、工匠之床、画家之床。其中只有第一张是理想之床，工匠的“真实”之床是对理想的模仿，画家笔下之床则是对模仿的模仿，并不能反映“床”的全部，也就是说艺术并不能穷尽理想之全貌，所以艺术家就被逐出了理想国。如果简单将艺术作品中的时空概念与物理学时空直接等同，就抹杀了艺术作品存在的意义，而且二者在本质上也的确是有根本性区别的。艺术时空与物理时空的不同认识究竟在哪里？可以用著名油画家吴冠中的风景油画作品《山花》进行阐述。

油画《山花》的画面与真实的风景是不同的，如果我们到一个小山坡上，所看到的山花是真实的，即可以在物理学时空中解释的，有物理属性的，可以度量、触及、嗅闻的山花。在我们的眼前，现实的可见的小山坡上的山花是此时此地的，在画中的小山坡上的山花却不是如此，我们只是看到了一幅画，我们并没有见到“山”，作为物理形式的实在的小山坡在画面之外，我们所能够感知到的只是由笔触和各色颜料构成的组合，在观者的理解中，这些笔触和颜料的组合构成了小山坡新的形式，并构成了与真实小山坡的关联性。在这里唯独画布和各色的颜料对我们来说是此时此地的，而《山花》本身是被想象、被理解的，无论是创作者还是欣赏者，都在自身的理解中赋予了画中的颜料组合小山坡的意义。时间和空间在真实的物质世界中的单一意义在艺术作品所表现的时间和空间中被一分为二了，一方面是作为此时此地被把握的作为画布和颜料存在的物理学空间与时间，另一方面是由观众的理解而产生的联想，将画布中的组合同小山坡上山花的存在建构起来，仿佛我们超越了此时此地的画布和颜料的限制，进入了一个全新的境地。从根本上说，艺术时空本身或它最终要表达的东西是非物质的，它基于现实的物质材料（画布、颜料、泥巴、石头、金属等）来呈现一种虚拟化的精神（感官－心灵）。

艺术时空与物理时空的关系也可以在其他形式的艺术和设计作品中找到。以我国明式家具为例，不同的家具对应的是抽象的道德、审美对社会性行为的要求和规训。官帽椅是为了让官员正襟危坐、严肃端庄，而禅椅则是为了盘腿打坐之用。这就像道家“道器”观所表达的那样，物质的、可见可触的“有用”是为了“无用”的精神。虚拟空间，才是从个体空间到整个社会生活空间的设计的本意，而构成空间的材料不过是一个中介或工具。另如音乐，在懂音乐和不懂音乐的人那里会有完全不同的感受，不懂音乐的人听到的只是不同的声音，只是“嘈嘈切切错杂弹”，而不会产生“大珠小珠落玉盘”的感受，而懂音乐的人则能够在声音的时间线上，领悟到音乐所营造的意境。白居易能够从江上琵琶曲中听出“别有幽愁暗恨生”，钟子期能从伯牙所鼓之琴声中听出伯牙所向往的巍巍高山、洋洋江河。艺术时空是有物质性的化身的，这个物质化身让艺术时空摆脱了纯粹抽象的虚无缥缈。这样，艺术时空最后落实在一个具体化的物质外形上，无论这个外形是小说、戏剧、绘画，还是音乐。简单来说，钟子期是在伯牙的琴声中找到了另一种时空，可以用声音表达的、可以用现实物理时空比拟的，但又超越这两者的艺术时空。

另一方面，艺术时空观如果仅仅是对物理学时空的临摹，那它的艺术性就要大打折扣，甚至没有艺术价值，常见的方式是对现实的物理学时空进行加工、改造或重组。艺术家可以完全不用太顾及艺术与物理世界的界线在什么地方，正如庄子《养生主》中那位庖丁一样，从心所欲，游刃有余，任何材料在艺术家手里都可以随意组合，进而从不同的元素中提炼出既不同于以往物理学时空又不同于先前的艺术时空的新的时空观念。艺术时空对物理学时空的解构、重构是文学和影视创作中的常态，蒙太奇就是其典型手法之一，它其实在一定程度上突破了古典“三一律”的限制，为叙述开启了新的空间，将上下五千年、纵横千万里的人、物、事巧妙地糅合在一起，使观众在有限的时空里获得一种超越物理时空限制的时空体验。许多影视作品并不遵照现实物理时空的单一线性顺序，而是以不同的方向穿插、叠加、平行、对撞或反复回车形成一种可能性叙事，时间成了为艺术空间灵活使用的道具。在电影《罗拉快跑》中，时间的恒定成了故事叙述要对抗的对象，而它又是借助在时间线中的追逐来完成的。一些艺术家非常喜欢使用倒叙和插叙，通过倒叙和插叙的叙事手段，完整的时空被划分成无数个细分的要素，这些要素完全可以根据导演的需要重新组合，拼接粘贴，成为一个全新的序列。由克里斯托弗·诺兰（Christopher Nolan）执导的美国电影《记忆碎片》就是一个组合叙事的案例，影片中采用顺序和倒叙两种叙述形式相结合的叙事方法，讲述患上了失忆症的男主角如何一步步寻找之前发生的凶杀案的真相。它在一头一尾的叙事中使用的是正常的叙事，而在连接头尾的地方打乱了时间秩序，形成双重倒置。又如电影《天堂电影院》，片中特别强调多重空间的交叉并置，一是电影院，二是意大利惬意的乡间生活，三是罗马的现代生活。有意思的是，无论在哪个空间中，时间只在故事情节的发展中有用，而在整个影片的主题表达中似乎毫无作用，它从接受者的角度更进一步深化了电影“天堂”的思想主题。

双重的时间和空间叙事在中国古典小说中屡见不鲜，以打破现有时间和空间规律为“异世界”的描述奠定基础。如南朝梁任昉《述异记》中的“王质烂柯”，山中一盘棋，世上已百年，又如唐代小说《南柯太守传》中梦里的槐安国不过是槐树下的蚂蚁洞，明朝戏剧《牡丹亭》中柳梦梅与杜丽娘相会不过是“游园惊梦”。这几个经典故事都是借“梦”或者无限高、无限远的根本不存在的山中某处，来为不同的时空叙事找到一个超越物理时空规律的支点。

信息时代来临为艺术时空的发展提供了新的技术支点，也开拓了一种已有知识所无法想象的空间特征。虚拟环境真正使信息数据库的能量得到释放，不再是只供提取的被动的资料库，它开始具有一种明显的动能，主动为人提供全方位的时空“套餐”，生存经验不再是基于过去的，而是投向未来的。虚拟环境下人的时空观念可能会产生一个并行的新的时空结构，这意味着人们在进行艺术作品创造和空间艺术设计时所能利用的资源、素材、手段将会猛然以几何级数增长（这是一种真正的信息爆炸），艺术的创意空间自然会随之“膨胀”。或许我们可以借用刘易斯·芒福德所述机器体系在人类文明中的意义来设想虚拟时空的作用，他说：“机器在发展的过程中不仅扩展了这些（人的实践的神圣感：作者注）目的，而且为实现这些目的创造了物质条件。”❶ 这些物质条件反过来又为人类文明的持续发展提供了土壤和养分。

---

❶ ［美］刘易斯·芒福德：《技术与文明》，陈允明、王克仁、李华山译，北京：中国建筑工业出版社，2009 年，第 321 页。

四、虚拟观念，应用创新

以虚拟时空观念指导博物馆陈列艺术设计是一场设计思想的变革。人们厌倦了近百年循规蹈矩的传统物理形式的设计方法，在感到传统的物理形式设计方法产生的设计作品非常无趣的同时，试图寻找一条新的设计思路。虚拟时空观念的出现让人们看到了希望，看到了出路，看到了未来，积极地大胆地参与虚拟时空观念指导下的设计活动，尤其是自然博物馆、科技博物馆中表现科学原理的科技展项成为设计师们难得的大显身手的契机。近年来，在虚拟时空观念指导下利用数字技术进行博物馆陈列设计在国际、国内已有很多成功案例。

在很多趣味性的科技展中，虚拟影像的展项常常引起人们的围观。如美国旧金山探索博物馆凹面镜虚拟成像（见图 3-12）。

图 3-12　美国旧金山探索博物馆凹面镜虚拟成像 | 摄影：吴诗中

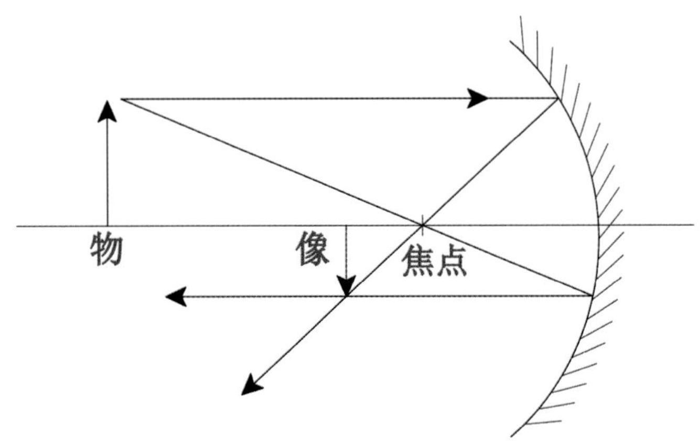

图 3-13　凹面镜成像原理 | 制图：张雷山

在一个巨大的凹面镜前面，人们只要走到镜子前，都能看到自己倒立着悬浮在空中，与自己互动，观众会不由自主走上前去，试图与看得见、摸不着的虚幻的自己握手。这个虚拟科技展项的设计原理来自凹面镜反射成像定律。我们知道凹面镜有发散作用，也有汇聚作用。凹面镜汇聚时产生奇特的现象，当物距在一、二倍焦距之间时成倒立放大的实像。虚拟的实像总是处于一个相应的位置，这个位置遵守入射角等于反射角的光线反射规律（见图 3-13）。

所谓实像就是人眼看到的形象不是在镜子里，而是在镜子外面，似乎真实地存在，除了比例略大于真实形象，其形状、色彩、质感与真实形象无二，然而实像总是摸不着，让人产生趣味，感到神奇。这个实像实际上是虚拟的，并不存在。这是一个物理形式的虚拟展项设计案例，这个案例说明了在数字技术之前人们早已发现了虚拟成像的规律，并已经开始在展示活动中运用虚拟成像规律。

又如综合运用数字技术进行虚拟设计的案例，位于四川达州的神剑馆。2021 年，张爱萍将军的出生地达州建立了一个开展爱国主义教育的展馆——神剑馆，其中设计了筑梦苍穹展览，里面的交互展项可以虚拟体验中国第一颗原子弹爆炸、第一颗氢弹爆炸和火箭发射（见图 3-14、图 3-15）。

图 3-14　四川达州神剑馆筑梦苍穹展览虚拟体验四大航天发射场 | 设计：张雷 安鑫 洪可

图 3-15　四川达州神剑馆筑梦苍穹展览虚拟体验火箭发射 | 设计：张雷 安鑫 洪可

设计师运用虚拟体验技术大胆创新，设计虚拟体验四大航天发射场，观众到此点击触摸屏，会出现文昌航天发射场、酒泉卫星发射中心、太原卫星发射中心、西昌卫星发射中心。从四大航天中心的展示信息中可以了解到老一辈革命家、科学家、工程技术人员团结一心筑梦苍穹的梦想和决心，今天这个梦想已经初步实现，新一辈革命者、科学家还在继续努力，迈步探索更遥远的太空。

观众在此继续点击互动，还可虚拟体验历史上"两弹一星"的伟大瞬间。选择按钮找到入口，点击播放，屏幕上会播放 1964 年 10 月 16 日 15 时中国西部一声撼天震地的巨响，它让中华儿女扬眉吐气，精神抖擞，也让世界重新认识了中国。珍贵的视频资料展示第一颗原子弹爆炸、第一颗氢弹爆炸、火箭发射的场景，观众甚至能够感受到爆炸时的光辐射及冲击波效应，受到心灵上的震撼。

这一案例在表现手法上主要运用了交互体验技术、影像流转技术、动画技术、视频融合技术、数字声音合成技术等。多元融合的信息技术给观众制造了穿越到几十年前的时空效果。这一切影像都是虚拟的，如果断开电源，图像消失，观众眼前只有一片屏幕。综合信息技术的运用效果带给人们趣味和神奇的感受，从而激发人们的探知心理。

以上两个案例均已经由设计概念变为现实，然而，还有一些新的设计尚在概念创意阶段，就已经体现出了前瞻性。图 3-16 是清华大学美术学院 2017 年秋季展示设计创意课程的学生作业，由庄新刚、赵瑞、李鹏飞、耿滋遥、吴劲均五位同学设计。这五位同学以 110 年来清华园内建筑的变化作为设计选题。清华校园建筑的历史反映了中国近代建筑发展的历史，几位同学抓住了清华园内不同历史时期的建筑风格、建筑形式、建筑形态的发展变化进行设计，并且按历史发展阶段将它划分为几个时期：中国古典园林建筑时期、折中主义时期、新古典主义时期、复古时期、斯大林式样及现代主义时期，每一个时期各有特色。他们在每一个时期的建筑中选取了代表性建筑形态，来说明自己对清华园建筑发展历史的理解。他们还设计了步入式的参观体验环境，让观众感受以时间为主线，由实而虚，逐渐过渡，最终获得虚拟时空观念影响下的一种虚拟体验。如图所示，观众围坐在物质材料与非物质形态综合构建的大气泡式的展示空间内部，座椅是物质的，环形球体也是物质的，然而观众四周环绕的是虚拟影像投放技术投射出来的清华园各个不同时期的建筑影像，建筑影像是非物质的。此刻，观众可以见到清华园的特色建筑“二校门”，“二校门”仿佛就在观众身边，然而它是虚拟的影像，以旋转的状态出现在眼前，既感觉到伸手可及，又若即若离。这是一个不错的符合展示设计创意课程要求的作业，其中体现出虚拟时空观念影响下的展示设计创意教学变革状况。

展示设计创新教学和博物馆陈列设计创意实践均受到当前科学技术条件、社会文化环境和社会意识形态等诸多条件的影响，比如“人工智能”技术被大量应用于艺术设计之中，由此引发的新的设计趋势、新的设计效应成为新锐设计师的追求，这也必然影响到展示陈列设计的创新和创意。“条件”“需求”和“创意”是设计创新的三个要素，然而，当社会文化环境发生变化时，社会的需求会随之改变，对创新评价的标准跟着提升，设计创意也会不断出新。

以虚拟时空观念指导的信息化条件下的博物馆陈列艺术创新设计也是

图 3-16　清华大学建筑演变历史叙事陈列 | 设计：庄新刚 赵瑞 李鹏飞 耿滋遥 吴劲均

一场陈列设计教育思想的变革。那么什么是创新？在定义上，我们可以认为创新是一种创造能力，是人之所以称为人的实践才能。在博物馆陈列艺术设计领域里，创新就是设计创意，设计创意是以新思维、新设计和新描述为特征的新的观念化的艺术设计和具体艺术设计实践相结合的全过程，这个过程体现着设计者的创新思维和创新能力。

小 结

虚拟时空观并非一种时尚的概念，也不是一句空头的口号。虚拟时空观念带给我们一种当下信息时代博物馆展览陈列设计的新思路，在虚拟时空观念的思想指导下产生一种新的表现方法，这种新的表现方法犹如一把开启智慧之门的钥匙。这种方法就是在信息技术的支撑下，将虚拟时空与物理时空融合，让布展陈列设计师摆脱以往陈旧的、传统的展示陈列设计套路，尤其在历史性叙事类场景设计中，将人、物理环境和多项信息技术（数字技术）综合产生的变换式场景融合在一起，运用虚拟时空与物理时空相融合的思路，并结合叙事性设计方法，让不同时间、不同空间、不同景象、不同画面在此进行多元交融。这种多元交融客观真实地还原历史本来面貌，做到与当年的历史环境、历史故事、历史事件形成交流和互动，并达到设计创意思想上的共鸣和深思，使参观者在此深度体验千百年前的故事与情景，感受当年文人的情怀、名人的志向、伟人的抱负。另外，布展设计师也可以综合调用各种可以调用的数字技术手段进行设计创意，达到对人类物质文化和非物质文化进行全面展示的目的，让当代的博物馆展览陈列艺术设计迈进一个新的时代，开启一个新的征程，提升一个新的高度，创造一种新的文化。

第四章

叙事性设计的方法和技术

博物馆大体可划分为四种类型：历史类、艺术类、科学技术类和其他类（军事题材类型、人物纪念类型、事件纪念类型、主题和专题类型等属于其他类）。在我国，四种类型的博物馆中，历史类博物馆为首，而其他类型博物馆多数是红色题材博物馆（纪念馆），这也是我国博物馆领域的中国特色。不管何种类型的博物馆，在博物馆的展厅中进行陈列艺术设计的根本目的是让人们在展品、文物、图像、场域、说明文字中去体验一段历史、领略一种精神、知晓一个故事、学习一种文化。博物馆陈列设计师们在既定的展示空间里所做的设计，正是为了充分实现这个目标。博物馆的展示陈列设计如果能够做到既还原历史，又触动观众的心灵，那无疑是最理想的。观众看完了整个展览，就像刚刚观赏完一部戏剧，其中不仅有开场、有转折，还有高潮、有完美结局，待参观完展览离开展馆空间，观众再回味这个展览，仍能够沉浸在这个展览的故事情节中，流连于展览所营造的叙事氛围中，这才是设计师梦寐以求的。

博物馆陈列的实物、图片、影像、叙事景观等展品和展项，是连接博物馆与观众的纽带，博物馆的展品和展项要实现合理的平面布局、合适的空间尺度、和谐的陈列效果、美好的视觉感受，就必须重视博物馆的陈列艺术设计，这也是博物馆所有事务的重中之重。有学者提出了博物馆事务中的三种功能，分别为教育、娱乐、充实人生（Educate，Entertain，Enrich）。❶ 博物馆要同时实现这三种功能，叙事性陈列设计是一个很好的选择。

将叙事性特色加入博物馆陈列的设计艺术中，形成了一种新的博物馆陈列设计的表述方式，既能够增强博物馆展览的表现力，也能够增加观众观览的生动感和趣味性。

❶ 王宏钧主编：《中国博物馆学基础》（修订本），上海：上海古籍出版社，2001 年。

传统的博物馆陈列形式以静态摆放的展示形式为主，然而随着科学技术的迅猛发展，人们生活水平不断提高，休闲时间可以选择的活动越来越丰富多彩，人们对活动内容的要求越来越新，审美品位也越来越高。博物馆为了吸引更多的观众前来参观，在陈列手段上不断推陈出新，经过不断的创造和积累，适应当前社会条件、科学技术条件、人们审美标准的一种新的设计方法——博物馆陈列的叙事性设计便应运而生。引入叙事性陈列设计的博物馆展览增加了很多传统博物馆展览所不具备的元素，在满足教育、娱乐、充实人生等功能要求方面也更有作为。

博物馆陈列的叙事性设计作品不同于文学和影视作品，文学作品属于时间艺术，是词与词、语句与语句在延续的时间中积累组合，在人脑中形成人物形象、历史背景、空间景象和故事脉络。影视作品则既属于空间艺术，也属于时间艺术，影视的运动性是随着运动的影像和连续的画面，在延续的时间中运动展开的。加入叙事性陈列设计的博物馆陈列则是一种受到条件限制的时空艺术，在内容描述、设计方法、空间形式及表现方式上与文学和影视作品有相通之处，但也具有许多新的特点。博物馆陈列活动需要展示的是已经确定的文物或展品，而且必须将其置于既定的展馆空间中，因而与文学和影视作品天马行空式的创作思路不同，博物馆陈列设计师所要做的就是借助现有的空间、当下的物质条件、目前的加工技术，运用创造性的设计思维，充分挖掘展览陈列的叙事性元素，并以生动的叙事设计语言表现出来。

第一节　叙事性设计在博物馆陈列应用中的三个阶段

相对于建筑室内装饰、商业店堂、酒店、会议等空间装饰设计艺术，博物馆的陈列设计艺术要求更高，所需具备的条件较为复杂，虽然博物馆的陈列设计也具有空间设计艺术的特征，但是这并非重点所在。陈列设计艺术所关注的重点在于运用一切可以调动的陈列手段，将所要表现的对象尽可能完美地呈现出来。这里提到的一切可以调动的陈列手段超出了常规，其范围涵盖了当前的社会审美意识、科学技术、社会化生产的水平及加工条件。博物馆展览陈列的设计师与时俱进，综合运用可以调动的陈列手段，大胆创意，使得具有时间、空间特征的陈列艺术避开了其他空间设计艺术的思路，并将叙事性陈列设计方法与传统的展览设计方法成功地融合，走出了一条具有博物馆陈列特殊个性的设计之路。这条路就是叙事性设计的辛劳之路、奋进之路、成功之路，既是设计师施展才华的舞台，也是叙事性陈列设计理论应用的实践所在。

我们可以将这条路分为三个阶段：博物馆陈列展览策划阶段、博物馆陈列展览设计阶段、博物馆陈列展览实施阶段。

一、博物馆陈列展览策划阶段

一个好的博物馆陈列展览的策划方案是展览成功的一半。前期策划工作的充分与否，将对后期设计工作的可能性和设计进展产生很大的影响。进行博物馆的陈列设计时需要兼顾展品的自然和社会两大属性。传统的展示设计十分重视陈列物品的真实性，即自然属性。首先，被陈列的展品是具备形状、色彩、体积、重量的自然物品，占有一定的空间形态。其次，展品陈列需要通过展示其历史底蕴和文化内涵，来调动人的情感因素，通过移情、联想等心理反映因素搭建起一座无形的桥梁来连接观众和展览。

博物馆的陈列设计如今已经发展成为融合了自然科学、人文学科、社会科学等其他学科而自成一门的系统学科，是具有空间和时间两种存在属性的创造性活动。它已经随着时代的发展而发生变化，因而有更新、更高的要求。尤其是叙事性博物馆陈列设计与传统博物馆展览陈列设计相比，在理念上有新发展，具备形状、色彩、体积、重量的展品被赋予新的意义，它所承载的本质内涵得以大大地延伸，更重要的是通过对物品原生环境的复原可重现物品的原生意义，再现特定时空的原生环境，让观众置身其中。观众体验和参与的过程比物品本身的展示更为重要。

图 4-1 是为某军事历史博物馆策划的攻克石家庄战斗叙事景观概念方案。这个概念方案注重战争叙事，抓住了当年人民解放军攻克石家庄战役的特点——勇敢加技术，在叙事景观中加以重点表现。该方案抓住战争场景中城墙、壕沟、武器、车辆、汽油桶等物的时间特点和形象特点，复原再现当年战争的原生环境，营造出尽量准确、臻于完整、非常合适的战争气氛，在策划理念上是一种飞跃。

这个原生环境是全方位的，包括空间关系、时间关系、人物关系、地域条件、色彩关系、材料肌理、气候温度等。一个好的展览策划实施以后要能够引导观众在参与过程中了解到原生事件发生的原因，引起共鸣，让观众对当年所发生的事件重新思考，这样的展览策划才是成功的。

从以上案例中可以看出，在展览的策划阶段，明确叙事性展览的主题意义是第一位的，伴随主题意义的是叙事性的历史性和真实性。除需要明确展览的目的、主题、内容外，对展览所使用的材料、展示内容的地域特征、事件发生的时间因素也要有要求，还应策划好展览需要采用的艺术表现形

图 4-1　攻克石家庄景观策划方案 | 策划：苗福生　张雷山

式、表现手法和环境氛围。如果展示内容的背后有故事，则应该充分发掘并尽量充分使用故事线索和历史素材。在条件许可的情况下，事先安排和运用好叙事性道具、叙事场景照明、空间色彩氛围、特殊灯光、主要材料、VR 数字设备、互动屏幕等叙事的辅助手段，并以此作为进一步设计的依据。

展览的策划阶段还需要全面地了解所要陈列的文物展品，对于文物展

品的历史价值和现实意义，布展策划设计师应该有所了解，并在布展设计时充分考虑、有效利用。博物馆展出的展品的价值，其实更多的是其历史、人文方面价值的投射，叙事性陈列设计也可从历史、人文方面寻找素材。其中故事性的因素除了可以使用图片、文字等来说明，还可以通过巧妙的秩序、空间的安排，或者影视作品、动画视频短片的演绎，加深观众的印

象。例如台北故宫博物院近年经过精心策划推出了一系列影视宣传片，还在儿童区定时播出动画片《国宝总动员》等，获得了观众的一致好评。《国宝总动员》讲述了台北故宫博物院的一个夜晚，国宝都变成了活生生的人物，还发生了一系列有趣的故事。这种物品拟人化的叙事生动而且贴近我们的生活，易于为人们接受，特别是受到青少年的喜爱，因而取得了非常好的宣传效果。

二、博物馆陈列展览设计阶段

博物馆叙事性展览陈列设计阶段需要在博物馆叙事性展览的前期策划阶段的基础上，再从多方面加以充分考虑。前期策划文案要注重史料的收集，强调故事的挖掘，强化陈列展览自身的叙事特性，前期对这些因素的加倍关注往往能在后期取得事半功倍的效果。

一个博物馆的叙事性展览策划完成后，就进入了这个展览的设计阶段。博物馆陈列展览的设计阶段是展览成功的关键所在，其中涉及如何在策划成果的基础上表现展览的主题思想，如何根据现有的条件合适地划分展馆的有限空间，如何确定观众参观的流线，如何适当选用当前的交互技术，等等。要通过设计将一个博物馆营造成青少年学生在此获得知识的课堂、成年人在此欣赏文物的殿堂、专家学者们在此宣讲研究成果的讲堂，是需要付出大量的劳动、解决一系列的难题的，这一系列的难题都要在叙事性陈列设计阶段得到解决。博物馆的展示设计师在布展陈列设计中，应该结合当下的社会条件、技术条件对展览陈列主题的表现手法提出更高、更新的要求。即使设计的是一场传统意义上的常规展览，也要根据展示内容的特征去深入思考，除考虑大小、明暗、高低、冷暖等一系列基本设计因素的变化外，也强调超越现有的物质材料寻找创新的可能。设计师更重要的是在设计中将传统与现代相结合、静态与动态相结合、艺术与科学相结合，在具体设计中寻找落实点，在物理时空中寻找突破点，在信息时空中把握创新点，在信息时空和物理时空的结合中不断发挥想象力，大胆创新，大胆突破，如此才能获得成功。

大胆创新体现在展览形式上也就是展览空间形态的设计创意上，大胆突破体现在对当下数字技术、多媒体形式、人工智能技术的综合运用上。设计创意是展览设计的核心，博物馆叙事性陈列的设计创新更是核心的核心。在这个核心工作中，设计师考虑到每一个叙事展项、每一个陈列空间、每一个展具造型、每一个动态行为、每一个交互程序、每一个形象、每一幅图片、每一个文字、每一段视频、每一段配音，这些都具有直接或间接表达展览主题的意义。

图4-2是位于河南郑州中原英烈馆中杨靖宇烈士展区的叙事景观设计，旨在表现杨靖宇当年坚持抗战的艰苦环境。在东北冰雪覆盖、严寒刺骨的丛林中，几棵巨大的雪松边有一座木头房子，这就是当时东北抗日联军的指挥部。在没有观众时，这个景观冷冷地、静静地等在那里，当观众到来时，感应程序控制开关启动，黑夜丛林中雪花开始飘落，温度骤然下降，透过树林可以看到远处一队抗日联军战士正在行军，随着战士的步伐，背景音乐奏响《东北抗日联军第一路军军歌》。

景观中木头房子的缝隙里透出星星火光，寓意在东北民众抗战最黑暗、最艰苦的时刻，这星星火光带给人们一丝丝光亮、一丝丝希望。这个设计的创新点在于打破常规，在陈列中恰当地利用了信息技术，有对观众形象的捕捉，有白天黑夜的转换，有飘落的雪花，有移动的战士，有闪动的火光。这些信息技术的使用并不喧宾夺主，而是恰到好处。虽然这个景观在实施中因为一些原因未能完全达到预期的设计效果，但是，由于设计师对细节

图 4-2　郑州中原英烈馆林海雪原叙事景观 | 设计：朱瑀 王思梦

的考虑比较到位，在还原真实的抗联战士所处的艰苦环境的同时，带给人们震撼人心的奋发向上的愉悦感受。这就是设计师在展览前期策划成功的基础之上进行设计的成果，前期策划的概念变成了可以实现的设计方案，设计方案的表现形式是展览预想效果图、演示视频或其他形式。

在叙事性陈列展览的设计阶段，除了对展览项目的细节加以认真考虑，还有一项重要的设计工作，就是需要将设计阶段的创意用施工图的形式表现出来。施工图是一种语言，这种语言能够将设计师的策划创意、设计意图向施工人员表达清楚，即使设计师不在现场，施工人员也能从施工图中明白设计师的想法和意图。当然，设计师必须对施工人员事先进行设计交底，交底后还有答疑修改的程序。施工图的绘制是一个技术性很强的设计工作，需要认真细心，工作中除将设计创意阶段效果图表现出来的看得见的造型形态用CAD绘图软件表现出来以外，还要将那些看不见的、效果图没有表现出来的，但是必须要表现的部分用CAD绘图软件画出来。这些效果图没有表现的部分要靠施工图设计师发挥自己的主观能动性，发挥自己的艺术再创作能力去完成。这些效果图上看不见的部分应该与看得见的部分在风格上一致、在造型上统一，功能明确。所以施工图设计师和创意设计师的工作同样重要。

施工图的技术性要求还表现为展览的形式设计要考虑展厅的物理环境设计，物理环境包括展厅的空调制冷系统、暖气系统、照明系统、新风系统等。施工图是展览的设计创意效果能否实现的关键。

在博物馆陈列展览设计阶段，设计师的工作至关重要，责任重大。设计师要综合考虑展览项目现有的投资状况、时间要求、主流的技术条件和设计师个人控制空间效果的能力等，在陈列布展中既大胆又适当地增加叙事性的设计形式，努力向观众呈现更生动的、有故事情节的、符合逻辑的新形式，尤其是在历史博物馆、人物和事件纪念馆的设计中，这一点应该予以充分体现。

三、博物馆叙事陈列实施阶段

博物馆叙事陈列的实施阶段是策划和设计阶段的延续，它既要保持展览策划阶段概念性的风格，也要具有展览设计方案阶段能够实施的严谨特性，同时具有在实施阶段调整设计方案的可能性。从博物馆展览设计方案的实践性要求上来看，再好的策划和设计方案，如果不能够实施，那就没有任何意义，有经验的设计师在策划阶段、设计阶段就会充分考虑实施中的细节问题，然而，也有一些没有经验的设计师会将方案设计得天马行空，又酷又炫，烂漫飘逸，非常吸引人的眼球，然而不能落地，从结构到工艺、从材料到肌理、从色彩到灯光、从实体到虚拟等诸多方面都有可能出现考虑不周之处，也没有准备替代方案，这样的设计方案在布展的实施阶段会遇到麻烦，所以在方案实施之前必须认真审核。

布展施工与展览设计有可能是同一个团队，也有可能不是同一个团队。如果布展设计与展览施工不是同一个团队，布展施工团队更要认真审核布展设计方案。博物馆叙事陈列设计的实施阶段首先要认真审视设计阶段的设计成果——布展效果图、布展设计汇报视频，特别是对布展施工图和布展设计说明的正确性、规范性、完整性和可实施性进行认真审核，如果布展设计方案有问题，首要的工作是调整设计方案，使之能够实施。布展设计方案审核完成后，第一步是做出布展的施工计划书，施工计划书在建筑装饰施工中又叫作施工组织设计；第二步是布展施工人员的组织配置；第三步是布展所需材料的采购及设备的定制。

（一）布展施工计划书

布展的施工计划称为布展施工计划书。由于目前我国对布展施工没有明确的管理规定，在大多数博物馆新馆建设布展招标投标的要求中仍然沿用建筑和装修施工的施工组织设计，但是建筑施工领域的施工组织设计并不能充分适应博物馆展览的布展施工。布展的施工会出现两种情况：一是投资新建的博物馆，在新建的博物馆里第一次布展；二是在已有的博物馆里举办新的展览。后者相对简单，各方面的程序不复杂。而前者所涉内容烦琐，和建筑相关的程序繁多，和布展规范相关的程序也不少，和质量安全有关的事情更是至关重要。这两种设计情况不同，布展施工的计划书也不同。如果再细致研究，根据展览的性质划分，会出现多种复杂的情况。针对复杂的情况，布展施工计划书会相应地采取不同的措施。比如在文物保护方面，必须有专门的文物陈列柜，根据设计要求，文物陈列柜必须有恒湿功能（文物保护的恒温条件一般情况下是靠展馆的空调来实现的）。类似的情况应该事先写进布展施工计划书。布展施工计划书的目的是保证展览前期所策划、设计的方案能够顺利实施、安全落地。

一般来说，博物馆展览的布展施工计划书的内容应该包含：布展项目概况，布展施工部署，布展施工准备，展览中各主要子项目布展的施工方法、施工工艺和施工措施，施工安全保证体系和措施，布展施工质量的保证体系和措施，布展工期目标保证体系和措施，创建文明工地及环境保护措施，等等。其中，展览特殊子项目布展的施工方法、施工工艺和施工措施内容最为丰富，这些特殊的非标准施工的子项目是博物馆布展设计的重点所在，具有特殊的布展效果，在展览中有非常重要的作用，在布展实施中必须实现。如果一般的施工工艺实施有困难，也不能随意变更，在施工中需要动脑筋，以特殊的工艺来实现。

然而博物馆叙事性展览的施工计划书中不止有这些内容，它不是一般意义上的布展施工，而是包含叙事性特色的有特殊意义的陈列布展，叙事性特色的要求决定了叙事性陈列布展施工的计划书与一般意义上的施工计划书有很多不同之处。

博物馆的叙事展览是当今新兴博物馆设计实践中产生的新形式，尤其是在纪念性博物馆的设计实践中，叙事性陈列展览发挥的作用越来越突出。再现历史人物、历史事件时，有多媒体技术配合的叙事性陈列展览越来越受到观众的喜爱。叙事性陈列展览中的叙事空间问题已经受到关注，《展示陈列中的叙事空间设计》一文对叙事性展示空间进行了描述："叙事空间通过对某一特定历史事件、历史人物的描述和再现，尽可能真实地反映当时的历史事件和典型人物在关键时间点上的作用。影视艺术中的蒙太奇叙事场景的表现手法曾被展示设计师运用到陈列中，这就是叙事空间设计的初级形式。”[1]毋庸置疑，在叙事性陈列空间和叙事性场景的设计中，对某些叙事性的情节的描述和历史性事件的再现还需运用现代影视艺术中的特殊技术，比如数字声、数字光、数字蒙太奇、数字控制自动化演示技术，这些数字技术的综合运用在营造某些特定的社会环境、描述某些特定的社会符号方面能够达到意想不到的效果。这些现代影视表现艺术中的声光电技术是不可能以一般性建筑施工的施工组织设计来说明的，而且一般意义上的博物馆展览的施工计划书也不能对其进行详尽描述。这就需要写出专门针对博物馆叙事性陈列展览的施工计划书来保证叙事性展览的顺利实施。叙事性陈列展览的施工计划书的内容除包括一般意义上的博物馆展览施工计划书的内容外，还要有保证叙事性展览中关键性子项目的施工工艺和措施。比如，叙事性景观中的时空环境如何实现？叙事性场景中的人物形象如何创作？叙事性场景中的道具如何设计、如何制作？又如，由于所需道具历史性、文化性的特殊要求，很多道具已经很稀少、很难找到，甚至很珍贵，这类道具是以艺术仿真的方法去复原制作，还是前往与展览主题相关地点去调查征集？这些问题都要事先计划好，这也是保证一个叙事性展览得以完整实施的必要措施之一。

（二）施工人员配置

布展施工人员配置是保证展览能够实施的前提和必要条件，展览施工所必需的专业人员共同组成博物馆展览布展施工项目的项目部。与建筑工程施工项目管理一样，博物馆展览布展项目也需要由项目负责人、展览设计人员和各个相关专业的技术人员组成一个完整的项目布展管理团队。与建筑工程施工管理不同的是，这个展览布展项目施工管理团队，从项目负责人到材料采购员，对每个成员的专业背景都有一定要求。适合进入布展

[1] 吴诗中：《展示陈列中的叙事空间设计》，《装饰》2012年第7期。

施工项目部的人员应该具有博物馆陈列、历史考古、艺术设计、美术创作，以及工业民用建筑等学科学习经历，并具有一定年限的工作实践经历。一般来说，项目部包括如下人员：项目负责人（项目经理）、布展空间设计师、布展平面设计师、施工安全员、施工质检员、预算员、材料员。其中项目负责人最为关键，其专业水准决定了展览陈列的水平的高低。项目负责人可以具有历史考古学背景，也可以具有艺术设计学背景，还可以具有建筑学背景，甚至多媒体学科背景，但不管具有哪种背景，都应该有博物馆展览布展施工的经历。学科交叉和跨界执业打破了以前僵硬呆板的布展管理模式，给博物馆展览布展陈列带来新鲜的活力。布展空间设计师、布展平面设计师的设计水平是一个好的展览成功的前提条件，设计师在展览实施阶段的作用仍然很重要。他们介入布展项目管理工作，保证了展览的策划和设计阶段的创意亮点。另外，展览实施过程也是一种新的创作过程，展览实施过程有可能将设计阶段的创意进行更好的发挥，创造出新的亮点。

根据国家相关法规的要求，布展项目部人员需要具有相应的资质，具备各个行业的执业证、上岗证。除国家的相关法规要求外，布展项目部的成员还需具备良好的素质，包括历史文学涵养、审美素质、道德素质等。从某种意义上说，良好的素质更为重要，只有具备良好素质的成员组成的项目部，才能创造出展览陈列精品。

（三）特殊材料和专有设备的采购订制

一般常用的建筑材料、装饰材料如砖石、钢筋、水泥、板材、管材、线材等都是按一定的规范和要求生产的，在材料市场上可以成批采购。博物馆展览布展材料具有特殊的要求，一些材料在市场上不容易买到，这是由于博物馆展览在策划和设计之初强调设计创新、形式唯一、领先时代、引领潮流。创新是打破已经存在的，唯一是独一无二，领先时代是走在他人前面，引领潮流是开创新的风格。博物馆展览强调历史性、文化性，所使用的材料需要有历史沧桑的触觉美、自然纹理的视觉美、与周边环境相协调的色彩美、与所陈列展品属性相一致的质地美。满足这些条件的布展材料不是一般材料，而是领先时代主流的新材料、具有吸引人眼球效果的特殊材料。在市场上很可能难以买到批量化、模数化生产的特殊材料，这就给成批采购展览布展材料造成了困难。要想购买合乎布展设计要求的材料，就需要事先定制、提前生产，有时甚至要进行调查研究从而开发出新材料。

博物馆展览专有设备主要是文物保护展柜和信息技术条件下的交互装置、多媒体设备，尤其是 VR 虚拟设备。德国、比利时、英国等欧洲国家的专业生产厂家的文物保护展柜产品一般质量较好，密封性能好，恒温效果佳，玻璃无反射、无眩光，是高级别文物陈列的最佳选择。如果所陈列的文物级别低，布展的经费有限，只能选择质量一般的展柜，这样的展柜在门的开启方式及密封性、精准性、稳定性等质量指标上有所不足。不管是选择何种展柜产品，都必须提前找厂家定制才能满足布展实施时间上的要求。

博物馆展览中的交互装置是根据布展内容的要求设置、根据设计的要求定制的。博物馆里每一个交互装置都要求表达特定的内容，具有特定的功能和特定的使用环境，所以，一般来说市场上不容易买到专供博物馆展览使用的交互装置，如果需要，要事先定制。

除特殊的 VR 虚拟设备以外，一般的多媒体设备不需要特殊定制就能买到。虚拟现实的使用要根据博物馆展览陈列的设计需要而设置，虚拟现实要表现特殊的陈列意义，突出展览主题，提升展览品质，获得观众的好评，关键不是硬件，而是根据陈列内容的需要事先编制的软件程序。

第二节 叙事性设计在博物馆陈列中的具体方法

一、物象寓意——实物、图像相结合的叙事设计

使用实物陈列是博物馆陈列布展的一个最基本方法，对观众具有直观的强大的说服力。因为承载历史文化信息的实物展品往往能够真实而客观地反映自然社会与人类文明的发展过程，是自然与历史发展最真实的见证者。使用图像布展是博物馆布展的另一个重要方法，图像精准地记录了某个时期某件事情的发生，具有无可辩驳的说服力。实物、图像相结合进行博物馆陈列的布展设计，能够叙述某一个时代的真实背景，表现实物的社会意义，是博物馆陈列中叙事设计的一个常用方法。

依据展馆的建筑空间、根据布展内容的要求设计出特定的形式空间格局、内容排列方式，以实物、图像相结合的方式，按叙事性设计的要求来突出展览的主题，表现展览的故事情节，也能够形成展览内容所需要的特定的气场，这是最基本、最原始、最朴素、最生动的叙事性展览的具体设计方法。

博物馆陈列的文物、图片、影像、叙事景观等展品和展项，是连接博物馆与观众的桥梁，要实现这种连接，按叙事设计要求布展的文物陈列是首先需要考虑的。从博物馆发展史和展示设计发展史来看，文物陈列一直很受重视，在博物馆展览陈列中起着至关重要的作用。“用文物说话”一直是博物馆人的口头禅，“用文物说话”即“物象寓意”，这最直观、最直接、最生动、最实在的，人人都能接受。面对摆在面前的实物，无须多言，一切皆明了。

图 4-3 是“不忘初心 牢记使命——中国共产党历史展览”第二部分

图 4-3 “不忘初心 牢记使命——中国共产党历史展览”第二部分文物陈列 | 设计：赵彤 陈奕南

“成立中华人民共和国，进行社会主义革命和建设”中的中央人民政府成立展区。这是一个图片、文字、文物有效组合的展线设计，其中中央人民政府竖向牌匾是一个有故事的典型的革命文物，是 1949 年建国时做的，设计师将牌匾设计在版面上，牌匾的左侧是当时中华人民共和国中央人民政府主席、副主席和部分委员的合影。历史照片和叙述文字的配合，让观众直接面对 70 多年前的物证，加深对新生人民政权的建立和巩固的了解。

这种布展理念和展示陈列设计方式一直在传承。在博物馆的展览里，按叙事性设计要求布置的文物面对前来参观的观众，以第一人称表述自己的经历，介绍自己的特点，阐述自己的价值，文物本象在博物馆叙事性陈列展览中成为叙事的主体。

图 4-4　山东诸城博物馆佛造像厅大佛头陈列 | 设计：刘孔梁 王思梦

图 4-4 是展于山东诸城博物馆佛造像厅的被称为天下第一笑佛的卢舍那丈八佛头。这个佛头高 132 厘米，完整佛造像应该约 9 米高，虽然不如洛阳龙门石窟唐代的卢舍那佛像高大，却早于龙门的卢舍那大佛 200 多年。据考证，山东诸城博物馆佛造像厅的佛头的雕琢时间应该为北魏，距今 1600 多年，陈列按要求突出佛头的历史性、文化性、宗教性的特点。大佛头的布展陈列考虑到一个关键因素，佛头五官的精彩部分处在比观众眼睛平视线高 20 厘米的位置，于是设计师在佛头上方合适的角度设定一个灯位，安装一盏射灯，灯光以一个恰当的角度投射出，略高于其他展区的亮度突出了佛像精致的面孔和五官，佛头含笑凝视观众，让观众在与佛像互相凝视中理解其中深邃的文化内涵，理解它为何被称为“天下第一笑佛”。

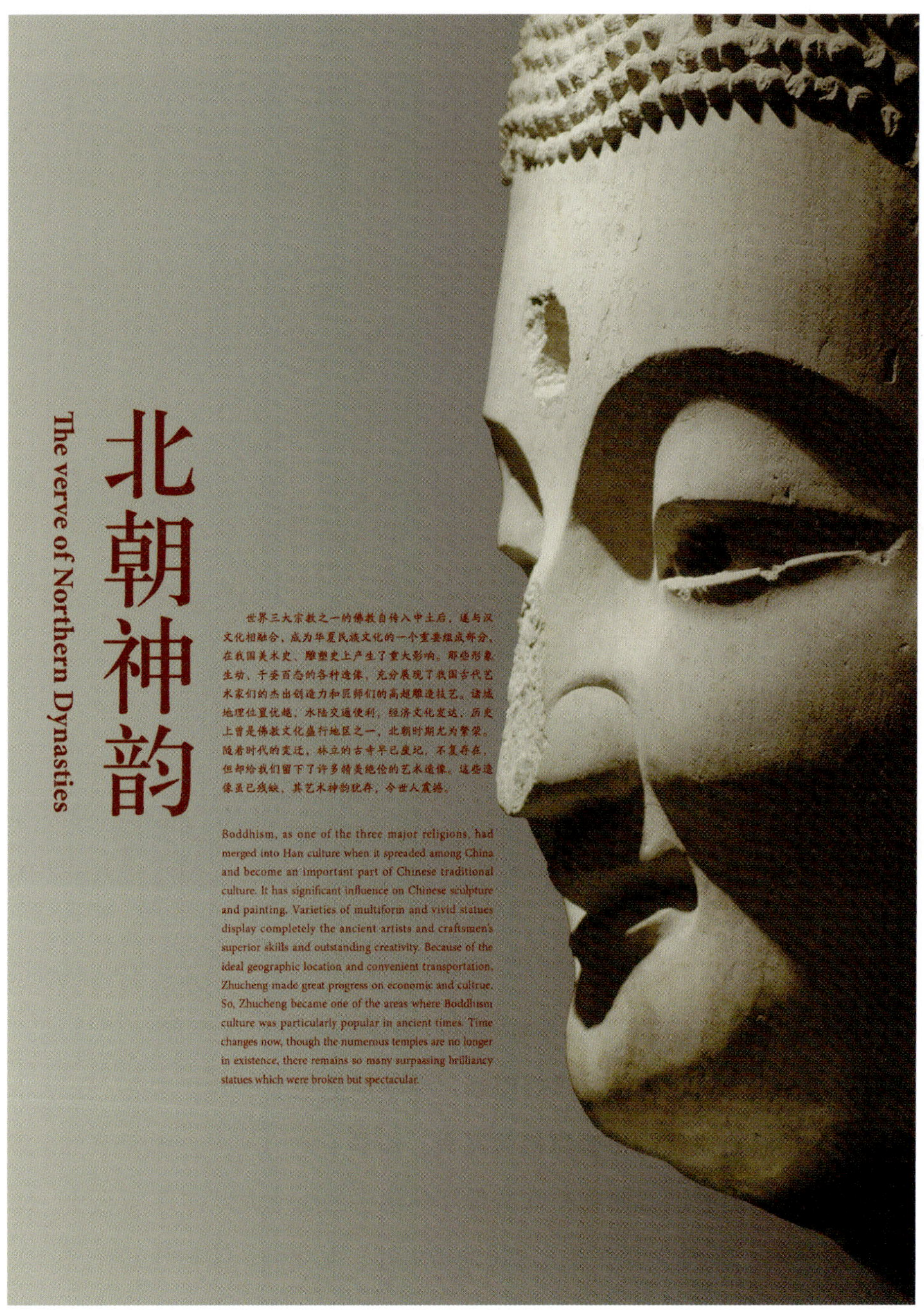

图 4-5 “北朝神韵”佛造像图像版面 | 设计：王慧

从“天下第一笑佛”的称谓，观众会对佛像的历史信息产生好奇。历史上，北魏崇尚佛教，在北方广大地区兴建寺庙，佛像雕琢之风盛行，出现过优秀的能工巧匠。诸城卢舍那大佛像身高 9 米，五官精致，面带笑容，应该为北魏时期的精品。

在“北朝神韵”的标题下，佛造像图像版面以中英文对照的方式对考古专家考证出来的佛造像研究成果做了较为详细的说明（见图 4-5），包括佛造像的经历、宗教特点、历史艺术价值等。这就是以实物、图像版面相结合的具体叙事方法完成的佛造像叙事性陈列布展设计。佛造像的背景是一瓣夸张的莲花，展厅的其他佛像展区也以莲花花瓣造型为龛，陈列着一些体量较小的佛造像。莲花是佛教的代表元素，自然、空灵，象征着佛法的纯洁、智慧。设计师选择莲花花瓣这一元素进行设计，突出了佛教的宗教性特点。

这种以实物、佛造像的图像和莲花花瓣形象结合的叙事性布展的陈列设计组合，也可以称为“物象寓意”，获得了非常成功的展览效果，这一最原始、最直观、最朴素的佛造像陈列布展叙事设计的“物象寓意”，为这个博物馆申报十大陈列展览精品奖添加了浓墨重彩的一笔。

二、情景再现——艺术时空营造仿真的叙事场景

博物馆中的叙事场景集空间、时间、人物、事件于一体。博物馆中的叙事场景和文学作品有相似之处，和历史电影也有相似之处，历史电影中的精彩故事、紧张情节以特有的艺术效果重现以往发生的重大历史事件，塑造重大历史事件中的重要人物，也搬演历史上记载过的真实的故事。博物馆陈列中的叙事性场景在表现重大历史事件、重要人物和真实感人的故事情节方面，相比电影作品和文学作品来说具有自己的特点，叙事场景能够把重大历史事件中的某一精彩典型的情节凝固在某一刻，甚至成为标志性的典型的艺术作品，为博物馆展览陈列增加光彩。叙事场景的设计制作也是对以往发生的历史事件、历史环境的再现，这个再现不是简单地重复

图 4-6 “不忘初心 牢记使命——中国共产党历史展览”第一部分中的红军长征叙事组合 | 设计：王凯 赵彤 陈奕南

过去，而是要进行艺术提炼，艺术地表现时间，艺术地复原空间。

图 4-6 是“不忘初心 牢记使命——中国共产党历史展览”第一部分中的红军长征叙事组合展示。这个长征场景复原再现不是简单地照搬过去，而是进行了艺术提炼。画面上前景部分可见红军军旗、斗笠、枪等革命文物及红军长征中的珍贵历史照片，右上部是毛泽东 1935 年 10 月写下的著名诗篇《七律 · 长征》，形象地描绘了红军长征的战斗历程，赞扬了红军不畏艰险、英勇顽强的革命英雄主义和革命乐观主义精神，豪情万丈的诗篇更将观众带入长征的具体情境之中。设计师将毛泽东的“长征”手书用在这里，与红军长征战斗场景结合，巧妙生动，文字也活起来，成为对这

个历史场景的生动概括。

这些有故事的文字、文物、照片陈列有张力、有动感，已经可以叙述红军长征故事，然而设计师继续采用新奇的构思，在观众头顶上铁索桥横贯而过，红军22勇士飞夺泸定桥的精彩战斗人物叙事雕塑设置在铁索桥上，红军雕塑的脚下是汹涌的大渡河，水流湍急，漩涡咆哮。红军强渡大渡河的小木船也在河水中颠簸摇晃，远处是悬崖峭壁，数字技术呈现的汹涌奔流的大渡河成为前景照片文物的背景，也是前景的参照物。大渡河向前奔流的态势使观众在视觉上感受到前景文物、照片都往相反方向动起来，整个场景活起来，远处的炮弹炸点在河面上冲起的硝烟更增加了战斗氛围。这个组合设计运用数字影像技术，使得叙事场景更具有强烈的动感，艺术地再现了红军飞夺泸定桥的战斗景象，从视觉上、听觉上融合而成的效果扣人心弦，夺人眼球，观众似乎身临其境，犹如站在大渡河边，感受当年的枪林弹雨。

设计师又成功地运用高清影像技术，真实地呈现呼啸的狂风带来沉重的乌云，笼罩在雪山上，将突如其来的暴雨砸在草地上，而红军战士就在这困苦的环境中艰难跋涉（见图4-7）。这一艺术与技术融合的长征叙事历史场景，真正做到了让照片（影像）动起来、文字活起来、观众停下来，观众到此无不受到感染，停下脚步仔细欣赏、认真阅读，将长征精神铭记在心。

运用艺术手段复原时空的表现手法营造出仿真的叙事性历史场景，是博物馆叙事性展览陈列的另一种具体方法。叙事性的艺术化场景和多项信息技术融合营造出来的艺术时空，给观众提供了一个最佳的穿越时空、体验过去、想象未来的多元化综合场景，能引起观众直接的感受，形成视觉、听觉、触觉及心灵上的震撼。

图 4-7　“不忘初心　牢记使命——中国共产党历史展览”第一部分中的红军过雪山草地叙事组合 | 设计：王凯　赵彤　陈奕南

从以上的案例中可以看出，情景再现是艺术时空营造仿真的叙事场景的关键，而情景再现的关键之处在于对时间和空间的把握。

对时间的把握一方面要注重叙事时间的真实可考。在表现以往发生的重大历史事件时必须注意主导历史事件的关键人物的时间和空间因素，以唯物主义的历史观去分析研究、寻找依据，另一方面要考虑观众参观的流线和顺序，考虑观众在参观叙事景观时所需要的时间等问题。

（一）看见时间

“看见时间”指需要表现的历史事件所发生的时间在叙事性设计中必须明确地交代清楚。这种交代不是直白的文字表现，而是用艺术再现出时间的视觉特点让观众“看见时间”。在做时间视觉特点的设计时，可以考虑借鉴经过考证的同时代和同类型题材的艺术作品、影像作品的一些表现方法与视觉元素。每一个历史阶段都有着不同的时代特点，这些时代特点是可见的，可以用视觉元素来表现。表达时间的视觉元素必须准确无误，准确指的是收集的事件发生的史料内容必须准确，内容所依附的时间所固有的时间特点要挖掘出来，比如红军四渡赤水之战首场战役——青杠坡战役的叙事场景（见图 4-8）。这个既真实又残酷的战斗景观充分地体现出叙事性设计对时间的标记。青杠坡战役是遵义会议后的第一仗。1935 年 1 月 27 日，川军郭勋祺 4 个团（实为 6 个团）尾追红军至青杠坡与红军后卫接火，企图围歼中央红军于土城地区。红军领导人召开紧急会议决定消灭这股敌人，1 月 28 日早晨，青杠坡战斗打响，由于敌情不明，敌人兵力持续增多，红军不能速战速决，双方反复争夺，形成拉锯战，战斗异常残酷，毛泽东等当机立断，决定改变计划，指挥红军撤出战斗，往西渡过赤水河，闻名于世的四渡赤水之战就此开始。

图 4-8 准确地表现了这一历史事件，当时战士们的战斗状态，所处的险恶条件、物理环境和人物的行为方式，包括人物情绪、动作、行动等，这些在该景观中都有明显标记。从青杠坡战役情景再现景观中，能看到战场上被炸弹翻耕松碎的焦土，与敌人拼杀的红军战士，浓郁的硝烟中飘扬的红军军旗、红军战士的服装，战士手中的机枪和背上的大刀、呐喊着冲锋的激烈的表情动作等，这些都是历史事件的时间标记，让观众一眼就看出这是红军时期的战斗叙事。

如果设计非战斗状态的红军题材的叙事景观，红军使用的枪支弹药、生活用品、报纸、衣食住行等方方面面也都需要对时间标记进行准确把握，这是情景再现不可忽视的因素，也是看见时间的第一因素。

“看见时间”还要求考虑情景再现的艺术时空所营造的叙事场景如何在一定时间里有效地吸引更多的观众、传达出更多的信息，重点考虑观众参观的顺序和观众在此停留时间的长度问题。叙事场景所释放出的叙事时

图 4-8　青杠坡战役场景 | 设计：刘孔梁　苗福生

间量的确定需要根据展览的目的、具体内容和展览组织要求来确定。叙事场景中的叙事主体根据陈列内容的需要确定，情景的再现过程遵循一定的叙事逻辑，但是叙事性景观的叙事方式、叙事角度则是由设计师来选择的。叙事主体采用第一人称还是第三人称？是从大众的角度还是从红军的角度来看问题？是表现历史的真实性还是表达史学评论的批判性？是采用写实的艺术形式还是采用抽象的表达方式？对这些问题回答的不同也决定了叙事场景所释放的时间量的不一致，观众驻足的时间也就不同。

文学作品对叙事时间的把握较为简单，仅使用语言文字即可完成，在时间的跳跃上也比较自由。影视作品叙事在视觉层包括了影像、构图、光线、色彩等，在听觉层则有对白、音响、音乐等，因而包含着画内时间和画外时间两种复杂的时间概念，比较容易吸引观众。相对于文学和影视作品，博物馆展览陈列叙事性设计要复杂得多，需要在特定的环境里营造出特定的氛围，在观众参观过程中完成特定人物和实物的塑造，在人物、环境、道具构成的叙事空间里加入叙事时间，是为了更加准确、更为逼真、更能引人入胜，让观众与展览融为一体。陈列的叙事物品除了具有一定的形态、形式因素，还具有丰富的内涵。叙事时间即借助展示环境、字幕播放、影像、声音、运动图像等综合因素揭示叙事内涵，将其所代表的特定意义娓娓道来。

（二）触及空间

博物馆的任何一个展览空间首先是一个有光、形、色、体的可感因素的存在。博物馆叙事性空间不同于一般建筑空间，其本身的特殊造型、特殊比例和特殊尺度都有叙事效果。这就是叙事空间设计的初级形式。随着新技术的不断发展，叙事空间的设计形式也与时俱进，出现了仿真艺术景观及信息时空与艺术时空融合的叙事景观，这种景观空间把握准确，时间标记明显，摆在我们眼前，伸手就能触及。在叙事空间里情和景得以再现，情和景的再现既是情和景的统一，也是时间和空间的统一。时间的把握离不开空间的承载，在叙事场景的营造中，离开空间的时间是不存在的。对观众来说，空间比时间更为直观，空间氛围的好坏更容易评价。触及空间指的是以艺术手法营造出以假乱真的叙事场景，这个场景观众伸手能及，并能走进其中，与其中的景、物进行交流对话。叙事空间要求叙事场景中远处的景物和近处的造型组合而成的叙事空间环境与所要表现事件发生的地域空间特点必须一致，叙事场景中的主要造型，如人物、房屋、道具、城楼、桥梁、树木、水面、地面、土石、坡道等，必须与事件发生地的空间特点一致，叙事场景中的季节和年代的表现也必须与事件所发生的时间一致。一旦叙

图 4-9　湖南安化黑茶博物馆茶马古道起点唐家观景观复原 ｜ 设计：陈奕君

事空间以完整的形象呈现出来，观众会为它的逼真所震撼，犹如穿越时空，与叙事空间中的人交流，与叙事之景融合，与叙事之物对话。这样的叙事空间以假乱真，具有无尽的魅力，过去的就在眼前，给人伸手就能触及的感觉，所以被称为触及空间。

图 4-9 是湖南安化黑茶博物馆的一个叙事场景，这是一个既能看见时间又能触及空间的典型叙事案例。这个既有时间的可视性因素又有空间接触性冲动的叙事场景，以人物和马匹写实雕塑、背景油画、综合材料制作的街景两旁老店铺等，表现茶马古道上的千年古镇唐家观。相传唐家观是茶马古道的起点和商业重镇，古镇地处资江中游北岸，完整保留着古埠、古街、古屋、古楼的原始状态。在场景策划和设计中，按布展内容要求复原安化过去的古镇风貌，完整地展现典型的老街。唐家观自古以来商贾云集，客商自四面八方而来，街道两侧有繁忙的茶庄、茶号、票号、钱庄，青石板上马骥经过，茶商在商铺里买卖、装茶卸茶，门店里灯火辉煌，吆喝声、欢笑声此起彼伏，客商斜倚在二楼上喝茶观街景——整个古镇热闹繁忙，表现出明清时期“茶市斯为最，人烟两岸稠”的景象。

唐家观是资江流域唯一保存完好的古商业街，堪称中国商业发展的活化石，像唐家观这样历史悠久且保存完整的古商埠和古建筑群在国内实属罕见。布展设计师来到现场，一见到古镇的原始状态即刻产生一股创作的热情，经设计师的艺术再现，叙事场景中的人物、房屋、道具、石板路等与当年茶马互市时代的空间特点一致，季节和年代的表现也与当年的时间一致。在魅力无尽的叙事场景前，历史仿佛重现，观众有迈腿进入几百年前的时空之中的感受和冲动。这一艺术时空营造仿真的叙事场景，既还原了时间，也复原了空间，是比较典型的情景再现叙事景观。

（三）艺术再现历史人物

前文述及叙事场景能够把重大历史事件中的某一个精彩典型的情节凝固再现，甚至成为标志性的艺术作品，为博物馆展览陈列增加光彩，强调了叙事场景的艺术价值。但是实际上博物馆展览已经形成一个规律，每隔几年都要进行提升，提升中叙事场景一般很难保留下来，而如果运用绘画和雕塑语言去塑造和再现历史人物、表现重大历史事件，就能长时间保留艺术作品，保存叙事价值，时间越长的艺术作品越具有说服力和感染力。

叙事性陈列设计采用艺术塑造、艺术再现的手法再现历史人物，讲究空间的细部特征，要求有高标准的美学特征，有逼真的表现效果，这样的叙事作品才能被人们认可。所谓美学特征就是好看、耐看。好看要求所再现的对象从外部造型到价值内涵都符合历史规律、客观规律、审美规律。耐看要求所再现的对象符合时代特征，与历史事件相符，具有艺术水准，经得起行内专业人士的审视。在这样的要求下，只有具有深厚的艺术功底的艺术家运用艺术创作的力量才能创作出好作品，下面一例博物馆陈列绘画作品《赵匡胤收复三关》（见图 4-10），由毕业于广州美术学院的著名油画家许海涛创作。

图 4-10 河北廊坊博物馆《赵匡胤收复三关》 | 创作：许海涛

《赵匡胤收复三关》是许海涛为河北廊坊博物馆创作的主题绘画。宋太祖赵匡胤是历史上一位有作为的皇帝，他一生最大的成就在于结束了自唐末五代十国以来长达 70 年的藩镇割据、军阀战乱，逐渐实现了国土的基本统一，百姓终于有了一个和平安宁的生活环境，这也保证了经济的发展、社会的进步，同时促进了文化的繁荣。赵匡胤于公元 959 年自沧州发兵以遏制辽兵南下，经浴血奋战，先后收复边关重镇瓦桥关、益津关、淤口关三关，辽将俯首而降。随即，赵匡胤将瓦桥关改为雄州（今河北雄县），将益津关改为霸州。赵匡胤收复三关意义重大，此后他便开始了统一中国的军事行动。五代十国是我国历史上的一个大分裂时期，作为五代十国的终结者和大宋王朝的开拓者，赵匡胤是我国历史上一个承前启后的重要人物。许海涛在创作中将赵匡胤置于画面靠近中心的位置，选择他骑白马、着红袍、穿盔甲、单手高举宝剑、号召将士们勇往直前的一瞬间的定格造型。将士们骑着战马，刀剑在手，旌旗飞扬，尘土蔽日。远处益津关城楼

图 4-11　东莞虎门海战馆《吴淞之战》 | 创作：许海涛

正处在硝烟之中，在赵匡胤所率领将士们的进攻下岌岌可危。画面构图合适，人物造型准确，色彩统一，有历史感。作为重要的历史题材作品，《赵匡胤收复三关》除了完成了博物馆内容陈列的使命，还是一幅经典的历史绘画艺术作品。

中华民族几千年积累了海量的历史故事、历史题材，涌现了众多历史人物，除了宋太祖赵匡胤这样的帝王人物，还有更多的值得讲述的民族英雄，他们为了民族利益誓死抗争，不惜以自己的血肉之躯抵抗外来侵略者。图 4-11 是叙事作品《吴淞之战》，这也是油画家许海涛所创作的。吴淞之战是鸦片战争中的一次重要战役，公元 1842 年 6 月，英军舰队集结长江口，大举进犯，江南提督陈化成率部同侵略者决一死战，亲自指挥西炮台向敌人开炮，战况空前激烈，敌军旗舰及其他各舰多被击中，英军受到重创。之后英军收买汉奸，从宝山一带登陆，使陈化成腹背受敌，最终与手下 80 人共同战死在炮台上。画家艺术地塑造了陈化成的民族英雄形象，再现吴淞之战中陈化成带领将士向入侵舰队开炮的瞬间。在炮台上指挥的陈化成在紧急时刻冲上去以手推动炮口，帮助瞄准，上身赤膊的士兵几乎躺倒在地上，以拉绳拖动沉重的炮尾，他们齐心协力调整火炮的射角。英舰队射来的炮弹在海里炸起冲天的水花，海面上被清军击中的英军舰船正冒着浓烟，画面上有多处精彩感人的细节，这是一幅艺术地再现历史人物、讴歌民族英雄的经典叙事作品。

中国历史上有很多民族英雄，他们的事迹载入史册，值得讲述。由于真实的古代战场没有照片留下，这众多经典的历史题材只能以艺术创作的手法表现。相比现代题材来说，古代战争题材更难表现，古代武士的头盔、服装、武器、旗帜、战马、战车等，需要艺术家有非常好的绘画造型功底，并收集可靠的历史考古素材，方能进行创作。

运用绘画、雕塑、装饰、景观等艺术创作形式，再现历史事件中的历史人物，是历史题材类展览陈列叙事的有效方法。运用艺术创作的力量，恰当地再现故事情节，准确把握历史事件发生的规律，表现历史事件的意义，凸显历史事件中关键人物的价值，只有这样的作品才能既好看又耐看，只有好看、耐看的作品才能吸引人们的眼球，使观众止步观览、流连忘返。

三、物理时空与信息时空相结合的交互叙事设计

物理时空与信息时空相融合的叙事空间的交流互动是当代博物馆陈列布展设计艺术采用的新形式。在交流互动的空间里，作为观众的人和作为展品的物之间存在互动关系，能够适时让观众直接参与其中，了解展项所承载的主题内容。观众从中获得的主题内容有可能是重大政治事件，也有可能是科学道理。通过互动式参与，观众从中得到了所需要的信息，学到了有用的知识。当前博物馆展览所采用的交互展项越来越多，数字技术在交互展项中的使用越来越普及。陈列布展中使用人工智能技术、发挥机器人的作用已经成为一种必然趋势，综合了各方面优势的新的交互技术在博

物馆展览陈列中正在发挥越来越大的作用。

以综合数字技术为支撑平台的交流互动展项要在特定的空间中才能够发挥作用，而博物馆空间正好是交流互动展项展示其功能的特定场所。博物馆空间与一般建筑空间的不同之处在于它所要求的空间特殊性和技术条件的必要性，数字多媒体技术营造叙事场景成为博物馆陈列重要的发展方向，通过物理形式的艺术空间和数字形式的虚拟空间的融合，表现历史上的重大事件和引领事件的关键人物，能让观众在参观中具有沉浸性的感受，获得愉快的体验，留下深刻的记忆。

（一）“物理时空与信息时空的融合”[1]

我们所认为的时间和空间都是具有物理学意义的，是具有实体表象特征的。在具有实体表象特征的时间和空间里，时间可以计量，空间可以触摸，这就是所谓物理学意义的时空的可度量性。面对一幢大楼，我们可以测量其外部体积的大小、内部空间的宽和高，能够对大楼的外部体积和内部空间进行精确的三维度量与体积计算。我们也可以计量时间，将 1 年划分为 365 日，将 1 日划分为 24 小时，1 小时又分为 60 分，1 分又分为 60 秒。有这些秒、分、小时、日、月、年，我们能够把时间掌握得很精准，同样，有毫米、厘米、分米、米、千米等长度单位，我们能把空间计算得很精确，这就是物理学意义的时间和空间的特点。

数字技术进入我们的生活，如数字网络、数字影像、数字设计、数字家居，数字化的到来改变了我们的生活方式。让人感到最惊奇、最有趣的是数字虚拟技术，人们可以体验虚拟的世界，在虚拟的空间里遨游，在虚拟的环境中穿越过去、体验未来，可以走进千年之前宏大的古代战争场面，

---

[1] 该部分参见吴诗中、李骛、陈奕君《物理时空与信息时空的融合——岚山博物馆交互设计实践》，《美术观察》2014 年第 12 期。

体验古人的情怀，可以脚不离地飞腾到万米高空，感受虚拟驾驶的愉快。时间和空间在此变得如此奇妙，这一切变化都归于数字网络技术的发展。在数字技术条件下，虚拟时空的诞生使人们进入了一个新的时代。数字化的虚拟空间与实体化的物理空间融合后，能得到数倍的空间效应，在叙事场景中产生更为深远、更为宏大的视野，展现出更为广阔的前景。

物理时空与虚拟时空融合需要多项信息技术支撑。以艺术化的物理场景为基础，利用综合信息技术将跨度极大的不同时间、不同空间、不同场景、不同视域融合在同一时空里，有形象、有声音、有色彩、有静景，有动态、有造型、有画面，有事件的叙述，有空间的呈现，有时间的流淌。这一融合时空的营造涉及数字高清影像采集应用，传统艺术形式数字化转换、储存技术，数字音频采集、编辑技术，高清影像融合投放技术，数字灯光程序控制技术，数字动作感应识别技术，人机交互技术，电子传感技术，等等。以上多项技术集成了一套物理时空与信息时空融合技术，其中比较关键的是人机交互技术和高清影像融合投放技术，高清晰度的影像图形在清晰度的要求上大大区别于网络流媒体技术，尤其适合在融合时空中的多个投影仪上使用。

（二）信息化条件下的交互叙事设计

物理时空与虚拟时空融合为博物馆展览设计提供了全新的信息化条件，形成一个新的平台，在此平台上开展交互叙事设计研究有更开阔的艺术视野，有更先进的支撑技术。在此基础上的交互设计要求更高，这就要求采用新的表现方法，新的方法犹如一把开启智慧之门的钥匙，这种方法就是以物理时空与信息时空相融合的审美观念为指导，运用多项技术，将人、物理环境和多项元素融合在一起，不同时间、不同空间、不同景象、不同画面在此形成一个具有历史的记忆、具有过去人的情怀、符合现代人的观

图 4-12　立体交互长卷“清明上海图”：迎着晨曦出海 | 设计：于晶

图 4-13　立体交互长卷《清明上海图》：满载晚霞归来 | 设计：于晶

展体验方式的交互叙事空间，让观众在新的交互空间里体验过去的故事、感受过去人的情怀、与当年的历史事件形成交流和互动，达到对以往的历史事件、历史人物、历史文化进行全面展示的目的。此处列举一个以新的方法设计的成功案例，某博物馆交互场景设计方案“清明上海图”（见图 4–12 、图 4–13）。

图 4–12、图 4–13 展示的是渔盐文化的交互场景设计，表现明清时期在某一沿海地区清明这一天民众的生活景象。观众走进展厅，只见眼前的大海一片湛蓝，海上几艘帆船，海鸥在天空翱翔，龙王庙前香火缭绕，人们正在祈求平安。

不远处的码头上，打算出海的渔人正在起锚，大多数渔人已经登船，这艘渔船以老木头雕琢而成，渔船上桅杆竖立，船帆扬起，即将起航。在观众身后，画面上未能表现的是安东卫古老的集市，集市上钱庄票号、杂货铺、盐铺、粮油铺、当铺等商店林立，商店里摆满了用来交易售卖的商品。观众脚下是石头铺就的码头和石板路，商人、渔人和农人在古老的石板路上摩肩擦踵、来来往往。此时，物理形式的艺术时空与信息时空融合构成一幅巨大的画面在观众眼前展开，无限辽阔的大海上，出海的渔船迎着朝霞，在晨曦中远去，观众触动手中的互动屏幕，画面上的天空变为黄色，眼前的晨曦变为斑斓的晚霞，波涛不惊的海面上，早上远去的渔船此刻正满载霞光归来。在信息技术的支持下，表现渔盐文化的交互景观“清明上海图”带领观众回到 600 年前的生活环境中，亲眼见到近乎真实的捕鱼、制盐景象，看到当地的渔人、农人、商人忙碌的一天，日出和日落，出海和归来，明和暗、冷和暖的对比与变化，体现了交互景观中信息技术应用所产生的无与伦比的优势。

这个以信息技术结合物理形式的艺术手法打造出来的交互场景，使观众不仅看到了几百年来渔民出海打鱼的情景，也看到了在陆地上晒盐的盐民劳动的景象。物理时空与信息时空融合而成的渔盐交互景观让观众能够沉浸其中，自由点击选择观展内容，自己参与、体验。

第三节 叙事性设计在博物馆陈列中的技术应用

目前博物馆陈列中所能运用的技术大概有四类：传统展示技术、数字媒体技术、交互体验技术和虚拟现实技术。叙事性设计的技术条件是叙事性设计创意的前提及基础，也是叙事设计方法的保证，在大量信息技术的支撑下，创意才得以实现。当前能够支撑叙事性设计的主要是以计算机科学为平台的信息技术（数字技术）。除了传统的展示技术，当前可用于叙事性设计的技术比较多，但是比较常用的无非伴随着计算机普及而出现的媒体技术、占据数字时代主流的网络技术、具有情感意义的交互体验技术、能够复原过去畅想未来的虚拟现实技术等，对能够用于叙事性布展设计的技术的研究迫在眉睫。

一、传统展示技术

（一）情景复原的科学表现

在陈列中使用文字和绘画是非常传统的叙事表现形式，在博物馆叙事设计中也必不可少，全景画景观和科学复原这两种较为先进科学的陈列形式也可以在叙事设计中起到辅助作用。目前博物馆还常常通过传统的情景复原和再现的方式来进行叙事性陈列设计，情景复原一般采用模拟的复原手法，对以往发生过的事件纪念地的复原需先对纪念地的自然景物、房屋等具体形象资料进行收集，图片甄别确定无误后，即可运用艺术塑造的手法进行复原。在情景再现的过程中可以采用较为先进的科学的表现形式——科学和艺术相融合的全景画。全景画适合用于宏大的战争场面、历史事件的情景再现，科学和艺术相融合的全景画气势宏大，表现力丰富，可表现众多的物象层次，呈现更丰富的故事情节，如360度大型全景互动体验——强军战歌（见图4-14）。

这是一个大型全景互动体验的初步概念设计，表现新时期人民军队陆海空联合行动。随着观众的手指点击互动，地面部队即刻在壕沟里运动，战车轰鸣，随时准备歼灭一切来犯之敌；远处海面上，海军舰队火炮发出怒吼；观众头顶上战机列阵呼啸而过，显示我们的部队具有快速反应的能力和超强的战斗力。360度全景互动体验要求艺术与科学相融合，运用数字动画、数字影像，产生光影交织、影像流转的视觉效果。动态捕捉、手势识别、声控感应等多项新技术，结合绘画艺术、影像艺术、雕塑造型等艺术形式，营造出时空转换、身临其境的既有艺术感染力又具科学趣味性的沉浸式艺术氛围，使全景画具有了多元的审美内涵。

某些以正常的写实的模拟手段无法实现的特殊景观，可以用科学的方法去复原原生的自然环境或某一历史事件的真实场景，以满足当代人的求真和审美要求。科学和艺术相融合的全景画景观塑造虽然仍是一种传统的工艺，但在新的审美观念、新材料、新工艺、新技术的条件下，设计师转换视点，以一种新的方法，可以实现以往传统条件下无法完成的设计效果。如运用图解、剖面立体模型、夸张实物，将其全部或某一关键部位呈现于观众面前，对较为复杂、不易用语言表达清楚的问题做具体形象的剖析，又称解剖式设计。例如图4-15是山西武乡八路军纪念馆的地道战叙事景观。

这个解剖式景观的主设计师是清华大学美术学院的洪麦恩教授。他在设计中有独到的构思、奇特的创意，以剖面组合的形式将人物雕塑、地面、地下的景观立体化地、直观地再现出来。地面上村庄里的房子、磨盘、大树及吊挂在树枝上的大钟，这些景物矗立在地面上，冷冷地看着日本鬼子瞎摸乱撞。地底下，老百姓安静地坐在地道里，游击队员拿着武器在地道

图 4-14　360 度大型全景互动体验——强军战歌 | 设计：路韬 薛小磊 高文钧 段恩慧 金志城

里走动，寻找机会消灭敌人。组合式的雕塑景窗以特殊的表现形式，准确地表现了地道战这一展示陈列主题。这是一个典型的解剖式设计，设计师将难以用语言、图像表达的对象，以解剖式的表现方法向观众展示清楚。解剖式的场景再现运用了现代制图学的剖面图的表现方法。剖面图式的塑造方式所呈现出来的不是一种正常的状态，而是一种既非写实的而又能反

映真实状况的科学的表现方式。解剖式陈列设计虽然具有一定的优势，但随着新技术的发展，已经不能满足观众对展品背景故事的好奇和探索，目前，传统意义上的情景复原和再现经历了科学展示方法的革新，也逐渐从静态展示向动态展示转变，计算机辅助技术的使用带给了场景复原设计前所未有的表现力和生命力。

图 4-15　山西武乡八路军纪念馆 地道战 解剖式景观 | 设计：洪麦恩 芦士强

（二）实物夸张的叙事陈列技术

传统的陈列技术讲究的是实物陈列，这在商业展示陈列中尤其多见。在博物馆布展陈列中，使用实物展品、通过常用的陈列表现手法进行叙事表达，也是传统的展示技术和方法。由于实物往往不够大，不得不采用夸张的手法对实物进行展示，以获得令人满意的视觉效果。实物展品的物理尺寸不变，通过缩小实物展品的原生环境和展示背景，改变常见的视觉记忆比例，使被展示物在心理上放大，达到夸张视觉效果的目的，从而满足展览内容陈列的需要，这种陈列方法和技术一般在科技教育类型的展览中使用较为合适，偶尔在纪念性叙事展览中使用也有特殊的效果。如中国人

图 4-16　中国人民革命军事博物馆“纪念抗美援朝 60 周年展”反绞杀战地龛陈列 ｜ 设计：李跃进　马沈

民革命军事博物馆“纪念抗美援朝 60 周年展”反绞杀战陈列（见图 4-16），以地龛的方式陈列美军在绞杀战中投掷的未爆炸的炸弹。

这个设计以夸张的实物来说话，以真实的实物来讲述美军的残酷行为，但是实物的原大小是不能改变的，所以将实物展品的环境缩小，实物和观众的观看距离缩小，在视觉感受上放大了实物，再配以强烈的地灯照明，强调实物的视觉重量，夸张实物的视觉尺寸。设计师为了充分表达夸张效果，所采用的手法并不局限于夸张实物展品这一点，还设计了展示陈列地龛，在地龛中陈列美军的炸弹，让观众从炸弹实物上面走过，近距离接触实物，引起心灵上的震撼，因为有些实物展品本身不仅能恰当地讲述一个故事，有些时候还能够揭示实物的内涵和其成为展品的原因，使观众在参观时得到更多信息，获得参观的满足感。夸张实物展品的陈列手段和技术对展品的灯光照明设计要求尤其高。这一案例中，陈列美军炸弹的地龛采用逆光照明的方式，把炸弹的体量感、力量感、厚重感都表现了出来，让观众在逆光的状态下看到沉甸甸的炸弹，从而产生厌恶战争、远离战争、向往和平、珍惜现在的生活的感受。

二、数字媒体技术

新的时代意味着新的技术、新的要求、新的形式。新的技术中的数字媒体技术飞速发展，人工智能技术接踵出现，对当前社会的各行各业产生巨大的影响，并加速了社会的进程，出现了新的媒体形式，形成了符合当前时代的新的数字艺术潮流，可以将其上升到数字文化的高度来评价（当然，此前已经有人称之为信息文化）。新的技术中，综合了各方面优势的数字媒体艺术形式在博物馆展览陈列叙事性设计中使用次数最多、范围最广、频率最高。

数字媒体以数字技术为支撑，仅以 0 和 1 两个数字，也就是二进位，表现了信息时代无穷的信息，文字、图形、影像、声音，都可以由 0 和 1 的组合来完成，非物质形式的数字设计改变了物质时代的设计方式。非物质形式的存储更为安全，传输更为快捷方便，其信息量也更为庞大，数字媒体技术的快速发展和信息传递无处不在的特点导致各类数字图像、数字信息像洪水一样不断溢出，甚至令人望而生畏，但也应该看到数字媒体技术打开了设计领域的新篇章。多媒体技术训练了人的多种感官，人们把视、听、触、味和感觉称为五感，数字多媒体的优势在于能够运用综合的多媒体技术将五种感觉融合在一起，将需要展示的信息传达给观众，让人获得一种综合的感受，获得宝贵的知识。

数字技术的综合运用中，三维动画技术和虚拟漫游的应用增加了展品形态的立体维度，将视觉感受发挥到极致；数字声音设计等技术手段模仿风、雨、雷、电等各种自然声音，大大增加了展览的现场立体音响效果；数字仿真技术已经能将材料的表面肌理模仿得惟妙惟肖；数字技术模拟的各种气味能够以假乱真；因而利用数字技术整合设计在博物馆展览陈列的设计中已经能产生视、听、触、味的综合效果。

数字媒体技术在展示陈列设计中的应用不是一种偶然，而是时代发展的必然结果，今天的设计者们把基于计算机程序的数字媒体技术当作设计的工具和展示的媒介加以应用。它在设计方面虽然不一定能够创作出更优秀的作品，但可以保证设计者们以更自由的方式进行创作。数字技术用于多媒体和艺术设计的最大优势之一在于设计工具和表现载体的变革，从而引起观赏方式、观赏环境的变化，这是新时代媒体技术所具有的新价值所在。

数字化的形式多种多样，数字化能够把多方面的数据整合在一起，某些重要的历史数据也可以进行数字化，并进行整合、存储和数字化再现。利用它能在多种不同媒体间播放的优势，不仅可以把视觉、听觉的信息综合起来，甚至把人类的行为信息也综合在一起，这是以往传统展示方式无法实现的。同时数字媒体技术的应用能够大大节约自然资源，更好地实现博物馆陈列设计的可持续发展的理念，以影像化和互动性的形式吸引观众，或者利用数字化放映系统来引导观众鉴赏和熟悉展品。

三、交互体验技术

随着社会的不断发展和生活节奏的加快，从传统的媒介获取信息已不能满足人们快速高效地获取大量、直观信息的需求，交互体验技术应运而生。自主、有趣的不同体验，多方位的感知触动，在交互行为中适时得到所期望的动作信息的反馈，这些交互体验技术运用效果为展示设计增加了亮点。

交互体验技术在博物馆展示领域的应用还处于探索时期，这项技术的关键在于把人的参与作为重要因素加入展示活动之中，以互动和体验为中心。当前，博物馆展览陈列的新要求是强调叙事性，叙事性陈列理念结合交流互动技术使展览陈列能够获得更为感人的效果。尤其是科技类博物馆布展陈列，运用交互技术能更好地展示普遍性的科学原理、地域性的科学成就，让观众在互动中体验科学精神，获得科学知识。4D 动感影院最适宜被设计师用来表现科学故事，4D 动感影院和交互技术的结合加强了科学历史、科学事件的感染力，能够营造出沉浸式的震撼人心的具有科学特色的艺术效果，观众可以从中获得另类的时间与空间感受。

信息时代的博物馆展示陈列技术的特点之一就是结合了交互技术，其魅力在于能够实现展示陈列中的双向传播，成为观众与展览之间直接情感联系的桥梁。其优势在于角色扮演、情节探索与参与带来的快感，其核心意义在于观众发挥自身的创造性，可以从中获得更大的满足和愉悦。交互叙事的建构主要依靠用户使用虚拟现实技术与各种感官接触的交互设备来对环境进行虚拟，并增强在场感。

交互体验是人与展品之间、人与展示环境之间、人在展示空间之中发生的相应的适时的反应行为所产生的人机互动关系。为实现人机互动，需要多种数字技术相融合，比如感应技术、触控技术、网络技术、影像流转技术、灯光程序控制、大数据等，这些数字技术融合成为交互体验技术。交互体验技术能够帮助人们以新的综合媒体技术手段为基础，建立起模拟体验环境。这个模拟体验环境建立在数字技术平台上，模拟出来的环境和产品与人，甚至与动物、与自然界的其他生物都能产生适时的互动。数字技术平台提供了人参与环境体验所需的全部技术，人与信息交流，人与环境中的物理装置互动，人从虚拟环境中的媒介物获得适时反应，都可以说人在与物、与环境的互动过程中得到了体验、得到了收获，这也是使用交互技术进行博物馆展览陈列设计必须要关注的重点之一。

体验和交互技术在博物馆展览的叙述性陈列中的运用除了增强科学性、趣味性，还体现出一种人文关怀，在人性化设计流行趋势下，趣味性、故事性成为人们喜闻乐见的接受信息的方式。在布展陈列中利用交互体验技术，通过展品实体、交互装置和多媒体介质，可以最大程度地调动观众的参观情绪，让参观者参与其中。

图 4-17 反映了位于美国旧金山的英特尔博物馆中的交互展项。一个小朋友正在操作一个互动展项，好奇地用手快速掠过屏幕，看看互动屏幕能发生什么新奇的反应。手掠过屏幕的速度快慢不同，屏幕上出现的结果也会不同，速度快到一定的程度，这个互动展项就会给这位小朋友一个奖励。这一交互的过程让这位小朋友非常感兴趣，沉浸其中，久久不愿离去。

四、虚拟现实技术

能够应用于博物馆展示陈列的虚拟展示技术主要有虚拟现实（Virtual Reality）、增强现实（Augmented Reality）、幻影成像、触摸屏、全息影像投影等多种展示方式。现在，这些展示技术已经较为广泛地应用于展馆中。触摸屏、全息影像投影、幻影成像等在展馆展示中已屡见不鲜，虚拟现实、增强现实等技术也逐渐走入展示空间。虚拟现实展示技术可以复原故事里的场景，模拟历史事件中的演变，因而赋予博物馆叙事展览生命和活力，

图 4-17　美国旧金山英特尔博物馆中的交互展项 | 摄影：吴桐

对揭示叙事展览的内涵起到解释和深化作用，使观众能够跨越时空去了解事件发生的全部。

虚拟界面的设计具有多层次和透明化的特点，辅以机电控制技术，以艺术时空的手法模拟仿真的自然景观，从而呈现震撼人心的效果。在虚拟现实技术设计的界面下，所描述的叙事内容与载体可以是分离的，并不限于博物馆物理空间范围之内，而是存在于数字设备中，因而拥有更广的传

图 4-18 数字故宫数字屏幕 | 设计：师丹青

播范围。数字技术为其提供一个可以活动于其间的全感官沉浸环境——类似于互联网络的空间，观众能将现实世界的一切转移进虚拟网络空间，在虚拟空间中跟随自己的心意与虚拟的历史人物互动，或者与虚拟环境中的其他观众互动。

虚拟展示技术在博物馆展览中已经得到成功运用，通常以数字屏幕、影像动态媒体等为表现载体，以虚拟技术增加展项的丰富性。图 4-18 是位于北京故宫端门的数字故宫虚拟展项，观众对数字长卷互动展项非常感兴趣，正在虚拟的古典名画前与之互动。观众自由操作的触觉感，避免了呆板、枯燥的传统展示陈列手法导致观众感官疲倦的缺点，代之以轻松参与、自由融入虚拟环境的愉悦感。

小 结

叙事观念、叙事方法和信息技术的融合使博物馆陈列叙事设计成为可能，但是，在进行叙事性设计时应该追求“美”与“道”。随着新技术的不断发展，如今人们的审美意识、审美观念产生了不小的“位移”。在信息时代之前，人们的审美行为受到当时社会物质生产条件的影响，讲究物质形态的美，可视、可听、可触、可品是信息时代之前的审美的特点。尤其是在博物馆展示设计领域，人们将空间关系、色彩关系、大小关系、曲直关系作为审美评价的因素。信息时代以来，人们的审美观念发生了改变，开始追求与物理形式相对的虚拟美、与静止空间相对应的动态空间美，传统的、被动的、摆放式的布展方式被主动的、互动的、体验式的新的陈列形式所取代。新的布展陈列方式影响了人们的审美观念，形成了新的审美经验，以新的审美经验去评价新的设计作品符合当前的文化发展观。

“技进乎道”。技艺的最终目的是“道”，这里的“道”是最高境界的美。在博物馆展示陈列设计中，无论在形式上借鉴多少国际流行的风格，或者运用多少高科技手段，其最终目的都是在博物馆这个场域中达到“技艺感通”“以情感人”的艺术境界。因此，我们要运用前文所提到的叙事化、体验化等多样的展示设计方法与技术，使展览的意义更加深远、更能打动观众的内心，以符合“美”与“道”的精神。

陈列的叙事性设计还应该遵循“以观众为中心”的原则，叙事性设计需要给观众再现一段历史、讲述一个故事或者传播一种文化，无论采用什么方法和技术手段，都应遵循“以观众为中心”的原则。唐纳德·亚瑟·诺曼（Donald Arthur Norman）是美国加利福尼亚大学圣迭戈分校心理学教授，他在代表作《设计心理学》中表达了这样的观点：设计一个有效的界面，不论是计算机或门把手，都必须始于分析一个人想要做什么，而不是始于有关屏幕应该显示什么的一个隐喻或者一种观念。[1]他的这一观点也适用于博物馆设计领域。机器永远只是设计的工具，更好地为人服务才是目的。博物馆陈列设计应该以观众的欣赏需求和体验为设计的出发点，更好地讲述历史、讲述事件、讲述文物、讲述展品背后的故事。

---

[1]［美］唐纳德·A. 诺曼：《设计心理学》，梅琼译，北京：中信出版社，2010 年。

第五章

博物馆陈列艺术中的叙事性设计实践

传统意义上的博物馆、纪念馆的展示陈列工艺技术比较多，有展览展示空间的构建工艺，展览展示环境的搭建工艺，展示陈列道具的加工制作工艺，文物展柜的加工技术，展龛、展橱的制作技术，文物展品和历史场景的仿真复原技术，等等。展览制作中使用的材料有纸张、木材、金属、玻璃、石头、合成材料，等等。当我们还在继续欣赏这些制作工艺、加工技术和材料肌理带给我们视觉美感的同时，博物馆陈列艺术中以信息技术为支撑的叙事性设计方法和叙事性表现形式已经不知不觉进入我们的视野，进入我们的生活。叙事性设计以它特有的时代优势和所具有的高新技术竞争力，逐渐替代传统的静态的看报纸式的展示表现形式。在叙事性设计中，通过叙事、叙情与叙理的多方位的设计和表达，可以把握大的创作主题、小的陈列环境、细腻的陈列意境。叙事是对事件五大要素的准确把握和表达，叙情是对事件中人物情感的情感处理，叙理是对事件所隐含的内在规律的归纳总结，并将之上升到一定的设计美学理论，通过叙事、叙情与叙理，可进一步提升所要表现的叙事性事件的政治、历史、军事、文化、科学等诸方面的重要意义。在叙事设计中，运用物理时空和艺术仿真复原再现的表现手法，结合交互体验等数字化媒体技术，能够创作出全新的、艺术与科学相结合的、具有信息化时代特征的、体现信息时代特色的艺术化叙事空间。在不久的将来，这种具有时代特色的具有数字艺术化特征的叙事空间，由于其具有艺术性、科学性、时代性和互动性的综合优势，必将在博物馆展览陈列设计领域内起到引领作用，开启一个新的局面。

第一节 博物馆叙事陈列中的基本要素与数据

博物馆、纪念馆、科技馆等展馆的展览陈列的“叙事空间设计在展示设计领域中是一个改变过去、影响未来，具有某种独特的设计方法的空间设计。虽然叙事空间设计也是空间设计中的一种，但是叙事空间在内容描述、设计方法、空间形式以及表现方式上都具有许多新的特点”[1]。博物馆、纪念馆、科技馆展览陈列空间是具有叙事性特点的空间，正因如此，在此梳理它的规律，对博物馆展览叙事空间的特点进行归纳整理，并对其特点以数据形式进行分析，对叙事设计从偶然性到必然性的发展过程进行分析、归纳和研究，是很有必要的。分析之前，首先要弄明白叙事性空间设计的基本要素，也就是基本要求，只有达到它的基本要求，才能完成博物馆展览陈列的叙事性陈列设计。其次要对具有基本要素的博物馆展览的叙事性设计的空间数据进行分析，准确可靠的空间数据是保证叙事空间完成的基本技术条件。再次要利用大数据时代的数据优势，从海量的数据来源中找出可用的相关数据，去粗取精，去伪存真。以真实有效的数据为基础，对全球范围内的博物馆进行分析、分类和研究，然后建立起相关的信息数据中心，依靠大数据高效分析博物馆展览陈列叙事空间设计的规律，科学地管理博物馆展览的叙事性设计程序，根据大数据储存的资料信息，研究出最有效的设计方法。

一、叙事性展览设计的基本要素

在博物馆、纪念馆展览的叙事性设计中，最基本、最常见的是具有极

[1] 吴诗中：《展示陈列中的叙事空间设计》，《装饰》2012 年第 7 期。

强的感染力的叙事性陈列设计。叙事性陈列设计是对历史上发生的事件的叙述和再现，所以事件发生的时间、事件发生的地点、事件中起关键作用的主要人物形象、事件的主要内容和故事情节、叙事空间的细部审美特征即为叙事性设计的五个基本要素。这五个基本要素缺一不可，凡是主题明确、造型逼真、情景感人，能够吸引观众的户外叙事景观和室内叙事场景，都包含这五个基本要素。接下来，我们将以一个有代表性的户外叙事景观"苏东坡·密州出猎"的叙事性设计为例，来阐释叙事空间的这五个基本要素。

（一）时间

在博物馆展览叙事性设计中，所叙述的历史事件发生的时间是首先要交代的，事件发生的时间要素极其重要，其年代越久远，文化积淀越深厚，其艺术价值、历史价值和研究价值也就越大、越持久，可谓历久弥新。这也是博物馆叙事性展览设计时空的第一要素。自从有人类活动开始，在世界的每一个角落，每天都在发生着大大小小的事件，有政治事件、军事事件、社会事件、经济事件等。按事件的重要性来说，有重要的事件，也有不重要的事件，重要的事件被记录下来，载入史册，流传下去，不重要的事件由于当时鲜有记录也就容易被人们忘记，只剩下蛛丝马迹。被记录下来的历史事件的某一个细节或某一个时间点，可根据需要进行复制、还原、再现，让今人能够较为清晰地看到过去，联系当下，警示未来，这就是叙事性设计的意义，也是叙事性设计的作用。还原历史事件就必须依据历史事件发生的时间来决定叙事景观的时间因素，呈现有时代特征的造型和风格，选择事件中人物的服装，选择叙事景观中具有时代特征的道具，例如位于山东省诸城市的超然台苏东坡纪念馆中的"苏东坡·密州出猎"叙事景观的叙事设计（见图 5-1）。

从图 5-1 中首先可以看出"密州出猎"户外叙事景观的时间特点，这里所说的时间特点并非史料记载的准确的某年某月某日，而是一个以叙事景观中可见物理环境的视觉元素传达出来的历史上某个大的时间概念（可参见本书第四章“看见时间”的相关论述）。观众从“苏东坡·密州出猎”叙事景观中可以看出北宋的历史特征和深秋初冬的季节特征。苏轼在此带领军队出猎的那一年（公元 1074 年），他刚由杭州来密州府任知州，密州地区是当时北宋时期的边境区域，在任的知州有安邦报国的责任，苏轼到任后，为了训练军队，决定带领军队打猎。在出猎活动中，苏轼兴致高昂，豪气大发，写下了千古名篇《江城子·密州出猎》。这首词成为苏轼的诗词由抒情咏物柔情风格转向奔放豪气风格的转折点，也成为他的代表作。公元 1074 年就成为叙事景观中一个重要的时间要素，当然，我们不可能在叙事景观中设置一个万年历去表现具体年份，而要抓住北宋神宗年间这个大的历史时期，这也是时间特点，要让观众一眼能看出时间来，在叙事设计时必须要予以表现。观众在完成的叙事场景画面中可见旌旗招展，人马狂奔，马上人物的形象、发髻、服饰和人物手中的弓箭、马鞭以及马鞍、马饰，等可视化的道具都带有北宋神宗时期的时代特征。

对时间要素的表现还必须注重季节因素。该叙事景观以艺术手法表现密州地区由深秋转向初冬的时节，通过画面上枯黄的野草、河流山石的色彩、人物穿着的长袖衣服，可以看出秋冬季节特征、出猎那天的气温特征。野外的景色不同、人物的动作不同、人物的装束不同、景观中的道具不同，以致组合而成的色彩气氛和叙事环境不同，叙事空间中的景观效果也会不同，因此，季节因素也会对叙述景观设计产生一定的影响。

（二）地点

在叙事性设计中准确表现历史事件发生的地点是叙事设计的又一个重要方面。世界上的任何地点都有可能发生任何事件，任何地点都有可能成

图 5-1　“苏东坡 · 密州出猎”叙事景观全景 | 设计：刘孔梁

为叙事性景观的采景地。叙事性景观设计必须严格按照事件发生地点的空间环境特征去复原叙事景观，真实地再现当时的地理环境。在“苏东坡 · 密州出猎”叙事景观设计中，密州就是必要的地点限制条件，密州出猎这一事件发生在密州，而不是杭州。因为是出猎，地点必须在野外，所以设计师寻找到当时苏轼率领军士出猎的可能地点进行采风、写生、实测、照相，收集树枝、杂草、泥土、大石头、小石块等素材，按照收集的素材，参考史料记载，设计出叙事景观方案，再将此景观制作出来。观众站在此景观前，

只见远处山峦起伏，近处小河流水，河边杂草遍地，草间石头散布，具有典型的地域特色，均符合当年苏东坡密州出猎时的地域条件，达到了博物馆展览叙事性设计的要求。

（三）人物

历史事件的最重要因素是人物，表现历史人物是叙事景观设计的关键所在，人物是叙事设计的主要角色，正是人物决定了事件的发生、发展及事件的后期走向。事件中有主要人物和次要人物、关键人物和非关键人物。主要人物主导着事件的发生和发展，次要人物在事件中起陪衬作用。再以“苏东坡·密州出猎”叙事景观为例，毋庸赘言，主要人物理所当然是苏轼。苏轼为了训练军队，发起了出猎，出猎归来后兴致满怀地写下了《江城子·密州出猎》这一千古名篇。了解了密州出猎这一故事的来龙去脉以后，对景观中主要人物的形象、性格、装束、道具的表现成为叙事景观设计中较为关键的问题。在人物形象的塑造中，人物的精神气质最难表现。人物的时代背景、学识、社会地位、历史价值、性格和精神气质等内涵因素都要通过对人物外在形象的细节刻画表现出来。经过慎重思考和多次修改，设计师设计出了苏轼的造型。苏轼身披红色披风，单手握紧马缰，双目凝视前方，英姿飒爽、气宇轩昂地骑在白马上，白马后腿着地，前腿跃起，具有很鲜活的跳跃前冲的动态，此刻，需要重点表现的人物苏轼和他的白马在整个画面中最为突出。伴随苏轼出猎的随从和军士则在叙事景观设计中处于次要地位，次要人物的形象、服饰、动作、方向等都必须和主要人物协调一致。尤其是次要人物的眼神、目光、动态，必须有烘托主要人物的作用，与主要人物的状态保持一致，与画面的整体构图、趋势、运动方向保持统一。

（四）内容情节

内容情节是叙事空间设计的关键部分和主要部分，叙事就是对历史事件、历史故事情节内容的叙述。如果没有内容和情节表现，叙事性设计就没有实际意义。内容情节的叙述必须严格遵照需要叙述的真实事件的发生时间、地点、人物等几大基本要素进行描述，关键的要素必须查找史料，进行考证，绝不能背离或者杜撰，否则叙事性设计就失去了它的历史意义，降低了艺术创作价值。“苏东坡·密州出猎”叙事景观就是严格按照苏轼在密州任知州时的有关史料记载的实际情形设计的（见图 5-2）。

图 5-2　“苏东坡 · 密州出猎”叙事景观绘画（局部）｜创作：宋齐鸣

苏轼由杭州调任密州，当时的密州几乎是大宋的边境地带，所以边防要务是知州的一项紧要军务。可是苏轼到任时，密州军队涣散，军士士气不高、军事素质很低。作为密州的第一长官，他深感责任重大，为了强兵富国、保卫边境，苏轼安排出猎活动，相当于当今的军事演习。在狩猎时，大队人马合围野兽、聚力一心，兵将们开弓射箭、追赶猎物，提高了军事技能，锻炼了身体，增强了体能。就连苏轼自己也在出猎中兴致高昂，回到府邸也兴致不减，提笔写下《江城子 · 密州出猎》这一流传百世的佳作。“苏东坡 · 密州出猎”叙事景观根据这一真实历史故事策划、构思、设计、绘画、制作，内容的翔实性和准确性让前来参观的观众赞叹不已。布展设计师在叙事性陈列设计中要注意选择好的历史题材，从中提炼、梳理故事内容，表现故事的关键点，这是叙事性设计成功的前提。

（五）细部审美特征

博物馆叙事性陈列设计与文学和电影叙事的不同之处在于讲求空间的审美，讲究空间的细部特征。只有具有高标准的美学价值，具有逼真的典型特征，叙事景观才能被人们认可。所谓美学特征就是好看、耐看，好看要求所表现的对象从外形到内涵都符合历史规律、客观规律和审美规律。耐看要求所表现的对象符合时代特征，与历史事件相符，具有专业水准，经得起行内专业人士的挑剔。只有好看、耐看的作品才能吸引观众驻足观赏品味，甚至使观众流连忘返、回味无穷。叙事空间的细部特征也是叙事景观中不可忽视的问题。细部特征包括人物、动物、服装、道具、野外景色、山石河流，丛树杂草等。“苏东坡·密州出猎”叙事景观中表现出来的人物的表情、年龄、衣冠，以及马匹、旗帜、杂树、小溪、石头等，无不逼真。人喊马嘶，旌旗飘扬，军士弯弓搭箭，猎犬奋力追赶——这些元素综合营造出一种艺术的、逼真的时空环境，令人有一种想走进眼前的叙事性景观，穿越回归到千年前时空的冲动。

二、叙事性展览设计的空间尺度与数据

遵照合理的空间数据设计制作是做好叙事性陈列空间设计的必要条件。历史事件的叙事景观设计所需的空间数据首先以历史文献记载的数据为依据，再按现场条件进行设计调整。山东日照岚山博物馆里安东卫古城的复原景观就遵守了这一规律（见图 5-3）。

设计之初，设计师查找了《安东卫志》《日照县志》等地方志。据《安东卫志》，“安东卫城面临东海，当南北之冲。明初信国公汤和建（安东卫）城皆用砖石，周围五百三十丈，高二丈一尺，垛口一千三百，门楼四座。城上除门楼外，另有五铺。四门内俱有门房以藏兵器，四大街设八铺，小巷四铺，依时巡更，以防盗贼”[1]。《日照县志》也有记载：“安东卫城

[1] 吴诗中、李骛、陈奕君：《物理时空与信息时空的融合——岚山博物馆交互设计实践》，《美术观察》2014 年第 12 期。

图 5-3　山东日照岚山博物馆安东卫古城复原景观 | 设计：熊木成

明洪武时，信国汤和筑。周五百三十丈，高二丈一尺；门楼四座。嘉靖间，经历司何亨修补。国朝康熙七年，圮。咸丰十一年，都司桂斌同卫绅士重修”❶在查找史料后，布展设计师根据安东卫历史记载的史实进行设计，结合现场实际情况安排合理的布局，在展馆合适的位置按比例制成明代安东卫古城复原景观，这个微缩的古城是按史料记载的尺寸设计的，设计师调查采集数据的途径可靠、来源可信、资料真实。除尺度数据的准确可靠外，构建叙事景观的材料也是完成叙事景观的必要保证。构建所需材料的要点主要在于其年代特征，必须按当时安东卫海防这一历史事件发生时代的物质生产条件、建筑文化特点的综合数据去寻找相符的材料，这一系列的材料要求必须与明清时期卫城建筑的材料相符。找到材料之后，再寻访继承传统建筑工艺的民间建筑工匠们进行制作。以这种方法去营造叙事空间环境，有当年的建筑形式，按照当年卫城的建筑比例，使用当年的建筑材料，采用当年的建筑技艺，甚至古建筑部件、古建筑的质感都有当年的历史痕迹。在此叙事景观前，“观众甚至可以亲手触摸，似乎回到了过去，我们称之

❶ 日照市档案局(馆)：《日照县志》，日照：山东省内部资料性出版物准印证，2011 年，第 55 页。

为物理时空环境营造，或者叫艺术再现。艺术再现的物理空间环境包括安东卫城门、城墙、垛楼、火炮、护城河、卫指挥使司、卫学、庙宇、民房、兵营、演武场等设施。这些看得见、摸得着、有重量、有肌理、有色彩的物理时空环境真实地再现了海防古镇风采”❶。

当然，很多重要的历史事件、有名的历史故事并没有留下确切的史料记载，更没有真实的数据可以参考，而现代又需要表现它，这就要根据其他信息、其他资讯来源，结合现场空间条件进行推理揣摩和设计。大多数历史博物馆陈列都设计有原始人生活景观，原始部落时期没有文字语言，更没有记载，只能是以考古材料、考古学家经过考证后的推断数据为依据，去进行叙事景观设计。如河南新乡平原博物院根据有关考古数据，复原出黄河流域旧石器时代人们临水聚居的原始生活景观（见图 5-4）。

除了以上两种情况，还有第三种情况发生。需要复原的叙事空间有时间、有地点、有人物、有情节，虽然事件并没有发生在远古时期，但是由于事件发生的真实场地已经被毁坏，或事件没有明确的真实发生地点，所以不可能得到事件发生的真实场地的可靠数据。这种情况则需要布展陈列设计师根据多方面的信息去理解、分析当时事件发生的场地状况，模拟出当时的场地环境，再进行推断性的叙事空间设计。

某军史馆纪念干部和战士当年在唐山抗震中不顾个人安危，奋不顾身英勇抢救群众生命和财产史实的叙事景观（见图 5-5）即为此例。设计师根据留存下来的资料分析 1976 年唐山发生地震时城市街区的建筑状况，推断出被损坏城市街区建筑的长、宽、高基本尺寸，抓住典型的街区环境和建筑特征，运用艺术仿真手法模拟再现被地震破坏的街道和房屋。观众眼

❶ 吴诗中、李鹜、陈奕君:《物理时空与信息时空的融合——岚山博物馆交互设计实践》,《美术观察》2014 年第 12 期。

图 5-4　新乡平原博物院原始人生活景观 | 设计：石峙

前的一片废墟中，几个战士正在努力搬动大块的预制构件，以便挽救压在下面的人民群众的生命。不管是在物理尺寸上，还是在视觉效果上，这个叙事景观的空间尺度、比例关系、真实程度都符合唐山 1976 年那个时代的史实。

三、大数据时代博物馆数理统计

大数据时代带来了全新的统计分析模式，运用大数据对某一领域的规模庞大的数据进行分析、统计，从而找到它的规律，以便采用新的决策、新的方法对当下的情况进行处理，是这种模式的表现形式。数据量大

图 5-5　唐山抗震叙事景观 ｜ 设计：吴诗中

（Volume）、速度快（Velocity）、类型多（Variety）、真实性（Veracity）是大数据的特点。

如何利用大数据的科学研究价值、商业价值成为热门话题。由于大数据数据量大、速度快、类型多、极其真实，所以从航空航天的高科技到老百姓的菜篮子，大数据已经无处不在，当然也进入了博物馆展示陈列设计领域。尤其是在博物馆展示陈列叙事性设计领域，可以围绕大数据的利用价值展开讨论，对我们最有用的是以大数据分析方法对博物馆各方面数据进行分析。如果我们依据大数据建立一个全球博物馆信息中心，对全球的博物馆进行统计分析，在统计出来的庞大数据库里，我们可以设定统计要归纳的结果：全球博物馆的数量，这些博物馆在全球的分布情况，博物馆展示内容属性，博物馆的主要功能，博物馆的主要特点，博物馆的主要藏品，博物馆的社会服务体系，博物馆的文创产品，博物馆的数字化程度，博物馆面对的观众，博物馆的建筑设计师，博物馆的展览时间表，博物馆的参观门票预约，博物馆的参观路线，博物馆的地域特色展项，博物馆里可以用叙事设计方法进行设计的内容陈列，合适的展陈设计师，展陈设计师进行叙事性空间设计的合适方法和形式，等等。

有了以上基本信息后，接下来要按博物馆学会传统的统计方法，对博物馆进行科学的分类。按国际惯例的划分方法，可以把博物馆分为四大类型：（1）历史类博物馆；（2）艺术类博物馆；（3）自然科学类博物馆；（4）其他类博物馆。但是就目前的状况而言，这种分类方法已经存在明显不足。有研究者提出了新的分类方法，由于新的研究分类方法并未被普遍认可，我们暂且按传统方法分类，但在传统分类方法中加进纪念主题类博物馆，即分为：（1）历史类博物馆；（2）艺术类博物馆；（3）自然科学类博物馆；（4）纪念主题类博物馆；（5）其他类博物馆。在我

图 5-6 山西汾酒博物馆“杜牧买酒”叙事景观 | 设计：吴诗中 喻建辉

们加进的纪念主题类博物馆中，尤其适合运用叙事性景观空间设计的方法。在历史类和纪念主题类博物馆里，由于注重基本通史陈列，关注历史上的重大事件和历史上的著名人物，这些历史题材中适合叙事性陈列空间设计的展示陈列项目很多。如山西汾酒博物馆的叙事景观“杜牧买酒”（见图 5-6）。杜牧是唐代著名诗人，在杏花村买酒，来到一个小酒馆，适逢清明雨天，于是喝酒助兴，感慨而发，写下著名诗句：“清明时节雨纷纷，路上行人欲断魂。借问酒家何处有，牧童遥指杏花村。”这首《清明》流传千古，以这首诗的意境创作的叙事景观恰当地抓住了杜牧酒后吟诗的醉态，惟妙惟肖，细节特征刻画入微，成为脍炙人口的叙事景观。

在艺术类和自然科学类博物馆中，绘画和其他艺术作品展览较多，科技展项则注重科学性、演示性，所以艺术类的展览具有艺术的特殊语言，科技展览的叙事性陈列空间设计具有科技性的特点。

第二节 博物馆陈列艺术中的叙事设计案例

一、承载历史意义的户外叙事景观

户外叙事性景观是叙事空间极其重要的一部分。户外叙事性景观与室内叙事性场景既有相同之处，也有不同之处。相同之处在于二者都必须向观众诠释出时间、地点和叙事主体，都在尽力表现历史上有意义的重要事件。不同之处在于户外景观和室内场景选用的主要造型在形体塑造上有差别，户外叙事景观采用的主要造型及其视觉元素具有户外特征，而室内叙事场景选用的主要造型及其视觉元素体现的是室内特征。一般来说，设计师将户外和室内的叙事性设计统称为叙事空间设计。叙事空间设计师还必须具有对平面版式、图形运用、色彩变化的设计能力，因为在叙事空间中讲究空间效果的同时，也有不少平面设计工作，平面版式、图形和色彩能够向观众传达出某种有意义的情绪。在一个有效的叙事空间中，主体造型元素、版式、图形、色彩等综合视觉元素集合在一起，具有大小、高低、明暗、冷暖等一系列的统一和对比的视觉关系，这种集合的视觉关系既要符合历史逻辑，又要衬托出所要叙述的生动的故事情节，这就是叙事空间设计的难度所在，尤其是在历史类博物馆和纪念类博物馆中要求更高。

由于历史上发生的有纪念意义的大事件有的在户外发生，有的在室内发生，设计师根据布展陈列大纲的要求设计的叙事空间形式也就有户外叙事景观和室内叙事场景之分。户外叙事景观和室内叙事场景也各自有不同的要求，具备不同的特点，这里列举一个户外叙事景观的成功案例，山东淄博原山艰苦创业纪念馆序厅“百人传水”叙事景观（见图 5-7）完成实际效果，这就是一个典型、感人、生动的户外叙事景观。

图 5-7 山东淄博原山艰苦创业纪念馆序厅“百人传水”叙事景观 | 设计：安立华 陈奕君

原山林场位于山东省淄博市博山城区，以前这里群山裸露，土地荒芜，土壤干旱贫瘠，自然条件恶劣。1957 年，为响应国家“愚公移山，改造中国”的号召，以及在随后全国范围内掀起的“绿化祖国”、植树造林热潮的鼓舞下，淄博的第一个国有林场——原山林场成立。原山林场的广大干部职工艰难起步，执着坚守，不懈奋斗，在荒坡上凿坑种树，硬是将这 5 万亩荒山变成了今日满目青翠、风光秀丽、多业发展的 4A 级国家森林公园。林场开展多种经营，开发特色资源，让职工摆脱了贫困，提高了收入，改善了生活条件，成为全国林业战线上的一面旗帜，谱写了一首自强不息、艰苦创业的壮美诗篇。为此，林场带头人连续三次受到党和国家最高领导人的接见，这也成为在当地很有意义、在全国颇有影响的脱贫致富带领群众奔小康的典型历史事件。

为了教育和激励广大群众在新形势下继承和弘扬这种不畏艰辛、团结创业的艰苦奋斗精神，同时为了更好地宣传几代原山人一路披荆斩棘的先进事迹，2015 年，“原山艰苦创业纪念馆”被批准建设。纪念馆坐落在风景如画的原山，依山而建，建筑面积 5000 余平方米，可用于展示陈列的面积 3500 多平方米。这个纪念馆建成后，成为国内首个以“艰苦创业”为主题的纪念馆和开展艰苦创业特色教育的基地。

在进行布展创意设计之初，序厅设计就成为这个纪念馆展示陈列设计方面最富有挑战性的一大难题，处理好了会成为纪念馆的一大特色与亮点，而处理不好则会成为这个馆展陈设计的一大败笔。这个具体的劳动景观很快被创意设计师从原山林场早期的历史图片中发现——这是一张百人传水上山的黑白旧照片，记录了 20 世纪 60 年代初期，为确保种下的树苗成活，在干旱缺雨少水的情况下，原山林场的百余名职工排成一条蜿蜒的长龙，使用自家带来的水桶从山脚下传水上山，给刚刚种下的树苗浇水的情景。在生产工具和条件极其简陋落后的情况下，林场人为了保护一株株幼小的苗木，为了让苗木存活与生长，为了绿化荒山，而向艰苦的自然环境顽强地抗争着。山脚下没有水源，他们靠着林场仅有的一辆马车，在车上用绳子捆着汽油桶改装的水箱，从远处往原山拉水。拉水的车不能上山，林场职工就提着水桶排成长龙，一桶一桶、一盆一盆地传水上山，救活一株株新栽的树苗，这不就是艰苦奋斗吗？这种奋斗和无私奉献的精神不就是设计师应该致力去发掘、彰显和宣扬的吗？这不就是“艰苦创业”纪念馆的主题吗？

因此，这个“百人传水”的旧照片就成为进行序厅叙事性设计的依据和摹本，无须太多的艺术加工，从马车拉水至山脚下，然后由百人传水至半山腰浇灌苗木，本身就构成一幅生动感人、蔚为壮观的历史画卷。设计师所做的就是通过主要人物雕塑、背景油画、岩石山体塑形等艺术表现手法，把它真实地还原、艺术地再现，并使其更强烈、更典型、更生动、更具视觉冲击力和感染力，这就是叙事性布展设计的目标。“百人传水”叙事景观中，前面的人物和拉水的马车是立体的，而后面大面积的传水场面则用接景方法绘画完成，传水的人群排成“S”形，蜿蜒延伸到山上。场面虽然壮观宏大，但制作成本与相同面积的群雕相比节省很多。而这种“以景代序”的序厅创意不仅合理地利用了空间，弥补了建筑规划与内容设计方面的缺憾，同时恰到好处地点明主题，“以情动人”，将观众的心牢牢抓住，使观众迅速进入“艰苦创业”这一主题的情景之中，体会到林场起步之难、发展之艰、成功之不易的一路风雨历程，带着一种敬仰之心，很自然地沉浸到当年的历史状态之中。这是创意设计师在序厅叙事性设计方面所做的一次有益尝试和积极探索。这个叙事性景观设计成功把握了人物、时间、地点和蕴含事件主题意义的叙事情节，尤其是在近处几个雕塑人物形象和服饰的细节刻画上，非常下功夫。四分之三正面向着观众的男青年有着朝气蓬勃的精神面貌，梳着分头的发型，穿着一身当时林场工人的工作服，肩上堆满补丁。二分之一面对观众的女青年更为形象，梳着大辫子，脚穿一双布鞋，满身泥浆。这组精心刻画的人物雕塑给人们传递出六十多年前山东青年朴实、向上、勤劳、肯干的典型形象。正在劳动的人物、拉水的胶轮马车、铁皮水桶、野草、山沟、石头等综合传达出非常完整、真实的百人传水上山的视觉信息。坚硬的石头、枯萎的荒草和传水的人群形成一个既和谐又有变化的劳动氛围，这个劳动氛围静中有动，具有劳动之美、时代之美、原生态之美和细节刻画之美。“百人传水”户外叙事景观浸透了叙事设计师的审美情感，蕴含着叙事设计艺术家的感性追求和理智认识，

图 5-8 河南新乡平原博物院《牧野之战》叙事油画 | 设计：李新华 吴诗中 李海峰

是对六十多年前原山林场职工艰苦创业的时间和空间状况的高度提炼、高度集中和高度概括。它成为国内第一个艰苦创业主题的叙事景观，也是非常成功的叙事性户外景观案例。

二、户外叙事景观中的艺术作品创作

在博物馆、纪念馆展览的陈列内容设计中，表现重大的历史事件是必不可少的。社会的发展就是由众多历史事件来推动的，如果按类别划分，可以将历史事件分为军事事件、政治事件、科学事件和经济事件。从史料记载来看，军事和政治事件较多，在历史上影响巨大，且往往同时发生，所以在历史性叙事类的艺术创作中，政治和军事题材占有很大的比例。我国军事史上有记载、有意义的军事事件有许多以少胜多的重大战役。学者们对此进行统计研究，统计出中国古代以少胜多的十大军事战役，其中就

有周武王、姜子牙领兵指挥周军与商纣王军队决战，以少胜多导致改朝换代的“牧野之战”。十大战役有一个共同特点，即以少胜多，扭转了政治形势，成为历史的转折点，甚至改朝换代。如“牧野之战”中，周武王、姜子牙指挥不足10万的军队与17万商朝军队作战，终使商朝军队全军覆没。此后，商朝灭亡，周朝走上历史舞台，一统天下800年，这就是牧野之战的巨大意义。河南新乡平原博物院在布展陈列时对牧野之战这一历史事件以地面景观塑造与巨幅主题油画的形式进行重点表现（见图5-8），地面上是仿真的巨石、野草、树枝、凌乱的战旗、交战中损坏的马车等，背景则是长29米、高5米的巨幅油画。

油画画面表现的是牧野之战的宏大场景：公元前1046年，周武王率战车三百乘，虎贲（精锐武士）三千人，以及步兵数万人，进至牧野（今河南淇县）。商纣王惊闻周军来袭，匆忙之中临时组织了一批奴隶和战俘，发给他们简单的武器，加上守卫国都的部分军队，去迎战周军。周军派出姜子牙带领几百个善战的士兵冲向商朝军队，周武王紧随其后带领大队主力冲杀，很快就将商朝军队的阵形打乱。商朝军队本来就是临时组织起来的奴隶和战俘，不想打仗，没有斗志，缺乏士气，军队中的一部分士兵和奴隶四下溃散，另一部分士兵和奴隶纷纷倒戈，商纣王眼见大势已去不得不逃回朝歌，在城楼鹿台上自焚而死。

《牧野之战》巨幅叙事油画准确地还原了战争的经过，再现了牧野之战这一重大历史事件的史实，在展出中给观众以巨大的视觉冲击力。画面上立于战车上的将军，格杀的军士，在寒风中凛冽飘扬的旌旗，战场焦土上被丢弃的兵器，远处在烈火浓烟中的鹿台，这些冷兵器时代战争的视觉元素营造了一幅完整的战场画面，把人们带回3000多年前的战争气氛中。由于该叙事性油画主题鲜明，构图别致，造型生动，场面写实，准确地表现了重大历史事件，成功入选"中华文明历史题材美术创作工程"，并入选了第十二届全国美术作品展览、第三届全国壁画大展、2016年中华史诗美术大展，成为一件经典的叙事景观艺术作品。

历史题材艺术创作的细部特征也是不可忽视的问题。从近年来博物馆陈列的状况来看，好的设计不少，但是也不乏粗制滥造的作品。这些粗制滥造之作大多造型不准确，没有细部刻画，不能深入表现。要提高展览陈列水平，布展创作艺术家就得有扎实的基本功，能够从细部深入。

红军长征被称为历史上的伟大奇迹。1934年10月10日，中共中央、中革军委率领中央红军从江西省瑞金等地出发，开始战略转移，蒋介石调集重兵对红军进行"追剿"。中央红军四渡赤水，强渡大渡河、飞夺泸定桥、巧渡金沙江，与红四方面军汇合，继续北上抗日，爬雪山、过草地，最终红军三大主力会师，长征胜利结束。中国工农红军在长征中转战14个省，行程25000里，克服无数艰难险阻，牺牲了几万年轻的生命，实现了战略

图 5-9　毛泽东同志纪念馆《红军长征》叙事雕塑 | 创作：张飙

转移。红军长征的胜利为抗日战争创造了重要条件，中国革命由此进入新局面。毛泽东同志纪念馆的布展从内容上来看实际上是党史、军史和中国革命史的集中表现，雕塑家张飙将红军长征定格在红军过草地的历史时间，选取了红军通过人迹罕至的茫茫草地的过程进行艺术再现，创作出了经典的组合造型（见图 5-9）。虽然红军指战员面临生死攸关的紧急时刻，但是他们的脸上只见大无畏的革命乐观主义精神状态，为革命他们早已把个人生死置之度外，正因为有了这样的一群人，中国革命才能取得成功。《红军长征》这组雕塑人物的细部刻画丰富，形象表情合乎长征真实历史，观众见之，无不为之感动。这组艺术作品被摆在毛泽东同志纪念馆的展厅内，如果被摆放到户外，由于人物雕塑的比例准确、动作节奏舒展、表情动人，也能成为非常经典的户外叙事艺术作品。

图 5-10　毛泽东同志纪念馆“大决战”叙事场景设计 | 设计：吴诗中　王慧

三、讲述重大历史事件的室内叙事场景

室内叙事场景不同于户外叙事景观，要求其中的人物与场景陈设有情和景之间的有序融合。一个成功的博物馆叙事性设计场景能够在观众和博物馆之间架起一座无形的心理连接的桥梁，通过这座桥梁，人和物、历史和现在、情和景之间可以进行有效的交流对话。“情景叙事犹如一部叙事文学作品、一部电影中的某个精彩段落、某个故事情节，向人们讲述着以往发生的某一个重大历史事件、某一些重要人物的感人的事件，这些故事情景震撼人心、可歌可泣。”❶ 某一重要人物、某些感人的故事情节会形

❶　吴诗中：《展示陈列中的叙事空间设计》，《装饰》2012 年第 7 期。

成博物馆叙事性展览设计中的高潮和兴奋点——沸点。在博物馆展览叙事性设计的概念性案例中，也有非常不错的案例，比如毛泽东同志纪念馆第五部分“大决战”的叙事场景概念设计（见图 5-10）。

大决战时期，毛泽东指挥的百万“土八路”，装备不过是小米加步枪，而蒋介石指挥的几百万军队拥有美式装备，但毛泽东率领“土八路”打败了蒋介石有着精良武器的几百万大军，这就是毛泽东的雄才伟略。这个概念性的叙事性场景复原了当年党中央在河北平山县西柏坡的指挥所，指挥所的旧址由原木搭建，四面是土墙，土墙上悬挂马灯、军用地图，桌子也是简陋的方木桌，重要的道具展品是报话机。室内的陈设营造出了当年毛泽东、刘少奇等在此辛勤工作、不辞劳苦指挥辽沈战役、淮海战役和平津战役的氛围。这里的亮点是让观众参与的互动设计，观众如果想体验交互装置，可以在桌子前坐下来，体验做一次报务员。当这位想体验的观众进入叙事场景设定的体验区域时，灯光暗下来，一束光投射在场景的视觉中心，只见毛泽东等人围在作战地图边，在昏暗的灯光下，正在对着地图讨论战局形势的变化。在观众初步观察几分钟后，灯光渐亮，观众可以看到前方一张粗木桌子，一部 20 世纪 40 年代的报话机放在桌子上。此时，有兴趣的观众可以在桌子前的板凳上坐下来按下报话机的按键，报话机就会发出蓝色的电波，在报话机的上方，蓝色电波在层叠的透明屏幕上一片片飞舞，飞向大决战的战场。场景的背景是投影屏幕，屏幕上重叠投放出中国地图，地图上用红色标出一个圆心，圆心点就是党中央所在地——西柏坡，由西柏坡发出的一圈圈蓝色电波向外圈发散，当电波达到地图的某一个地点，屏幕上就播放在该地点发生过的战役 。❶ 这是对大决战互动展项观众与叙事场景之间互动方式的描述，观众在发出互动的指令后，叙事性互动场景

❶ 吴诗中：《展示陈列中的叙事空间设计》，《装饰》2012 年第 7 期。

图 5-11　江西南昌新四军军部旧址纪念馆序厅 ｜ 设计：姜昊生

会产生相应的回馈，比如观众启动按键所产生的蓝色电波到达辽宁锦州，与锦州相关的辽沈战役的战争影像或电影片段会在观众前方的屏幕上播放出来。影片中还有辽沈战役中战斗的细节，并且运用高新技术辅助。在两军交战的焦土战场上，硝烟弥漫，国民党军队士兵溃不成军，节节败退，人民军队战士斗志昂扬，乘胜追击，敌人的武器装备、军事用品被随意丢弃，解放军的行进队伍井然有序。观众在叙事性景观前，犹如一名战时的指挥员，按动按钮键盘亲自体验战役的经过。这个指挥三大战役的叙事场景成功地表现了毛泽东在关键时刻运筹帷幄，决胜千里，带领人民军队取得了决定性的胜利，为新中国的成立打下了坚实的基础，成为当时面向全国征集的最佳布展设计方案。可惜的是，这个中标方案由于多种原因未能实施。

四、塑造叙事空间典型特征

博物馆展览叙事空间有户外叙事景观和室内叙事场景，“叙事空间中

对空间的描写必须注意其时间和空间的特征，没有特征的空间没有存在的价值，只有抓住了特征，空间才有意义，才能吸引观众”❶。不管户外叙事景观还是室内叙事场景，其中的细节部分是很重要的，有很多工作可做，其魅力也从细节中体现出来。叙事场景需要表现的当年的乡土气息，当年的历史、文化特征，通过细部特征才能够得到充分体现，只有抓住了细部特征，叙事设计空间才有感染力，空间中的形象才有意义，才能表现主题、塑造经典。具备表达准确的主题、还原经典的形象、无限的感染力等综合条件的叙事景观和场景才能吸引观众，让观众流连忘返，去而复来。江西南昌新四军军部旧址纪念馆的序厅是该馆策划创意和布展设计的重点所在，也是一个叙事空间典型特征鲜明的成功案例。图 5-11 是这个序厅布展完成以后的照片。

该序厅的设计难点之一在于对与主题创意紧密联系的空间和时间的体

❶ 吴诗中：《展示陈列中的叙事空间设计》，《装饰》2012 年第 7 期。

图 5-12　中国科技馆新馆交互演示展项 | 摄影：吴诗中

现，可以看出这个创意设计在纪念馆主题意义、空间和时间的关系上有较好的体现。形式上实行室内空间室外化，在序厅室内不足 600 平方米的空间中表现当年新四军在偏远山区林地开展游击战争，观众此时感觉仿佛置身于几百平方公里的大空间里，与自然为伴，与山野为伴，远离尘嚣，心灵得到休憩。这是空间创意所致，从空间创意造型设计的各种形体、形象上还可以看出时间的特征，让观众感觉到回到 90 多年前的时空之中，能够亲手去触摸时间的痕迹。

难点之二在于这个序厅的创意阶段是在限制较大的条件下进行的，犹如一个舞者在被限制了四肢的情况下舞蹈。这个限制在于序厅中间的主体造型不能用枪作为主要造型元素，也不能采用新四军相关的英雄人物形象，要求设计师打破常规、别出心裁去创新。解决的方案是根据陈毅元帅当年在此坚持游击战争时写下的一首赣南游击词进行创作，创意团队为此深入安徽、江西的名山谷地采风、观水，甚至采石。经设计师团队设计出来的新四军活动的山野景观群峰巍巍，沟壑纵横，谷涧幽静，朝霞漫天，灌木卧地，小河流水，红绸飘舞，军号声声，具有鲜明的代表性的符号元素。这是当年新四军游击战士经历过的时间和空间的特征，也体现出陈毅元帅的词意。在眼前幽静的深谷林地前，一把新四军军号在红绸子的衬托下正朝向南天，一串五线谱以金色的铜材制作，镶嵌在红绸子上。当观众进入序厅时，感应程序启动背景音乐，浑厚嘹亮的新四军军歌就会在观众眼前的山谷中回响，山石形体、红绸色彩、军号形象既是一组主题雕塑，又形成包括一系列视觉、听觉等感觉的丰富的叙事元素组合，塑造出新四军游击战争叙事空间的典型特征。红色经典、创意唯一、观展互动这几个设计中的亮点，使南昌新四军军部旧址纪念馆在全国红色纪念馆中独具特色。

五、交互体验叙事展项

博物馆、纪念馆、科技馆展览陈列的“叙事性空间的互动是当代展示设计艺术采用的新方式，人和物，观众和展项之间适时发生互动关系，通过让观众直接参与的方式去了解互动展项所要表现的展示内容、科学原理，从中获得所需要的科学知识和信息”❶。前来博物馆参观的观展者和博物馆陈列的展品及表现重大历史意义的叙事场景之间的互动是设计的追求，观众参与互动是博物馆、纪念馆、科技馆及会展陈列设计未来发展的方向。

图 5-12 展示了北京的中国科技馆新馆中向观众普及科学原理的交互演示展项。它展示的是太阳能热塔式发电系统，其科学原理是先吸收太阳能传输给热机，后者将太阳热能转化为机械能，机械能再带动发电机将机械

❶　吴诗中：《展示陈列中的叙事空间设计》，《装饰》2012 年第 7 期。

能转化为电能。互动的方式是由场内观众转动日镜（聚光镜），日镜将阳光聚集在一个固定于塔顶的接收器上，经过热能、机械能、电能的转换，塔柱就会发光。观众操作手中的日镜对准塔台，聚光越强，温度就升得越高，塔柱也就越亮。这个看似简单的设计其实是对交互式展项的简明扼要的诠释。图中有一位参观的姑娘正在聚精会神地操作太阳能发电原理演示互动装置，当她将日镜的光束对互动准装置中心的塔尖时，反射光会转化为电能，从而被塔接收，整个塔就会亮起来。这种互动展项用最简洁、最直观的方式让观众明白自然科学原理，从中可以看出多媒体数字技术、机电控制技术在科技类博物馆展览空间的应用情况。通过这种类型的体验装置，可以将一些重要的学术理论和科学原理以浅显易懂的互动方式表达出来，观众能够通过便捷、浅显的体验方式，从中学习普遍的科学原理和深奥的科学知识。

在新的时代，新的技术不断产生，其中就包含自动化控制技术。自动化控制技术可以结合 4D 技术、体验交互技术、虚拟技术，在物理形式的技术手段的辅助下模拟自然景观，创造出来的视觉效果震撼人心。在某军史馆展览陈列空间里，设计师以自动化控制技术结合 4D 技术和体验交互技术，在艺术手法的辅助下模拟出军事演习交互景观。（见图 5-13 、图 5-14）

该景观模拟的是一次著名的军事演习。数字化的互动模拟空间表现参加演习的红蓝双方进攻和防守的战役实兵演习，在一个大的景窗窗口内设置全景的浓缩地形沙盘，结合信息交互技术和数字影像，再现红蓝双方对抗演习的精彩场面。按设计的要求，数字化控制的互动景观设置的灯光可根据需要暗下来，画面会呈现出军队领导人检阅军事演习、演习结束后举行隆重阅兵式等场面。

在参与互动时，观众可作为参演一方的指挥官，在演习阵地上指挥夺

图 5-13　华北军演互动景观 | 设计：张雷山

图 5-14　有互动影像的华北军演叙事景观 | 设计：张雷山

取对方阵地的战斗。观众站在互动屏幕前，举手一挥，启动战斗指令，在屏幕上点击互动程序，一瞬间，数字控制程序启动，观众的眼前几百门大炮齐射，飞机从头顶上飞过，战斗的火光映红天空。炮弹爆炸时，观众会感受到来自地下的剧烈震动，还能闻到通过感应技术传递出的炮弹的火药味。在视觉、听觉、触觉、嗅觉的综合作用下，观众有更深一层次的感受，既有物质的感觉，也有非物质的体验，既有非真实的形象模拟，也有真实的心灵感受，科学的技术与艺术的精神在此相遇，钢铁与战火在此交相辉映。“由此，我们看出交互设计的目标是要创造一种新型的展示体验空间。在新的展示空间里体验人与环境的交互、人与展品的交互，人与历史人物的交互、人与历史事件的交互，在交互活动中去体验科学技术原理，体验重大历史事件。”[1]观众在此观展，既能够受到历史传统教育，传承红色基因，又能够在观展中学习到交互体验学科的知识。

六、物理时空与信息时空的融合表现

前文讨论过时空观的问题，叙事性设计中时空观的问题非常重要，尤其在当下的信息时代，在展示陈列艺术中多种信息技术集成运用形成多种新的设计形式和设计方法，而新的设计方法必须以时空观理论作为指导。在新的设计方法中一个有效的方法就是用信息时空与物理时空的融合去表现陈列主题。第四章介绍了设计师集成应用信息技术，以信息时空与物理时空的融合表现古老的渔盐文化，营造当代立体交互长卷“清明上海图”互动景观的案例。此处将列举另一个在交互设计展项的创意方案中运用物理时空与信息时空融合的案例，某博物馆六朝古井交互景观（见图 5-15）。当地人曾在挖土方过程中意外发现了一口古井，更为意外的是在井底发现了几十件陶器、瓷器，以及最有价值的一批简牍，简牍上的文字记载了一天十二个时辰每一个时辰应该做什么。经考证，这批陶器、瓷器和简牍为三国时期的古物，这口古井由此被定名为“六朝古井”，其中发现的这批文物对我们了解六朝时期人们的基本生活情况有重要的参考价值。

[1] 吴诗中：《展示陈列中的叙事空间设计》，《装饰》2012 年第 7 期。

图 5-15　六朝古井交互景观 | 设计：贺深深

设计师将这口古井设计在一个仿古亭台楼阁中，井口设有电子触摸屏幕，观众可以自行操控。亭台周围是前面、左面和右面三个方向连成一片的三折屏幕，观众在亭台上朝着屏幕一挥手，眼前的屏幕上就能投放出六朝时期当地的社会情况、商业贸易和军事要塞。观众根据需要，可以在屏幕上搜索六朝时期这一地域的城镇建筑、人居环境、风物民俗。观众站在亭台上犹如穿越时空，登高眺远，一览四野，屋宇林立，大雁飞过，眼前尽现千年前的古城景色。物理时空与信息时空的融合再次传达给观众传统美、自然美、生态美、时代美、信息美、技术美的综合感受，景观中传统的艺术再现手法在新的环境中也焕发出新的活力。

在该博物馆的陈列布展设计创意方案的另一展项中，设计师又一次应用信息技术集成，以物理时空与信息时空融合的设计方法表现古老的村镇

图 5-16　城外水田耕种互动叙事景观 | 设计：于晶

图 5-17　城外春日河上捕鱼叙事景观 | 设计：于晶

群落文化，营造出“城里・城外”交互式叙事景观（见图 5-16、图 5-17、图 5-18）。

水田耕种叙事景观复原过去古城老镇的老城墙，这是叙事景观中的典型特征。古城外有一条护城河，沿城墙挖护城河是冷兵器时代边疆要塞驻兵防范外敌入侵的措施，也是南部边疆要塞古城的特征。沿护城河是一片水稻田，河流和水稻田几乎融为一片，一位老农民正在水田里耕作，水田岸边有正在搬运耕种农具的小毛驴，小毛驴身后是几个做水田农活的庄稼人，天空中一群大雁掠过，列阵迁徙，意境优美。城外水田耕种景观综合的视觉元素向观众表明了传统的水稻耕种的农耕文化氛围，也表明了此地正好处于春天耕种的季节。

图 5-18 城里老街叙事景观 | 设计：贺深深

同样是“城里·城外”叙事景观中的城外叙事景观“春日河上捕鱼”（见图5-17），表现的是古老的城墙外边护城河上的打鱼情景。河上有一些渔船，一个买鱼人正在河岸边和渔船上下来的渔夫交流，渔夫拿着鱼篓跟买鱼人讲价，打算把鱼卖给他。河上远处有渔夫正在撒网捕鱼，此时如果观众凌空点击，眼前的互动景观内会出现几条渔船在河上漂浮，渔夫在渔船上张网捕鱼，天空中展现日出与日落的色彩转换，根据参观的需要，甚至可以展现一年四季春夏秋冬的景色变化。观众眼前，路边卖鱼人在吆喝，大雁自头顶飞过，耳边留下几声雁鸣，观众甚至能够闻到河水的腥味和河边的青草香，视觉、听觉、嗅觉多种感觉元素营造出一个以交互体验的信息技术与绘画艺术相结合形式呈现的，优美、真实、完整的600年前南方古城镇郊区春日河上捕鱼的大型叙事景观。这个组合而成的大型叙事景观体现了信息时空与物理时空的融合，交互体验技术在叙事性景观中也发挥出特殊的作用。

观众在看完两处城外叙事景观之后，可以进入城里，观赏古城里的老街景观（见图5-18）。城里老街叙事景观表现明代这个古城的商贸街，也是当年这个古城最繁华的街道。设计师以艺术仿真手法营造出独特的立体的南方老砖木房、老石板街。由于空间距离的限制，设计师以接景油画的表现方法绘制古老的南方风情老街，在立体的老房子后面延伸为背景，增加视觉空间。

老街景观中的油画与立体的老街透视一致，分不出哪里是画、哪里是实景，只感觉前方无限深远。再以信息技术结合影视图像在老街上重点展示酿酒、纺织、造纸、制烟花、打铁、榨油的老店铺和当铺、绸布店正在做生意的情景，观众可以看到通过影像技术投放出来的古人在街上逛街，可以听到古人在街上买东西时店家小二和顾客的对话，可移动的视觉图像、

图 5-19　广东罗定长岗坡纪念馆步入式叙事景观——冒雨铺路的青年突击队 | 设计：于晶

可延续的数字配音、真实的艺术景观及柔和的古典色彩，共同营造出一处以假乱真的古城老街商贸叙事景观。以上三个图例都是南方特色民俗文物陈列部分“城里 · 城外”叙事景观的预想效果，是过去人生活的真实时空在现代艺术家头脑中的反映，有 600 年前的真实感，有具体的审美细节，符合历史的客观规律，浸透了叙事设计艺术家的审美情感。“城里 · 城外”叙事景观体现了信息时空与物理时空的融合具有的优势，体现了艺术仿真手法在时空融合叙事景观表现中的重要作用，是较好的博物馆陈列艺术叙事性设计创意方案。

以信息时空与物理时空的融合营造叙事性景观，能够给观众身临其境的感受，令观众感受到事件的历史意义，感受到历史人物的情怀，图 5-19 是 50 年前广东罗定群众在党的领导下修引水渡槽的户外交互叙事景观，表现的是人民群众在一场突来的大雨中坚持劳动，冒雨铺路，运送石块沙土，抢修渡槽。远处是正在修建中的长岗坡渡槽，左边是一批青年突击队员正在泥水里奋力排水、清理场地、抢修道路，右边是另一组青年突击队员正在往工地上运送土料、石料，一个受伤的工人正被送出工地抢救。天上雷声滚滚，大雨滂沱，地上热情高涨，劳动着的青年突击队员们在大雨中络绎不绝，往来穿梭。在信息技术营造的物理时空与信息时空融合的环境中，观众身临其境，仿佛回到了当年，在物理塑造、艺术仿真、数字图像、声光电辅助的环境气氛中感受修渡槽人的伟大精神。

这个步入式的叙事性景观与其他叙事性景观最大的不同之处，在于观众可以走进去，亲手触摸，亲身感受，受到感染。这就是物理时空和信息时空融合的设计方法给叙事性景观设计增加的感染力。与传统的博物馆陈列设计方法相比，这个方法具有很大的优势，在博物馆展览陈列设计迈入新时代之际，这样的设计方法值得继续推广，这样的设计理念可以继续发扬。

小　结

当代博物馆、纪念馆、科技馆展览陈列设计中的“叙事空间是后信息时代博物馆、纪念馆、博览会等设计实践诞生出的一个新的形式，复原过去、模拟未来，再现历史人物、历史事件的有多媒体技术配合的场景空间，是叙事性空间的功能特征。叙事空间通过对某一特定历史事件、历史人物的描述和再现，尽可能真实地反映当时的历史事件和典型人物在关键时间点上的作用。影视艺术中的蒙太奇叙事场景的表现手法曾被展示设计师运用到陈列中，这就是叙事空间设计的初级形式。随着高科技的不断发展，声光电技术被成功地运用到叙事场景的设计中，并且达到了意想不到的效果，至此叙事性空间的设计形式日趋成熟”❶。这里说到的高科技技术是指与博物馆展览陈列相关的高新尖技术。从技术层面的意义来看，高新尖技术成就了博物馆叙事性展览设计。

叙事性空间浸透了叙事设计艺术家的心血，其中蕴含着设计师对叙事美的追求和理性认识，也是叙事设计师梦想的体现。叙事性陈列空间设计是对消失的时空的再现，并有设计师的重新创作体现，有设计师的高度提炼和高度概括。

与其他建筑室内空间相比，博物馆展览空间需要更多的空间和技术优势来保证叙事性陈列设计的实现。物理形式的艺术手段和数字技术在叙事性陈列设计中的恰当结合，使观众在参观展览时为眼前的叙事性设计产生的效果所惊叹，观众既可以穿越历史，又可以模拟未来。重要的历史人物和重大的历史事件在此以非物质的形式显现出来，观众沉浸在虚拟的事件中，与过去的历史人物互动，感受历史，获得情感体验。

❶ 吴诗中：《展示陈列中的叙事空间设计》，《装饰》2012年第7期。

第六章

叙事性设计的价值评价

当代博物馆展示设计艺术的评价，尤其是博物馆陈列叙事性设计评价机制的建立，是一个不容忽视的问题。在评价中梳理叙事性理论，总结博物馆陈列设计的经验，可以拓展我们的设计观念与视野，提升展示陈列的技术与艺术水平。无论博物馆陈列还是国际、国内举办的大型展示活动，在项目设计和实施以后都应该进行评价。叙事性设计评价鼓励设计师的热情，调动设计师的情绪，可以推动博物馆陈列和展览展示事业的发展。评价前，首先要注意博物馆陈列设计评价的标准。传统的实用艺术设计一般离不开实用、经济、美观这三项原则，也拿此三项原则作为一种设计标准。但是这三条原则不是本书重点关注的问题，本书对当代展示陈列叙事性设计进行评价的关注点在于三个因素：其一是人与自然、人与环境的和谐，提倡“无为”的设计观念；其二是与全球化的可持续发展战略相一致的展示陈列艺术可持续设计理念；其三是当代展示陈列艺术设计的创新性。

第一节 叙事性设计评价的要素

一、“无为”设计观念

两千多年前的老子、庄子就提出了“无为”的思想观念，强调人与自然的和谐，庄子在《庄子》第十三篇《外篇·天道》中说：“夫帝王之德，以天地为宗，以道德为主，以无为为常。无为也，则用天下而有余；有为也，则为天下用而不足。”

老子、庄子“无为”的思想不仅体现在当时的美学观、人生观、政治论中，对当前的管理措施、设计艺术与生活方式也有着重要的启示作用和实际意义。现代设计的本质是为人的，以人的需求为出发点。在当代博物馆展览陈列设计中，“无为”设计观念应该表现为顺其自然而为之，不要刻意去做与自然环境相悖的事或去追求某种特殊目的。当前，有一些设计师刻意从主观上将某些在客观上不可能实现的设计方案变为可能，其目的仅仅在于追求某些效果，达到标新立异的目的，更有人明知不可为而为之。为了某种目的，不惜移山填海，这就破坏了自然规律，与“无为”的观念相悖。我们不能忽视设计之初的功能性和需求。“无为”作为一种设计伦理问题，是我们开展价值评价时需要思考的。

二、可持续设计理念

当前，我们在享受物质文明成果的同时，对过度开发而造成的自然生态环境破坏产生种种忧虑。人类社会已经悄然进入信息时代，维系人类社会与自然生态环境的关系越来越重要。可持续设计的理念反映了当前设计已经介入人类与自然生态环境之间关系的深入探讨，在设计领域开展可持续设计研究并以实际行动参与可持续设计实践，是设计发展的一个重要策略与方向，在博物馆展览设计领域尤为重要。可持续设计包含设计教育、设计实践、设计研究等一系列行为，其核心内质在于传播、倡导可持续发展的理念。可持续设计是基于设计理论的价值观，通过设计服务和设计驱动社会、经济创新等行为过程，以一种趋于合理、平衡的方式服务受众，在“需求”和“发展”中寻求最低的物料消耗、最少的环境污染。它不仅旨在改善人们今天的社会生活水平，更重要的是基于一种人类存续性的、关照未来人类生活需求的设计价值观。

可持续设计是在可持续发展的思潮中诞生的一种设计理念，绝不仅意味着采用再生资源、环保材料等这样简单化、表面化的措施，更要在进步与平衡、整合与突破、继承与创新等诸多方面进行系统性、综合性的考虑。非物质形式展示陈列设计，陈列道具的标准化及道具的重复使用，注重维护生态环境，关注材料的环保与再生，利用新技术开发新能源，合理利用自然资源——要将这一系列因素融合成一个集成应用系统，在博物馆陈列可持续设计活动中恰当运用。当下，可持续的设计理念已经进入博物馆展示陈列设计领域，并渐渐得到重视。绿色设计、低碳设计、以人为本、以自然为本等是可持续设计理念受到重视的表现，同时从侧面说明了在现代展示陈列设计中，依旧存在过度浪费、过度商业化和过度形式化等与可持续发展相悖的现象。从叙事性展示陈列设计评价标准的角度去讨论可持续设计理念在博物馆展示陈列中的体现，将可持续设计理念的应用程度作为一项标准，去评价博物馆展示陈列设计项目的优劣，这是当代博物馆展示陈列活动应该积极提倡的。设计师应当尽快将可持续设计的新理念切实落实到博物馆展示陈列设计的实际操作中。

三、设计创新性

设计的创新性是以新的时代、新的形势下的新观念、新设计、新思维、新表现为主要内容来具体体现的。设计创新是从事视觉艺术者必备的素质之一，它充分发挥了人特有的主观能动性。当代博物馆展览陈列的设计创新表现为大胆突破现实时空的限制，在新观念的指导下，充分利用现有的条件进行组合和设计。与传统的表达式设计要求不同，当代博物馆展示陈列设计逐渐突破原有的物理时空的局限，融入新的技术手段与艺术观念，开启了虚拟展示空间设计的时代，赋予设计师更多自由发挥的空间、更多创新的可能性。因此，所谓设计的创新过程，就是将各种可能性进行组合，形成一种前所未有的创造能力。在创新和突破的过程中，人们逐渐积累了新的审美经验，提升了审美标准。工业时代的审美思想主要从造物美学的观点来阐述美学问题，在信息时代，审美经验的拓展需要人们形成一系列包括概念、形式、内涵在内的新的审美观念。此外，虚拟时空和非物质特性引发新的审美思想和审美位移或者变异，也为我们提出了新的审美问题。

设计的创新性要求首先要建立一个新的理论体系，这个新的理论体系在思想观念上与传统观念不同，是对过去传统观念的扬弃。以新的思想观念指导的审美标准为坐标，去分析事物、理解事物、研究事物，会得出与以往完全不同的结果，由此而产生的创新设计思路理所当然是全新的。创新设计思路的产生来源于新的理论基础，设计创新的理论基础受到当前社会环境、社会意识及科学技术（比如人工智能、大数据）等条件的影响。

设计的创新性包括以下四个方面。

（一）审美的虚拟特性

审美的虚拟特性来自人们对虚拟时空的理解，虚拟时空是在信息时代产生，在数字技术的作用下，存在于我们的艺术实践中，既不能为现实的时空观和物质观所解释，又不能为我们的感觉器官所完全感知的，又依托于物质而存在的非物质时空。

（二）审美的互动特性

互动性是新的审美特性，这里蕴含着另一层次的交互与体验的审美活动。对于“互动”一词，一般情况下理解为两个或两个以上的人与人或人与物之间的行为互相影响的过程。在此，互动指的是人与人、人与展品、人与环境的交流行为，而交流双方都能给对方以回应。

（三）审美的趣味特性

传统的审美观念认为，引起我们的关注的一定是有趣的事物。我们之所以对事物关注，是因为兴趣和爱好，兴趣和爱好是激发人的学习热情和创造力的条件。同样，由于兴趣，我们才会对事物进行审美评价。

（四）审美的动态特性

从事美术创作与艺术设计的艺术家和设计师的创作活动追求的是形象的美，而这种形象是通过人们的审美感知能够知晓的，是可以由我们的感官通过触摸、倾听、观看而得到的。

第二节　叙事性设计的艺术评价

近来，随着信息的大量膨胀与计算机技术的革新，“大数据”一词被越来越多地提及，成为一个新科技时代的代名词。围绕这一概念，传播学、社会学、心理学、自然科学等诸多学科都在发生深刻的变革。而与多学科交叉融合的博物馆展示陈列设计，既是一个在传统层面展示历史文化、城市记忆的既有概念，同时是一门在叙事层面融合新思维、随“时代脉搏”而跳动的学科，也在不断更新设计观念，以实现博物馆陈列艺术价值与形式的“重生”。

大数据时代非常重要的特点即为数据量大、类型繁多且传播速度极快。而博物馆正是一个保存、传播众多信息与知识的空间场所，所以，它必须合理构建展品收藏、文物保护、学术研究、展示方法、公众教育等博物馆基本功能要素之间的关系。能否有目的、有效地梳理、重构、传播信息，是当代博物馆陈列艺术的重要评价标准。在当代博物馆展示设计活动中，设计师关注的不仅是“展什么”，而且是“如何展”的问题，怎样刨除掉价值密度低的信息以做到最合理的叙事受到越来越多的重视。

从传播学的角度，媒介的组合效应是总体大于部分之和，通俗地说，即 1 加 1 大于 2。这就如同机器的零件，随意堆积的不是机器，只有依照各自的特点，按特定的规律，以一定的“关系”进行有效组合，才能体现零部件所具备的功能意义。博物馆展示陈列设计的叙事研究是多种复杂元素共同呈现的综合体，需要一个艺术与科学并存的有效设计方法贯穿始终。我们可以将其归纳为符号化、故事化、体验式的叙事设计方法；同时，设计师在感性叙事时，不能忽视展示设计中的技术与原则问题，要从情景交融、

图 6-1　美国华盛顿新闻博物馆陈列的柏林墙实物 | 摄影：吴桐

情理交织两个层面来评价博物馆展示陈列中叙事性设计的艺术价值。

一、情景交融的叙事氛围

（一）符号化的设计方法

信息的传递需要通过符号的中介，这意味着在博物馆展示设计中，内容信息的组织和表达便是一个符号化的过程，而观众观看展览信息则是一个符号读解的过程。符号化实际上是一个将复杂事物极端简化的过程，在博物馆展示空间的叙事安排中，则是将隐晦繁杂的展示信息简化为图形化的、易于认知和学习的视觉艺术形式。展示陈列叙事的符号化有两个方面

图 6-2 美国华盛顿新闻博物馆陈列的柏林墙上的涂鸦艺术 | 摄影：吴桐

的含义：一方面，展示形式承载内容信息的价值与意义是一种文化、精神、情感的表征；另一方面，这种符号化即物理空间、心理空间的氛围营造，形式与功能、形而上与形而下、艺术与科技的融合。图 6-1、图 6-2 是美国华盛顿新闻博物馆内陈列的柏林墙事件布展陈列，布展设计师大胆地采用实物进行符号化设计，去叙述柏林墙的故事。

观众可以在华盛顿新闻博物馆内亲眼目睹柏林墙体，看到柏林墙上自由艺术家的涂鸦艺术。观众还可以亲手触摸柏林墙，去感受柏林墙的冰冷。设计师采用这一实物符号化的叙事陈列设计，使观众触景生情，达到情景交融的叙事设计效果。

从以上柏林墙的符号化叙事性陈列设计案例可以看出，博物馆中的展示陈列设计要素具有符号的属性。展示设计作为符号和象征的“物”，成为激发人们情感的主导方式。此外，在特定气氛内的情感交流互动中，观众的审美体验是相当重要的环节。有时，展示陈列造型元素本身就是高度抽象化的艺术符号，尤其是在情景设计中，表现情景的符号便是各种情感媒介有机组合的结果，虽然媒介有各自的属性与特征，但它们在情感信息的“编码”过程中以完整的艺术符号出现，彼此联系紧密，缺一不可。博物馆陈列艺术设计营造的情感氛围不是简单的再现，而是高度的概括与凝练，运用隐喻、象征、反衬、映射等手法挖掘展示陈列对象的特质与情感内涵，通过展示造型形式的设计创意也就是有内涵、有品位的展示造型形式，产生一个能给人审美愉悦的“幻觉的王国”。应用在博物馆展示陈列设计中的艺术符号应当与大众的主体审美经验与认知基础相配合，否则会引起信息的“误读”。因此，人的认知、心理与行为规律是采用何种展示设计叙事方法的重要依据。在叙事设计的过程中，文化的、情感的、科技的、社会的等各种信息，通过符号化的处理，精准地传达展示对象的深层价值，从符号的“编码”到“解码”，实现了对展示对象内容信息的强化。

造型元素隐含的情感因素更容易理解，也为博物馆展示设计实务提供了新的思维切入方式。设计师有意识地符号化隐含于展品深层的文化内涵与艺术特质，有益于情感信息读解的效果，但不能将其程式化与神秘化，否则会陷入一种空洞不实的思想误区。

（二）故事化的设计方法

叙事学词汇来源于文学领域，叙事学的方法是一种故事化的方法，荷兰学者米克·巴尔认为：“叙述学是关于叙述，叙述本文，形象，事像，事件，以及讲述故事的文化产品的理论。”由此可以看出，叙述学的研究范畴已

图 6-3　美国华盛顿新闻博物馆 9 · 11 事件专题陈列 | 摄影：吴桐

经拓展到了文学之外的领域，“文化产品”概念的内涵显然很丰富。因此，巴尔进一步提出，叙述本文是叙述代言人用一种特定的媒介，诸如语言、形象、声音、建筑艺术，或其混合的媒介叙述（‘讲’）故事的文本。❶ 因此，故事的讲述方法即为叙事。

在博物馆展览陈列设计中，同样可以通过陈列特殊的展品，以展品所处的空间关系，展品的物理形态、色彩、材质等构成综合叙事空间场域，来叙述特定的历史事件和历史故事。

图 6-3、图 6-4 为美国华盛顿新闻博物馆 9 · 11 事件专题陈列。在这

❶ [荷]米克·巴尔：《叙述学：叙事理论导论》，谭君强译，北京：中国社会科学出版社，1995 年。

个专题陈列中，设计师将一个扭曲的建筑钢结构部件陈列在展区的中心位置。9·11 事件中美国世界贸易中心大楼遭受袭击，被恐怖分子的飞机撞毁燃烧，这个钢结构部件是建筑钢构件在烈火炙烤中因高温变形损毁所致。在这个扭曲的钢结构下面，有一圈环形展台，展台上布置一系列环形的新闻展板和照片，展板上有明显的标题和文字说明，每张照片上都标注着飞机撞毁大厦的时间和过程（见图 6-4）。环形展台上陈列的一系列照片真实地记录了美国世界贸易中心大楼被撞毁的全过程，观众可以在此获得关于 9·11 事件的较准确的信息，了解整个事件过程，留下深刻印象。

叙事的本质是信息交流，展示陈列作为一种叙事性的物质载体，想要清晰明了地将所有展品串联在一起，需要以情节为线索。将原始信息进行

图 6-4　美国华盛顿新闻博物馆 9·11 事件图像陈列 | 摄影：吴桐

加工，组织并使其具有情节性，是进行博物馆展示设计非常重要的关键。❶在博物馆展示陈列设计中，叙事化的方法可以使原本零散的造型元素高效整合起来，更具有情感的冲击力。如位于日本爱知县的新美南吉纪念馆，在展示空间中多处使用叙事化的设计方法。新美南吉是日本著名的儿童文学作家，他的作品非常强调故事性，起承转合，曲折有致。因此，整个纪念馆注重情节性的表现，一反常态，在展厅中央置入一位讲故事老人的蜡像，再现了一个温馨、宁静、戏剧化的空间，使原本乏味的展厅更富感染力，使人浮想联翩。

然而，博物馆展示陈列设计以静态的物或图像作为主要载体，辅以动态的视频素材，时间和空间的变化受到一定形式的约束，需要依赖博物馆受众的联想和想象加以补充，在这个过程中，接受方与推送方之间的语言互通显得更加重要。博物馆陈列中的叙事性设计在某种意义上可以以时间或空间为线索，情感信息就如同坐标轴，前者是体现历史流变的符号纵向脉络，后者则是提倡文脉的场所精神，两种叙事脉络相结合，融会于平面与立面的视觉表现，从而形成感人的情节和故事。

（三）体验式的设计方法

在通常的意义上，人们把外界事物和情境所引起的“我”的内心感受、内心品味或亲身经历称为“体验”。❷体验展示最早出现于1937年法国巴黎大学创办的“发现宫”，它打破了传统科技馆静止陈列的模式，向观众提供自己动手操作的实验设备。❸即我们今天所说“参与式”“互动式”

---

❶ ［日］美工图书社编：《博物馆展示设计》，台北：邯郸出版社，1991年。

❷ 周龙兴、宋进喜：《体验的教育学意义与学习主体的确立》，《上海教育科研》2002年第4期。

❸ 苏东海：《博物馆的沉思——苏东海论文选》，北京：文物出版社，1998年，第380页。

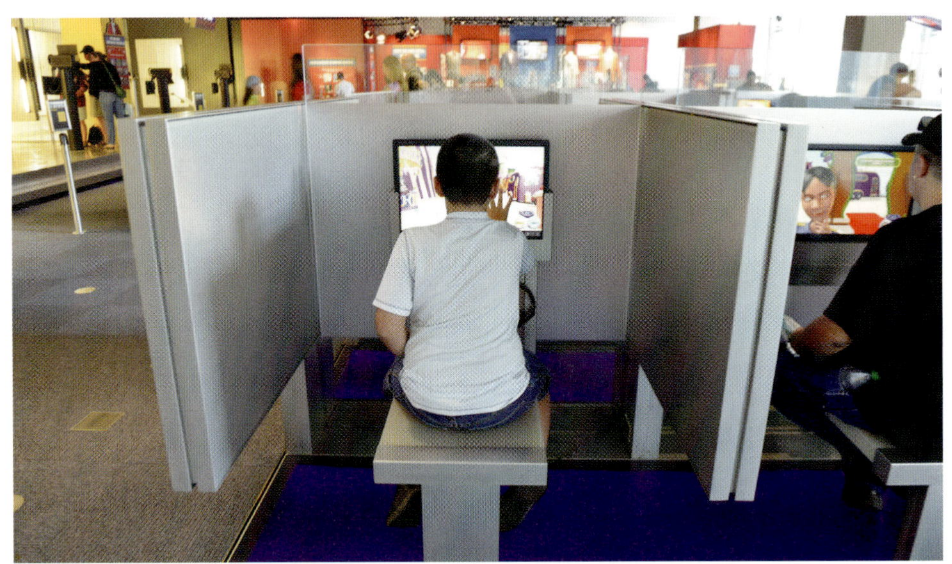

图 6-5 美国华盛顿新闻博物馆的体验区 | 摄影：吴桐

展示陈列。现代意义上的展示体验设计是通过设计者对展示空间与环境的创建，为观众提供体验的机会与条件，使人们在体验过程中主动探索、获取信息，达到博物馆、设计者、观众之间理解与合作的展示方式。

图 6-5 是美国华盛顿新闻博物馆的互动体验区，观众可在互动体验区的互动屏幕上查找自己感兴趣的好玩的信息。为了使视频和音响不影响观众查找体验，设计师将体验区设计为若干个小格子，在小格子里设计有较舒适的座位，但是座位没有靠背，观众在此久坐会不舒服，就会离开小格子去其他地方参观，空出来小格子以便更多的观众来上网浏览。博物馆展示设计中的叙事往往是经过设计师一番精心营造之后，却不着痕迹地融入空间之中，使观者在体验和沉浸中感悟其中“曼妙的风景”，在无形中形成了与设计者无声的思想、心智与情感交流，博物馆学者称之为“缄默的知识”。

20 世纪 50 年代，美国心理学家布鲁纳提出认知结构理论，这可以从心理学的角度为体验展示设计提供理论依据，他倡导的“发现法”强调学习过程的体验，强调内在动机，强调信息提取。即不将学习内容直接呈现

给学习者，而是由学习者通过一系列发现行为（如转换、组合、领悟等），发现并获得学习内容和基本结构。❶

在现代博物馆展示设计中,体验式的设计有三个层次,即“物”“情”“意”。

1. “物”的体验

“物”的体验是指在展示陈列设计中不用语言文字的形式来表达展示内容，而是通过与布展内容密切相关的交互展项的设计、展示道具造型的塑造与环境空间的构筑，将需要表达的科学知识、人文情怀与心理情感浓缩于其中，使观众在观展的参与过程中产生物境体验，在审美感悟与愉悦体验中获取科学知识、历史知识。例如在 2003 年开始的中国地质博物馆岩矿厅的展示陈列设计工作（见图 6-6）中，设计师为了帮助观众认识化石，并了解各种不同化石的异同，设计了一个互动转盘式展台。

各种不同的化石在展台上排列成一圈，观众转动转盘上的旋转扫描摄像头，摄像头扫描到化石后，就能够将化石的全部信息数据传递出来，在屏幕上显示。裸露的化石还可以让观众亲手触摸，以辨识不同化石之间的细微差别，比较不同化石的特殊质感。这一设计在当时受到了观众的欢迎，很大程度上是由于它遵循了参与—体验—感悟—理解的观众心理活动规律。❷

❶ J.S.Bruner, *On Knowing*, Cambridge,MA: Harvard University Press, 1962.

❷ 李迎化:《关于体验展示设计的创新实践》，见康熙民、孟庆金主编《在传播科学中传承文明——博物馆研究论文集》，北京:文物出版社，2007 年，第 76 页。

图 6-6　中国地质博物馆岩矿厅互动展台 | 设计：陈开宇　关琰

2.“情”的体验

叙情设计是博物馆展示叙事设计的一种最基本的诉求，在艺术设计中动之以情、晓之以理，将事物、事件讲述得恰到好处、干净利落、不拖泥带水，这种叙事方式尤其适合历史人物、历史事件纪念性题材的叙事表达。叙事性表达的关键在于要注重叙事素材的历史性、故事性与真实性。

“情”的体验是指博物馆展示陈列造型和观众交互作用构成的情景与氛围，即观众融入设计师营造的参与体验活动中，通过互动促进左右半脑的综合活动来激发获取知识的兴趣与情感的交流，从而使展示陈列造型的语境从“物”的层面上升到“情”的层面。例如，中国丝绸博物馆展览陈列设置了手工织绸、丝绸手绘、丝绸轧染等参与性项目，观众在动手操作与体验的过程中可以深切地感受和品味传统手艺的魅力，感悟古代匠人难以企及的巧思。

在河南郏县三苏园三苏纪念馆的陈列布展设计（见图 6-7）中，布展设计师成功运用观众体验参与的叙事性设计方法，表现苏轼为官的民本思想、清廉形象，以及他一生“宦海浮沉，济世忧民”的为政生涯。

苏轼展厅的布展设计，首先以一幅巨幅国画作为前厅的背景，苏轼一身素服，头戴纶巾，立于山水之中、天地之间，目光远眺，凸显他为官三起三落而不为所动，仍然勤政为官、廉政为民、超于世外的精神气质。为

图 6-7 河南郏县三苏园三苏纪念馆苏轼展厅 | 设计：朱瑀 | 绘画：邹明

了恰如其分地表达苏轼“宦海浮沉，济世忧民”的特点和为政生涯，设计师在苏轼画像的背景前设计了 18 个贴地展龛，到苏轼为官的全国 18 个地点去考察，在每一个地点采集一捧泥土，将采集到的这 18 捧泥土分别放置在 18 个地龛之中，每一个地龛的泥土都零距离地呈现在观众眼前。观众可以用手去捏一把这来自 18 个不同地方的泥土。不同的质地、不同的颜色、不同的颗粒、不同的手感，寓意着苏轼在不同的地方为官有着不同的经历和不同的遭遇，引起观众对苏轼为官品格的敬仰和怀念之情。此刻，观众的心情与一千年前的苏轼的情怀在时空的穿越中有机地联系在一起，形成在为官爱民、为民的情怀体验层次上的共鸣。甚至让观众萌发想象，如果自己是千年前的苏轼，如何去经历三起三落、跌宕起伏、为政为民的人生。这种引发观众内心情愫的体验，是叙“情”体验设计的预期目标。

3.“意”的体验

“意”的体验是指观众与展示造型设计之间经过交流与互融之后，得到一种情感的升华与“全新思维图景”的体验。在山东诸城名人馆古琴名家展区（见图 6-8）中，设计师将一把古琴放置在古香古色的琴台上，展区环境是一个古代城镇的场景，以细细的丝线垂吊将观众与古城镇景观以心理分隔的方式隔开，谦谦君子不可逾越这道丝线。琴台上并无人弹奏，但是此时无人胜有人，无声胜有声，观众在丝线之外仿佛聆听到古代曲艺高超的古琴名家正在演奏，时而如流水潺湲，时而如万马奔腾。这种“大象无形，大音无声”的意象设计手法使观众在恍惚间似乎穿越到千年前的时空意境之中，为古人喝彩，与古人共鸣。从以上古琴名家展区的设计中不难看出，在博物馆展示陈列设计中，有些展品过于珍贵因而不可以直接与观众发生互动，便需要借助展示陈列造型的设计构筑一种“意象”的图景，并将情感信息融会其中，让观众在欣赏图景的时候真正受到感染，融“我”

图 6-8　山东诸城名人馆古琴名家展区｜设计：姜昊生

于境，进入一种美的情感、意愿与理想的意境中，与博物馆、设计者之间达成精神上的沟通与默契。这种精神上的沟通与默契不在于物体器具的简单摆设，也不在于物理环境基本的设计布局，而在于博物馆陈列设计上至高的追求、美好的意愿。

二、情理交织的叙事原则

（一）感性叙事——博物馆陈列艺术中的情感发掘

“隐喻”最初是语言的修辞方式，包含一种创造的观念，使语言符号产生新的涵义，现在通常指重新认识事物的另一种思维方式。从设计心理学的角度，隐喻存在绝非偶然，它不仅仅停留在可感知的心理现象层面，在自然属性的基础上，仍要对其社会属性与人文属性进行深度探索。博物馆陈列艺术也不简单地流于陈列“造型”的表层信息，在实现功能性的同时更加注重文化内涵与时代精神的剖析。在设计艺术中，隐喻穿越表面的具象形态，由设计的外延意指（外在形态）直接转向内涵意指，即一种深层的、不确定的、感性的内涵，一种弦外之音。而博物馆展示造型设计的独特之处就在于它具有含蓄性、抽象性，每一件展品背后都有其精彩之处，都有一个生动的故事。因而，从某种程度上说，展示设计中的“物”非“物”，而是通过造型元素的隐喻发掘隐含于展品深层的情感性信息，将看不见的东西呈现出来。例如，它在哪个年代出现？当时的社会背景与生活风貌如何？在历史流变中包含着怎样的意义？这些都是展示陈列造型设计中的隐喻。

隐喻是博物馆展示设计中常用而又极具难度的手法，是一种更含蓄的对情感的概括与提炼，更能强化情感的震撼力。从艺术的感染力来看，展示陈列设计中的隐喻是一种感性情感的传递，是在不影响反映客观事物本质的前提下，一种更精简、更概括、更有韵味的表现方式。“空本难图，实景清而空景现。神无可绘，真境逼而神境生。”❶ 博物馆中的艺术设计应当以少胜多、简洁而内涵丰富，“更主张以空灵的笔触表现现实的存在，以有限的形象表现无限的世界”❷，以抽象的形式象征具象的形态，以虚拟的再现隐喻实体的空间，也可以抽象与具象并置，实体与虚拟同在。虚实相生的隐喻和象征的手法在观念上体现了老子“有之以为利，无之以为用”的思想，在观众心理感受上拓展了博物馆的物理空间。

图 6-9 是某江南水乡展馆序厅设计。尽管这是个未采用的设计方案，但是设计理念还是比较领先的。设计师以抽象的造型隐喻江南水乡园林是一大特点。明代计成在《园冶》“掇山”中指出，设计者要“有真为假假

❶ （清）笪重光：《画荃》，北京：人民美术出版社，2016 年。

❷ 王琳：《博物馆展示设计中的情感传达研究》，北京：清华大学硕士学位论文，2004 年。

成真”。这个方案就体现出真与假、虚与实并存的设计趣味。首先设计师并没有具象描绘江南山水，也没有直接照搬园林庭院中的假山石，而是用现代切割方式切割出抽象的几何形体，虽然没有出现任何一个江南水乡的具象元素，但仍然可以感受到南方园林的美感与情趣。观众眼前的水晶玻璃桥极其简练现代，又不失小桥流水的韵味。画面中心是视觉重点，也是设计重点，组合造型隐喻“又绿江南”的主题，观众隐约体会到眼前桃花灼灼、杨柳依依，杨柳枝之间悬挂着古汉字，夹杂意象化的雨丝，透明水滴随着柳枝线条群上下浮动、不断组合变幻，可以体会到“细雨湿衣看不见，闲花落地听无声”的视觉审美和心理感受。当水滴通过投影手段不断散落到地面的汇诗池地幕时，会在汇诗池中泛起涟漪并晕开幻化为一个个汉字。随着雨滴幻化的汉字不断落入，汇诗池中逐渐显现出王安石诗句：“京口瓜洲一水间，钟山只隔数重山。春风又绿江南岸，明月何时照我还。”王安石的诗句隐去后，又出现苏轼的“竹外桃花三两枝，春江水暖鸭先知”的诗句。整个画面宛如水墨渲染般的世外桃源，磅礴大气又精致自然，浓墨重彩又尽显素净，浓淡之间品味出江南悠远、寥廓、练达的意境之美。强化了感性叙事的震撼力。在隐喻的语境中，江南园林建筑的历史人文情怀与叙事性设计风格融合在一起，使人感受到历史文脉的传承与创新。

（二）理性叙事——博物馆陈列艺术中的伦理学视角

伦理学探讨的对象是人，是关于人的道德问题。而道德在整个社会形态的演变进程中是在不断变化的，究其根源，它是生产力影响社会关系的产物。设计作为“人造物”与伦理思想的关系十分微妙。在近现代设计史中，欧洲产业技术的发展一度与健康的日常生活法则相背离，忽略了人最本质的需求。卢斯曾在《装饰与罪恶》一文中说：“装饰严重地伤害人的健康，伤害国家预算，伤害文化进步，因而发生了罪行。”“装饰的变换使劳动

图 6-9 江南水乡展馆序厅 | 设计：姜昊生

产品过早贬值。工人的时间和所用的材料是浪费掉了的资产。”❶ 设计作为一种装饰与技术在生产力的发展中也出现了马克思所说的“异化问题”。马克思认为，人类造物的发展通过生产关系的转换，会反过来影响到人的

❶ 汪坦、陈志华主编：《现代西方艺术美学文选·建筑美学卷》，沈阳：春风文艺出版社，1989 年，第 47 页。

自由发展。在多元化的社会背景下，设计对人和人的情感的影响是综合性的，纯粹的设计是不存在的，且最终都需要靠社会来实现目的。不言而喻，在博物馆展示陈列设计中，随时都会遇到人与物、人与人、物与境的伦理关系问题，因而从理性与情感的角度出发，从伦理学的视角来重新审视博物馆展示造型语言具有积极的现实意义。

1. 人与物

“物”是博物馆的物质基础，是博物馆传承文明独具特色的形式。作为一种社会的标志物、社会文化的一部分，博物馆的“物”反映了一个时代、一个民族的历史特点、时代精神及文化传统。博物馆收藏的展品是人类与自然的见证物，其收集、研究及展示与传播的最终目的都是为了“人”。前文曾经提到，早期的博物馆对“人”的重视程度不够，博物馆理念的发展经历了由传统的“物”到“物与人”、再到“人与物”的转化过程。现代博物馆的展示设计中，尤其是造型语言的塑造十分关注人的心理反应、精神满足、知识获取及情感体验。同时，要通过艺术形式实现博物馆的教育功能，诉求健康、饱满、符合时代需求的价值与伦理观念，不能为了短期的商业利润而降低设计的品位，要真正地在展示造型设计中实现“物”为“人”所用。

2. 人与人

在博物馆展示陈列设计中，人与人的关系即展示设计者与观众之间的关系。“了解观众、熟悉观众、争取观众、组织观众，为观众服务，满足观众的需求，是博物馆的根本宗旨。这一目的是通过博物馆的展示来实现的。”❶因此，展示设计师要从观众的行为、心理、精神需要等方面着手，综合考虑造型设计的情境。实质上，从人类文化学的观点来评判，受众是一个难以准确调研的群体，存在性别、年龄、职业、受教育程度、家庭、个人经历、爱好等方面的极大差异。按区域划分，有南北方、国内外等不同群体的观众，按心理学观众可以区分出不同的气质、性格与生活方式等，

❶ 冯昆思、秦晋庭:《论博物馆展示设计理念中“人、物和时空”的关系》，见康熙民、孟庆金主编《在传播科学中传承文明——博物馆研究论文集》，北京:文物出版社，2007年，第178页。

按参观动机可以分为不同职业、专业、爱好及其他参观原因等。总的来说，展示陈列设计师在构思每个造型设计时，需要综合多重因素，充分考虑与分析参观的对象，以理性的态度，适度地运用设计美学、信息化手段与人的情感需要，营造“人与人”之间和谐的博物馆空间。

3. 物与境

“时空观”的体现是博物馆展陈设计的重要诉求。陈列设计需要将被陈列“物”的历史环境、自然风貌与社会人文背景尽可能准确地再现，对被陈列“物”的陈列要真实生动，“物”的陈列环境也是一个陈列重点。“物”和环境融合成为一个完美的叙事组合——“境”，使观众能融入其中，感受到展品的过去、现在与未来，在准确的时空环境中，在人与“物”互动的场景中深刻地理解展品本身承载的内涵与意义，充分发掘和主题相关的历史知识与人文精神，还原展品所处的生活形态与社会风貌，运用空间、声音、色彩、光线等使整个博物馆陈列环境成为一个具有感染效果的完美的“情境”。

第三节　叙事性设计的评价维度

一、博物馆陈列艺术中的绿色设计策略

在博物馆、纪念馆展览展示陈列设计中，绿色设计体现在两个层面。第一，展示空间造型与展示材料使用的可持续性要求尽可能采用环保、可降解的材料，在满足较好展览效果的基础上，关注节点设计的巧妙性与耐用性，使展示道具依据内容可拆装、可循环使用。此外，尽量减少喧宾夺主和不必要的装饰造型，因为它既费时费力，又影响展览主体。还应该关注照明、人力、多媒体设备等资源消耗问题，这也是博物馆陈列中绿色设计需要注意的关键所在。第二，大数据时代的信息污染同样造成“信息世界”的生态失衡，对人的身心健康与社会生活产生不良影响，因此，在博物馆展示设计中，不仅要充分考量设计材料、造型等设计外观语言，还要处理好展示内容信息的叙事策略。

这里列举一个展示建筑空间造型设计与展示材料使用结合得非常好的案例——中国美术学院的民艺博物馆。这个独具特色的民艺博物馆建筑坐落于山水环绕的中国美术学院象山校区，由日本建筑师隈研吾担纲设计，其设计灵感来源于中国传统的江南建筑元素“瓦片”。设计师将层层叠叠吊挂的瓦片装饰于玻璃幕墙前，在有阳光的情况下，阳光照耀下的瓦片在映射中形成斑驳摇曳的光影效果，在没有阳光的雨天，瓦片也会与窗外的自然绿意相映成趣，仿佛是从泥土中生长出来的建筑，和谐自然。且瓦片与周边的环境融为一体，既环保，还可降解（见图 6-10）。

图 6-10　民艺博物馆雨天的屋顶 | 摄影：吴桐

图 6-11　雨景中的民艺博物馆玻璃幕墙上的瓦片 | 摄影：吴桐

瓦片在金属拉丝编织的图形中按照设计的要求重新排列出图形阵列，在雨中与窗外环境融为一体（见图 6-11）。瓦片各自在金属拉丝阵列图形中扮演自己的角色，又在各种不同层次的灰色调中得到统一，与玻璃的质感形成交相辉映、色彩斑驳的效果，体现出透明材料特有的多层次、多叠加效果所产生的神秘感。

除了关注展示材料使用的可持续性和信息污染造成“信息世界”的生态失衡对人的不良影响这两个层面，博物馆陈列绿色设计还应该体现在对自然资源的珍惜上，对自然光的合理利用是具体的措施之一。两弹城纪念大厅概念设计方案就注重科学地、合适地引入自然光（见图 6-12）。

图 6-12 两弹城纪念大厅概念设计方案 | 设计：段恩慧

大厅正中间设有逐级上升形式的采光天顶，既有精神升华的喻意，也能让天光从采光天顶照进大厅，产生既神圣又自然的空间场域，营造出凝重、肃穆的环境氛围和肃然起敬的精神感受。为了真实反映我国“两弹一星”事业发展的艰辛历程，展现伟大的“两弹一星”精神，设计风格整体采用辉煌、庄严的基调，让参观者在体会中缅怀，在追忆中思考。因此，设计师在博物馆展示设计中不仅要充分考量设计材料、造型等设计外部语言，还需要处理好陈列内容的叙事策略。同时，为了突出新时代精神，传承自主创新文化，应以现代手法为基底融入传统元素，并在展陈中灵活运用新颖独特的设计理念和设计方法，提升展览的吸引力与感染力。

二、以叙事驱动博物馆陈列设计创新

（一）拓展博物馆功能的有效策略

博物馆肩负着多种复合的社会功能，而展示设计是博物馆众多工作中非常关键的一环。更好地将叙事设计介入博物馆的前期建设与后期运营，不仅可以提升博物馆的文化魅力，还可以有效地增强博物馆对文化创意产业、城市公共文化体系、社会公众文化生活等领域的引领带动作用。毕竟，在今天，博物馆呈现出来的社会化、商业化与多样化的运营趋势，已经不同于过去收藏、教育与研究的传统博物馆职能，因此对展示陈列设计的需求也不局限于外观与形式。那么，博物馆陈列艺术中的叙事性设计将是设计参与拓展博物馆功能的最有效的策略之一。

纵观我国目前的博物馆现状，展厅陈列设计的艺术表达与文化内涵建设方面已经有了很大改观，然而运营机制的更新及文创产品的设计品质方面还存在继续发展的空间。将博物馆展示陈列设计作为一个整体来看待，其陈列叙事设计的理念不仅强调展示空间的策划、设计、制作与后期维护，

图 6-13　湖南安化黑茶博物馆序厅｜设计：陈奕君　王希

还应当囊括公共服务区的设计提升、人流动线的形式引导、文创与纪念品售卖空间的氛围营造，甚至考虑到博物馆的运营策略与管理模式等诸多方面，从而为博物馆特色建设与城市文化、经济的发展集聚力量。

（二）驱动城市文化资源有机重构

博物馆展示陈列叙事设计强调综合考虑博物馆文化的复杂性与有机性，以叙事设计驱动与整合博物馆运转的各个领域，从展览策划与制作、学术研究与教育、文化美学与传播到管理模式与运营，从展览的材料与形式到陈列思想与美学，都将叙事设计的观念与方法融入其中，追求文化品质、经济运转与城市文化的平衡。这也是未来博物馆展示设计发展的趋势之一，即博物馆的文化塑造、展示设计与城市公众生活的紧密结合。在地区文化重塑与诸多旧城改造项目中，博物馆陈列叙事设计扮演着举足轻重的角色，如著名美国解构主义建筑师弗兰克·盖里晚年设计的毕尔巴鄂古根海姆博物馆以其艺术与商业上的双赢获得巨大的成功，更为重要的是提升了该城

市的文化品格。

湖南安化黑茶博物馆的展示陈列设计案例（见图 6-13），也是发掘当地地域文化，恰当地运用茶叶形态元素进行有机重构的叙事设计典型案例。黑白素雅的色调不仅使观者联想到黑茶独有的浓重茶色，同时与当地的建筑色彩相呼应。因此，尽管在风格与技术上，这是一间设计语言极为现代与简洁的博物馆序厅，但是在文化品位与美学趣味上，它是传统的、含蓄的。天顶上是模仿茶叶形态的灯具，使观众产生与茶叶直接相关的联想。茶叶造型的灯具在地面水池中形成倒影，茶与水有直接的联系，茶水相成，茶水相依。序厅两边的陈列橱窗里以透明玻璃硬板直印技术，将茶山和竹海的图像呈现出来。黑茶的历史沿革、迁徙路线图都成为黑茶展馆叙事性设计的辅助元素，透明材料的多层次、多反射形成的丰富效果在此显现出它在表现设计效果方面不可估量的力量。这一设计方法有效地增强了茶叶博物馆的文化创意价值，提升了博物馆的文化魅力，是拓展博物馆功能的有效策略。

第四节 博物馆陈列设计叙事的未来

一、观念：大数据时代的博物馆展示设计

（一）多元跨界：知识结构的更新

在信息时代经历了21世纪最初十年之后，英国科学家维克托·迈尔-舍恩伯格进一步提出了“大数据时代”的概念❶，成为信息时代的新宣言书。人们之间的交往越来越便捷，光纤和无线通信技术正以几何级数的增长速度将人们联系在一个更紧密的空间里，仿佛一夜之间世界就变小了。麦克卢汉正是在这个意义上第一次提出“地球村”的概念，这意味着，以往在人们眼中的巨大的地球空间在信息的魔法下成了一个小村庄，其中延伸出来的意义不仅是人们对世界认识的变革。从根本上说，随着大数据时代的到来，任何学科都不可避免地进入与之相关的技术发展和思维创新中。在设计领域，更加要求设计师打破原有的知识结构，在思想认知、设计观念、艺术与科学的探索中实现“跨界”的可能。霍金在其著作《大设计》中指出“哲学已死”，阐明科学理性是解除“存在之谜”的唯一合理理论。也就是说，在今天通过科学技术建构的世界中，宇宙万物及生命存在的意义已经不是传统哲学所能解释的。可以说，从今天普遍意义上的世界文化来看，传统的人文价值观与现代的科学文明观是并存的。由此我们可以重新审视设计的意义与未来，时代、环境的变化表明设计已不是“美化生活”“装饰生活”等狭义上的简单概念，而是融会科学技术、社会生活、文化艺术、经济产业的“大设计”范畴。

❶ [英]维克托·迈尔-舍恩伯格、[英]肯尼斯·库克耶：《大数据时代——生活、工作与思维的大变革》，盛杨燕、周涛译，杭州：浙江人民出版社，2013年。

在当代，博物馆的概念也较以往有了新的阐释。博物馆的功能范畴由收藏、教育、传播、研究转向更丰富的内涵，这是一个从“以物为中心”跨越到“以观念与技术为中心”的过程。在文化、社会、经济多元化的影响下，博物馆呈现出的形态也愈来愈丰富多彩，传统的功能仍然存在，但更多的是作为综合社会各层面“跨界”与“复合”的场所。

（二）为城市公共文化服务

20世纪90年代初，美国博物馆协会发表了一篇名为《卓越与公平——教育与博物馆的公共层面》的报告，其中指出：“在当今的世界中，博物馆有双重的公共责任：一个是卓越的责任，保证知识上的严谨才能保证博物馆的品质，这是博物馆要继续维持的传统；另一个是追求公平性的责任，即博物馆应该有范围更广的教育活动以及满足社会的多样性。”❶因此，从宏观的层面来说，博物馆代表了一个国家、一个城市、一个地区的文化面貌，是塑造民族形象、国家形象、地域形象的重要场所，肩负着“城市重生”的巨大责任，需要更丰富和贴近人们的公共生活，为观众提供更多的学习、娱乐、休闲、体验服务。由此不难想象，未来的博物馆陈列艺术设计将更加重视公共空间的利用、开发与完善。这体现了博物馆对公众服务和开放的程度。不难看出，这一转变更多显示出了当代博物馆设计服务公众、服务社会的精神内涵与运营策略。

博物馆建设与城市规划和城市文脉息息相关。成功的设计可以使博物馆成为城市的新地标，较为典型的案例是众所周知的华人建筑师贝聿铭先生设计的位于法国巴黎卢浮宫入口处的“玻璃金字塔”（见图6-14）。

---

❶　何小欣:《当代博物馆的复合化设计策略研究》,广州:华南理工大学博士学位论文,2011年。

图 6-14　法国巴黎卢浮宫入口处的“玻璃金字塔” | 摄影：姜昊生

作为巴黎卢浮宫的入口，玻璃金字塔既解决了原有建筑陈列中动线混乱的问题，又在设计中巧妙地将新旧两种风格在建筑上予以恰当衔接，可以容纳更大的客流量，并提供书店、餐厅、咖啡厅、商店等多种服务空间。“金字塔”完成后，不论褒贬，无可争议地成为魅力之都巴黎的地标性建筑。

建于江苏南京江东门“万人坑”遗址上的侵华日军南京大屠杀遇难同胞纪念馆（见图 6-15）是一个博物馆叙事设计与城市历史文脉相结合的典型案例。纪念馆广场上，灰色混凝土墙体与砂石地面的广场使人们走在其中感受到一种历史的凝重，并在这种情绪的铺垫之下逐渐进入博物馆主体之中。一个博物馆的陈列艺术设计是一种无声的叙事，透过形式的塑造来表达博物馆的立场与观点。侵华日军南京大屠杀遇难同胞纪念馆为观众营造了一个沉痛、悼念、回顾与重见光明的参观氛围，这个叙事节奏既能激发观众的爱国主义情绪，也更能被大多数中国人在心理上接受，其叙事目的是“以史为鉴、开创未来”，既不能不触动观众的感情，也不能让观众长久地陷于沉痛的情绪不能自拔。因此，观众在参观完“主体展厅”“遇

图 6-15　侵华日军南京大屠杀遇难同胞纪念馆 | 摄影：周晓剑

难现场”与告慰亡灵的“冥思厅”之后，会走入阳光下的和平公园，让压抑的情绪得以缓解。

今天的城市生活给人带来许多方面的物质享受和生活便利的同时，也因“速朽”的文化有了冷漠的表情，使现代人困囿其中。这在某种程度上是一种“异化”的表现。当我们将博物馆文化看作整体社会与环境中的一环，从设计本体阐发，形成一种整体设计观，在更广域的范围内研究陈列艺术设计的策略的时候，设计的外延与内涵将会得到拓展，将更具人文情怀。

二、策略：博物馆展示设计叙事的未来

（一）融入展示陈列的叙事形式

在大数据时代，面对信息杂乱的展示陈列内容，作为一名普通受众如何才能够获取自己所需的知识？如何在浏览过程中与设计者、观察对象等建立起互动关系？毋庸置疑，“叙事”将成为博物馆展览陈列设计中最关键的一点。博物馆陈列的叙事性设计是在宏观大设计的基础上的小设计，其设计的范畴较为单纯。虽为“小设计”，但其涵盖的设计内容和涉及的领域较多，需要多学科的理论与实践支撑。

博物馆展览陈列设计的手段和展现形式随着科技的发展而发展，并且不断给人们带来意想不到的惊喜。尤其是在传统博物馆陈列的基础上加入大数据时代的科技成果，奉上一场场五彩缤纷的视觉盛宴，这些视觉的感受和展现得益于设计师的设计创意与灵感迸发，而这些华丽视觉的背后隐藏着其设计的理念和宗旨。

在人文社科和历史类博物馆的陈列中，叙事性设计的理念和宗旨越来越得到认可与应用。叙事的价值体现在展示设计信息传达的多方面。首先，

从叙事的角度来说，博物馆的叙事性设计可以以第一人称、第二人称、第三人称或其他形式来阐释，这样便于交代相关展示内容，能使受众融入其中并较易接受视觉信息。其次，从叙事的方式来看，可以借助文学叙事的方式采取顺叙、倒叙、补叙、插叙四种方式来表现，这样既符合受众的接受心理，也便于展线的设计表现。最后，在博物馆的陈列中叙事性设计易于凝练和归纳主题，一方面便于设计师进行设计创新和头脑风暴，另一方面便于受众阅读理解。运用叙事的基本方法，结合心理学、传播学、符号学、建筑学等领域的研究成果，可以将受众的视线引入设计师创造的叙事结构和主题中，这是以往其他设计形式所缺少的。当然，在叙事性设计过程中，还要注重叙事内容和叙事表达形式的创新。平庸的设计表现既不能吸引受众阅读欣赏，也不能引起观众的共鸣，勉强完成的设计更不能算是成功的设计案例，还会造成负面影响。

（二）技术引导未来

当今时代，科学技术已经在潜移默化之中改变着我们的生活方式，仰赖于计算机网络技术、电子信息技术的迅速发展，智能手机、平板电脑等已经成为大众日常生活的必备品。技术革新作为现代性理性价值观的内在驱动，其本身并不具备人性、情感、文化等属性，需要人来赋予，而其中设计师扮演着不可替代的角色。我们不得不承认，科学技术确实在深刻改变着传统的文化形态与认知观念。

在当代博物馆陈列艺术中，好的叙事策略需要一定的技术手段去支撑。在某种意义上，技术条件决定了展览叙事的方式与方法。20 世纪 90 年代以来，数字化技术已经全面渗透到社会生活的各个领域，为博物馆陈列设计提供多元化、准确化、艺术化传达信息的可能。在传统静态陈列中，无法展示的抽象、复杂信息，便可借助数字化多媒体技术来实现。在更为普

图 6-16 内蒙古鄂尔多斯煤化工博物馆煤炭科普厅弧形透明屏幕演示 | 设计：王思梦

遍的应用层面，大多数博物馆陈列和收藏的实物形式的藏品量非常庞大，一方面有限的空间无法满足完全展出的条件，另一方面每件展品的介绍信息内容精简，不能传达更深刻而丰富的文字信息。因此，多媒体技术在陈列艺术设计中的应用适时弥补了这一缺憾，使观众可以依据兴趣通过视频、影像等电子资料获取有价值的展览信息。

在今天及未来的博物馆展览设计活动中，以信息传播为导向的人机交互技术是陈列艺术设计的核心手段。前文提到，博物馆叙事性的设计强调信息的重新分类与整理，在展示中运用多媒体、虚拟现实、互动游戏、仿真还原等技术形式，可以将杂乱无序的信息进行有逻辑、有层次的分级处理，按照一定的分类清晰直观地呈现给观者。此外，信息技术可以更好地营造环境与氛围，是精彩的叙事设计得以完美实现的保障。

图 6-17　内蒙古鄂尔多斯煤化工博物馆煤炭科普厅序言与形象墙 | 设计：王思梦

在内蒙古鄂尔多斯煤化工博物馆煤炭科普厅的布展陈列设计（见图 6-16）中，设计师为了形象地展示煤炭资源，追溯其自然形成的原因，需要向观众科普煤炭资源及煤炭形成的有关科学知识，介绍地下煤层的面积和厚度。为了达成这一目的，这一设计采用了弧形透明屏幕进行展示，观众可以自己在弧形透明屏幕上操作、点击界面系统，获得自己想要了解的信息。

同时为了再现远古时期大自然壮观、神奇的景象，设计师又以煤层为平面形象，设计了形象墙，建构煤炭形成的叙事展示空间。在黑色煤块图形的两边是恐龙时代的原始森林景观，在具有原始森林影像的透明信息大屏上，观众可以获得有关煤炭形成的科学知识（见图 6-17 ）。

如果按照传统展示设计方法，信息含量如此大的展示内容需要依靠大尺度的模型与绘画，因为传统的完全静止的艺术场景既不能营造出动态的环境，也不能与观众产生互动。而通过多媒体投影、高清流媒体技术和虚拟现实技术与自然实景结合的陈列手段，可以生动真实地还原过去的景观，使故事的讲述更具感染力，使观众产生共鸣，从而达到叙事设计的目的。这一设计案例说明了愉悦的体验是博物馆陈列艺术所要关注的要点，尤其是叙事性陈列设计更注重观众的参与和体验。观众亲身参与体验是比在家阅读书本更有趣的获得知识的方式。未来的博物馆陈列设计将给予观众更多想象的空间和自由发挥的余地，利用不断出现的新技术与新方法创作出更富有趣味的视觉元素与空间效果。实质上，复杂的技术并不一定会使人产生“异化”，重要的是如何合理地运用，使其“人性化”。先进的技术条件可以带给观众非常态的感官体验，激发观众的兴奋点，让观众置身于理想的环境之中。诚然，技术不是一切，过度的使用会产生负面的效果，传统的静态陈列方式仍有其不可动摇的地位，因此，新旧交插、动静结合的方式可以优势互补，让技术更人性，让人性得以更好地呈现。

（三）创新思维：知识经济的兴起

今天的博物馆不仅是简单地承载历史人文的单纯教育与文化传播场所，展示陈列设计需要在一定程度上考虑博物馆的运营策略，这也是未来博物馆有机发展、散发活力的前提保障。进入21世纪，随着后工业时代的到来，知识经济作为一种具有高技术、高知识的崭新经济形态正在逐步兴起，对社会发展与文化走向产生着深远的影响。知识经济也可称为“智能经济”，“是指以知识、科技为先导的和建立在信息生产、分配和使用基础上的经济形态，是与农业经济、工业经济相呼应的概念。知识经济强调知识与科技的创新，同时也注重人与自然的和谐发展”❶，以经济的持续发展为目的，主要依靠

❶ 朱相远：《知识经济是社会主义的新基础》，中国经济网，访问时间2010年6月12日。

的是智力、信息等无形资产的力量。这无疑对博物馆陈列艺术设计具有重要的指导意义。

“智慧”与“创新”是知识经济时代社会发展的驱动力。展示陈列设计作为一种具有前瞻性的设计专业，更容易接触最新的信息与观念，它综合了空间设计、平面设计、工业设计、雕塑、绘画、场景设计、多媒体艺术等诸多领域，具有广阔的应用平台。知识经济的浪潮使得尖端科技与信息融合应用到博物馆陈列艺术之中，这是一种以技术为先导，融合文化、艺术与历史内涵的展示陈列设计新趋势。同时，在技术革新之外，应强调叙事性设计创新的思维与理念，使博物馆陈列艺术设计的意义得以延伸与拓展。

（四）叙事的多面性：设计的伦理

我们可以预见，虽然科学技术发展和观念更新是引领未来设计方向的原动力，然而，事物的发展总有多面性。20世纪中后期以来的现代设计理念主张“以人为本”“以用户为中心”，但在第三次产业革命之后人类面临全球环境危机之际，关于生态系统的伦理与道德思考逐渐融入可持续设计观念中，生态伦理价值不仅强调人与人平等，还强调人与自然和谐相处。

博物馆展示环境的虚拟设计采用由多种先进学科知识构成的计算机支持下的综合虚拟仿真技术来实现演示效果，通过电子展板、智能多媒体演示系统及增强现实技术等途径，可以实现文字、图片、影像、声音、动画等多媒介的获取、存储、加工、处理、传输一体化，不仅能达到更好的人机交互效果，更重要的是载体设备简单，信息传递更加清晰，可以成功避免传统喷绘展板所造成的资源浪费与环境污染。一个戏曲博物馆展示概念设计（见图6-18）运用了多项数字技术，有多项信息技术集合而成的多通道用户界面交互技术，有人体动作和手势识别跟踪捕捉技术，有声音识别

图 6-18　某戏曲博物馆全息交互影像概念设计 | 设计：王思梦

储存技术，有电子和磁性传感反馈技术，有虚拟或者立体影像技术。其中的技术重点在于交互体验技术，观众可以在此与景窗画面中的戏曲人物互动，甚至自己可以成为景窗画面中的一名演员，穿越时空体验中国戏曲文化。这一设计案例为了表现戏曲的历史，动用了如此多的技术，不过，在完美地表现了展示内容的同时，是否也带来了负面的东西？技术挤压了人的空间，这种挤压形成的后果值得设计师们思考。

诚然，以云存储技术的实现为表征，我们已经踏入大数据时代，博物馆展示陈列设计被赋予了更多艺术创造的可能性，然而面对海量的数据与计算机技术能力的飞跃性提升，技术对人与情感的异化、信息污染、数字殖民主义、“人工智能”对生命尊严的挑战等铺天而来的问题也悄然而至。信息时代的技术优势亦裹挟着太多生态伦理问题，当这种生态伦理问题在展示叙事设计中显现出来的时候，亦衍生出设计伦理问题。设计伦理是一个时代的话题，并且，这不是一个简单的价值判断，更值得我们思索的是，如何恰当、善意地利用当前的技术完成自我完善与自我修复，为大数据时代的博物馆展览陈列叙事性设计的创造性行为提供绿色生态的可持续发展的活动场域。

小　结

对博物馆展览设计艺术进行评价很有必要，博物馆展览陈列的叙事性设计目前还没有建立评价机制，亟待通过对传统的陈列设计方式的回顾、对当下博物馆展览陈列案例的分析，归纳出博物馆展览陈列设计的规律，提出叙事性的设计方法，并建立起博物馆陈列叙事性设计的评价标准。叙事性设计评价标准的建立能够调动设计师的热情，从而推动博物馆展陈事业的发展。以往人们认为实用、经济、美观是评价艺术设计的三项原则，这在当下博物馆陈列叙事性设计评价的范畴中依然有一定的参考意义，但是在新的条件下应该有新的评价要素和新的评价维度。我们对当前叙事性设计评价的关注点应该放在人与自然、人与环境的和谐，博物馆陈列事业的可持续发展，当代博物馆陈列叙事性设计艺术的创新性三个方面。

科学技术条件也是博物馆展览陈列设计评价中要考虑的因素。人要恰当地利用科学技术，而不是为技术所主导，要恰当地处理伴随着科学技术迎面而来的设计伦理问题，也要在设计活动中正确地处理好人与技术的关系。在处理人与技术关系的同时，还要处理人与自然生态、人与社会环境的关系。设计中的生态伦理观不局限于狭义的自然保护主义，并非单纯关注自然环境，而更多的是将人、自然、社会、科技、经济、伦理等多方面问题联系在一起，以实现平衡、协调、适度的发展。

博物馆展览陈列设计已经进入一个新的时期，在新时代、新技术的引领下，陈列设计观念、陈列设计方法、陈列设计艺术形式都亟待更新换代。应站在博物馆陈列设计发展战略的高度，分析、评价、总结以往博物馆陈列设计的经验，继承以往优秀的设计品质，找出过去的不足，加以改进提升，在分析、归纳、总结、改进的过程中提出博物馆展览陈列设计创新的思路和具体方法。我们在博物馆展览陈列设计的叙事性研究中提出了博物馆叙事性的陈列设计方法。经过多个实践案例证明，叙事性陈列设计的方法具有创新性，也具有实用性，还具有适应性。博物馆设计人在新的时期应该梳理展览陈列设计理论，拓展陈列设计的艺术观念与视野，提升博物馆展览陈列的技术与艺术水平，总结过去，立足现在，面对未来，规划未来，适应未来。

附录 · 名家经典

1 博苑掇英 异彩纷呈——全国博物馆陈列艺术成果交流展
2 践行使命 设计担当——“庆祝中华人民共和国成立 70 周年”纪念章设计纪事
3 红色记忆 艺术再现——李跃进艺术创作设计作品
4 愉悦之光 心灵之美——陈同乐系列策展作品
5 设计创新 硕果累累——王凯、赵彤博物馆优秀设计案例
6 回忆、致敬与再叙——李黎系列策展作品
7 水乡泽国 文明圣地——徐征野良渚和临安的叙事
8 主题丰碑 笔墨挥洒——宋威手绘设计作品
9 主题主流 叙情叙理——清华大学展示艺术研究所主题展览叙事设计作品

| 1　博苑掇英　异彩纷呈 |
——全国博物馆陈列艺术成果交流展

设计策划：刘鹭　马沈

2009 年至 2019 年是中国特色社会主义高歌猛进的十一年，也是中国博物馆事业迅猛发展的十一年。博物馆的陈列艺术设计是博物馆工作中的重要方面，博物馆陈列艺术设计创新赋予博物馆陈列内容以新的美学特质，给博物馆带来新的面貌，开启了博物馆陈列艺术的新时代。

2019 年，为总结过去十一年博物馆陈列艺术设计的成功案例，促进学术交流，提升博物馆陈列艺术的水平，促进全国博物馆陈列艺术的创新，在全国范围内，以新馆建设、老馆改造项目中展陈设计等方面的优秀作品

案例图 1-1　博苑掇英——全国博物馆陈列艺术成果交流展序厅艺术装置 | 展览策划：刘鹭　马沈

案例图 1-2　博苑掇英——全国博物馆陈列艺术成果交流展展厅 | 展览策划：刘鹭　马沈

为依托，从学术研究和专业交流的角度，全国博物馆陈列艺术成果交流展由中国博物馆协会、中国人民革命军事博物馆（以下简称“军事博物馆”）主办，中国博物馆协会陈列艺术专委会策划承办。（见案例图 1-1、案例图 1-2）

参展的 50 个博物馆的陈列展览是近年来我国博物馆陈列水平不断提升的具体体现，对陈列艺术设计必将起到一定的引领示范作用。这次展览受到各个方面的重视，国家文物局、中国博物馆协会、军事博物馆、中国文物报社等单位的相关领导前来参加展览开幕仪式。

在新的时代，广大博物馆陈列艺术工作者兢兢业业，努力拼搏，以设计创新作为博物馆陈列艺术发展的动力，努力做到思想性、科学性、艺术性和学术性的统一，“志之所趋，无远弗届，穷山距海，不能限也”。这些平凡的博物馆人在博物馆事业中做出了不平凡的事，为中国特色的社会主义文化事业的繁荣交出了一份又一份优秀的答卷。

| 2 践行使命 设计担当 |

——“庆祝中华人民共和国成立 70 周年”纪念章设计纪事

设计、撰文：夏鑫

新华社北京 2019 年 8 月 29 日电报道，中共中央、国务院、中央军委颁发“庆祝中华人民共和国成立 70 周年”纪念章，这是新中国成立 70 周年系列庆祝活动的重要组成部分，对于加强爱国主义教育，培育和践行社会主义核心价值观，增强中国特色社会主义伟大事业凝聚力和感召力，具有十分重要的意义。

“庆祝中华人民共和国成立 70 周年”纪念章的设计工作周期不长，但得益于各级领导的指导支持，设计过程中的各环节非常顺利。2018 年 10 月，设计师夏鑫得到上级通知指示为国庆 70 年活动设计一枚纪念章，领受任务的时间接近年底，此时他手头工作繁杂，几乎没有时间，但是这项工作要求急迫。在政治工作部领导的主持下，相关人员开会讨论研究，为纪念章的设计提出了几点意见：（1）涵盖中华民族伟大复兴的大背景；（2）突出中国共产党的领导；（3）体现宽泛的文化内涵；（4）兼顾战争年代、和平时期和新时代的特点；（5）因要赠送国际友人，应体现世界包容量，显示现代化国家发展的无限前景；（6）彰显大国风采，要有历史厚重感。设计方案的风格定为中性传统风格方案、新颖创新风格方案、现代概念风格方案。

夏鑫在参加工作的 25 年中，有丰富的奖章、纪念章设计经历，曾多次为国家、军内外设计多种重要的奖章、纪念章，同时带领军事博物馆共和国勋章、国家荣誉称号奖章设计团队（夏鑫、宋威、高颖、刘斌）参加国家勋章的设计制作，为勋章联合设计团队的主要力量，还深度参与国家勋章、

案例图 2-1　金色年轮——“庆祝中华人民共和国成立 70 周年”纪念章设计方案 | 设计：夏鑫

奖章、纪念章相关规范意见的编制。创意设计之初，夏鑫阅读了大量关于习近平新时代中国特色社会主义思想的相关文章。

设计任务书对纪念章的设计也有要求：主题突出、庄重大气、充满时代气息、具有中国特色和国家水平，既有浓厚的历史继承性，又有鲜明的时代特征，等等。首轮的设计主要以五星红旗、年轮、“70”飘带、团锦结（中国结）、祥云、礼花、星光、火炬、光芒、花朵等为主要创意设计元素（见案例图 2-1），同时，考虑给这枚纪念章定义主题或名称，请教了军事博物馆军事历史专家张海部长，给出以下名称：辉煌年轮、天耀华诞、飞翔之梦、华彩丽章、中国故事、同心共筑、光耀中华。代表国旗的五星红旗元素居中，彰显中华人民共和国国体神圣、伟大和在国际事务上越来越凸显的中心作用。

金色的“年轮”在冉冉升起的五星红旗上由中心外延，呈流动状扩散，既记录着中华人民共和国 70 年的历史足迹，又寓意在中国共产党的领导下中国建设改革事业如海浪般不可阻挡，克服重重困难，一波连着一波向着

案例图 2-2　“70”飘带——“庆祝中华人民共和国成立 70 周年”纪念章 | 设计：夏鑫

辉煌推进。

数字“70”飘带（见案例图 2-2）运用了以下设计元素：“70”飘带，表示中华人民共和国走过的光辉历程，寄寓对祖国华诞的庆祝。飞扬舞动的飘带，既象征着党领导人民在建设、改革中经历并战胜了重重曲折，又表达着对祖国伟大成就的欢呼赞颂。团锦结，是中国结中吉庆祥瑞的结饰，寓意着中华民族大家庭花团锦簇，团结和睦，前程似锦。具有中国元素的黄色丝带与体现国际性的蓝色丝带相互挽结，彰显中国以开放、包容的姿态，与世界紧紧相连，努力构筑新时代人类命运共同体。祥云，以表达对美好环境、美好事物、美好生活向往的祥瑞云气，象征中华民族对伟大复兴中国梦的追求。

在章体外围以绚丽多彩的礼花表达对中华人民共和国生日的庆祝及对党领导人民奏响的国家富强、民族振兴、人民幸福华彩乐章的礼赞。星光寓意充满生机和希望的中国未来会是灿烂的银河中最耀眼的星座。火炬、光芒代表中国共产党高擎理想的火炬，引导人民不忘初心、薪火相传，以

勋章 | 奖章 | 纪念章

英雄模范勋章

设计说明：

主要元素：军徽、红旗、桂叶。

1. 军徽——代表中国人民解放军。

2. 红旗——寓意英雄模范是一面旗帜。

3. 桂叶——象征崇尚荣誉。

一级英模

正面

背面

二级英模

正面

背面

材质、尺寸：

一级英模勋章材质：铜质镀金、红色珐琅彩红旗、18K纯金军徽。

尺寸：Φ=70mm

二级英模勋章材质：铜质镀金、桂叶和光芒镀银、红色珐琅彩红旗、18K纯金军徽。

尺寸：Φ=65mm

1

案例图 2-3　英雄模范勋章 | 设计：夏鑫

中国人民抗日战争胜利70周年纪念章

奖章设计

设计元素

抗日战士浮雕、延安宝塔山、黄河、橄榄枝、光芒。

设计释义

彰显“铭记历史、缅怀先烈、珍爱和平、开创未来”的主题。

1. 抗日战士浮雕：体现中国人民不畏强暴、奋起抗战，寓意伟大的抗战精神。

2. 延安宝塔山：体现中国共产党在中国人民抗日战争中的中流砥柱作用。

3. 黄河：奔流的“母亲河”寓意以爱国主义为核心的伟大民族精神是抗战胜利的决定因素。

4. 橄榄枝：象征和平，表达对抗战英雄、烈士和为抗战胜利作出贡献各界人士的崇敬之意。

5. 光芒：象征伟大胜利、崇高荣誉，寓意实现中国梦和世界和平发展的光明前景。

案例图 2-4　中国人民抗日战争胜利 70 周年纪念章 | 设计：夏鑫

光芒战胜一切黑暗的阻隔，象征中华民族浴火重生的曙光。绽放的花朵，颂扬70年来祖国各行各业的伟大成就，祝福中国特色社会主义事业更加美好的未来。

在历时5个月的设计工作过程中，设计团队反复设计、研讨、审稿、报批、试制等，记不清经历了多少轮，虽然很多次都是微调。最终，设计方案获得了成功，这些方案凝聚着国家的重任、设计师的心血和广大人民群众的希望。

英雄模范勋章（见案例图2-3）以军徽、红旗、桂叶作为主要设计元素，军徽代表中国人民解放军，红旗寓意英雄模范是一面旗帜，桂叶象征崇尚荣誉。

中国人民抗日战争胜利70周年纪念章（见案例图2-4）以抗日战士浮雕、延安宝塔山、黄河、橄榄枝、光芒作为主要设计元素。设计释义“彰显‘铭记历史，缅怀先烈，珍爱和平，开创未来’的主题”。

3 红色记忆 艺术再现

——李跃进艺术创作设计作品

（1）《工运圣地》——安源大罢工纪念馆大型壁画

设计、撰文：李跃进

《工运圣地》大型油画由 10 块宽 1.95 米、高 4.5 米的油画组合而成，总面积 87.75 平方米（见案例图 3-1），画面如长卷舒展，气势恢宏。该画陈列在江西省萍乡市安源路矿工人运动纪念馆，由军事博物馆著名军史题材画家李跃进领衔画面构思策划，安源路矿工人运动纪念馆原馆长黄仂领

案例图 3-1 安源路矿工人运动纪念馆《工运圣地》色彩稿 | 创作：李跃进 李新华 李朝阳

衔内容设计，深圳大学艺术学院、清华大学美术学院的几位教授共同努力创作绘画，历时三年，几易其稿，于 2015 年完成。《工运圣地》油画创意构思打破了一般的历史事件艺术创作表现手法，不以某一个具体历史事件为原型，而是确定一个新的主题创作思路，就是以十年安源工运为主题，挖掘一系列安源路矿工人运动取得胜利的历史故事为创作素材。这一系列历史故事具有综合性，囊括了安源工人运动史上最具有代表性的七个历史事件：一是毛泽东来安源实现了共产党人从学生运动到工人运动的发展，完成共产党人世界观的真正的转变；二是创办了具有示范意义的工会组织——安源路矿工人俱乐部，独树一帜；三是最早在全国产业工人中成立了党的组织，是工人阶级建党的光辉范例；四是成功举行了震惊中外的安

源路矿工人大罢工，取得党成立后第一次独立领导的完全胜利的罢工斗争；五是开展了党的历史上最早的反腐倡廉斗争与工人经济文化教育建设的成功探索；六是作为湘赣边界秋收起义的策源地和主要爆发地，最早举起工农革命军队的旗帜；七是毛泽东最早创建人民军队的实践地，为井冈山斗争和人民解放军的早期壮大发展，作出了重要而独特的贡献。这七个历史事件也是安源工运史上有代表性的历史贡献。

《工运圣地》油画同时表现了20世纪20年代的安源的工运盛况，由于工人运动的影响，安源被人们誉为中国“小莫斯科”，也说明安源不愧为历史上中国工人运动的策源地。画面中心描绘的几个主要人物器宇轩昂，面对画面，观众会猜测画面上是哪几位著名人物，然而仔细看，并不是我党早期的任何革命领导人，而是工人运动领导人的代表形象。这幅大型油画在全国革命纪念馆中实属罕见，既给观众以视觉上的冲击和震撼，又带来美学上的体验和欣赏。由于这幅画反映的历史内容真实，又具有较强的艺术价值，2019年成功入选第十三届全国美术作品展览。

（2）《黄桥决战》——新四军黄桥战役纪念馆序厅壁画

设计、撰文：李跃进

《黄桥决战》壁画长25米，高6米，呈中心对称弧形展开。整体画面由三个内容板块构成一幅具有完整历史主题与新颖形式语言的画卷，由高浮雕到浅浮雕的起伏变化富有动感与气韵，画面近景主体突出，远景衬托自然过渡，相谐相宜（见案例图3-2）。

中心板块为浮雕点题之“眼”。主体造型为旗帜、火焰、地图的交织组合，寓意为高举党的抗日救亡的旗帜，燃起抗击日寇的不熄烽火，挫败敌顽战斗意志，并展示了黄桥战役的作战过程与战绩。造型上部是欢呼黄桥战役胜利和新四军与八路军会师后红旗招展、欢庆胜利的壮景，标示着

案例图 3-2　新四军黄桥战役纪念馆序厅壁画《黄桥决战》 | 设计：李跃进

此役完成了对苏北抗日根据地的巩固，为党中央提出的新四军“向南巩固，向东作战，向北发展”打下坚实基础，打开了华中抗战的新局面。

右侧板块主体形象为黄桥战役的重要战斗情形，反映了阻击顽敌、寸土必争的防御作战，穿插作战、智歼顽敌、夺取城垣的运动歼敌，以及新四军英勇顽强、不怕牺牲的战斗精神。背景元素表现了一线指挥员指挥若定、新四军河湖乘船作战的景象，以及水网田、河流木桥与茂密的青纱帐等作战区域的地域特色。

左侧板块主体形象为黄桥人民群众踊跃支前活动和统一战线工作为战役胜利所提供的重要保障与贡献。主要支前活动的形象代表有烙黄桥烧饼的老少一家，装满支前物资的独轮车队、挑担队，送军鞋的妇女和抢运伤员的担架队员。其中侧重表现了以朱履先为代表的贤达人士对共产党的政

案例图 3-3　“中流砥柱”展　《日本暴行》 | 设计：李跃进

策和新四军的理解、支持与支援，他们为黄桥人民支前活动增添了光彩一笔。背景元素表现了苏北农村的村落、河湖水网、古镇民居、树木等风貌。

浮雕为玻璃钢材质，并以仿铜效果呈现，中心板块位置的“旗与火”有适当的象征色彩变化。以写实为主的艺术手法突出整体性的气势、动感与张力，构图中适当加入装饰性构成。

（3）《日本暴行》——“中流砥柱”展叙事景观

设计、撰文：李跃进

中国人民革命军事博物馆 2015 年“中流砥柱——中国共产党及其领导的人民军队抗日战争主题展”（简称“中流砥柱”展）反映日本法西斯暴行展区概念设计采取装置艺术叙事的表现手法，通过凶残杀戮、无差别轰炸、“三光”政策、细菌战、化学战、强掳奴役劳工、残害妇女儿童、掠夺和摧残中国经济文化等内容，集中反映日本法西斯暴行给中华民族带来的深重灾难。一只象征祖国母亲的沧桑巨手从铺满死难民众照片的坟场中伸出，指向苍天，手心里是悲痛中回望历史的影像，无言控诉日本法西斯的反人

案例图 3-4　中原英烈馆油画《血战独树镇》｜绘画：李跃进　潘安

类暴行（见案例图 3-3）。

（4）《血战独树镇》——中原英烈馆红二十五军长征叙事景观油画

绘画：李跃进　潘安

撰文：李跃进

血战独树镇故事发生在 1934 年底，这是关系到红二十五军生死存亡的一场战斗。在中央红军撤离苏区不久，位于大别山革命根据地的红二十五军也从河南罗家冲出发，踏上长征的征途。敌人妄图消灭红二十五军，调集 30 多个团的兵力对红二十五军进行围追堵截。1934 年 11 月 26 日，数倍于我的敌人在独树镇七里岗、砚山铺堵截红军，同时红二十五军的后面

还有敌人的追兵。情况万分危急，在军长吴焕先和副军长徐海东的带领下，红二十五军在独树镇与伏击红二十五军的敌人展开激战。《血战独树镇》景观油画以粗犷的线条、战火的硝烟、浓郁的色彩、视点集中下沉的构图表现红军指挥员亲自手提大刀勇敢冲锋的一瞬间，在指挥员的鼓舞之下，战士们端着枪奋勇向前，消灭凶恶的敌人，突破敌人包围圈。接下来两天，红军又在五里陂、高老山、澧河等地多次击退尾追的敌人，向河南西部的伏牛山区挺进。仅仅 3000 人的红二十五军在吴焕先、徐海东的率领下粉碎了敌人妄图将红二十五军围歼于长征路上的险恶意图，多次打败兵力多于自己数倍的敌人，并保存了红军力量（见案例图 3-4）。

案例图 3-5　中原英烈馆　国画《历史性的会晤》 | 绘画：李跃进　程明华

（5）《历史性的会晤》——中原英烈馆杨靖宇烈士展区叙事国画

绘画：李跃进　程明华

撰文：李跃进

1938 年 11 月 25 日，杨靖宇与金日成这两位神交已久的抗日英雄终于在涿江县南牌子见面，实现了历史性的会晤。国画《历史性的会晤》中，杨靖宇与金日成像久别重逢的战友，握手相拥，亲密无间，双方战士互拥欢庆，表达了东北抗日联军部队在林海雪原、冰天雪地艰难困苦的恶劣环境中团结一致、共同抗日、保家卫国、抗击日寇的必胜信念与战斗情怀（见案例图 3-5）。

4 愉悦之光 心灵之美
——陈同乐系列策展作品

设计：陈同乐

（1）呼吸——中国传统文化的当代形塑

2016年5月18日，由南京博物院和中国工艺美术学会雕塑专业委员会共同主办的“呼吸——中国传统文化的当代形塑”展于南京博物馆亮相。展览以“呼吸”为主题，将中国传统文化与南京地域特色一同寓于当代艺术语言与形式之中，同时展览充分利用馆舍空间，强调艺术作品表达语境与展示空间环境的关系。

“呼吸——中国传统文化的当代形塑”展题设计（见案例图4-1）别出心裁，选择长方形竖向构图，两边是经过精心设计的文字展题信息，中间留缝，一道缝将展题分为左右两个长方形，观众从留缝中能够窥见展题后面的展品，展题形式别具一格，呈现出非常规的视觉效果。

展出作品有一部分是现成艺术品，另一部分则是艺术家根据南京及南京博物院这一特定场域而进行的创作。在“呼吸”这一主题背景下，艺术家们赋予展品不同的故事，呈现多元的叙事视角，提升观众参与兴趣，开拓观众观展思维，启发观众反思问题。

董书兵《筑梦》（见案例图4-2）选用竹作为材料，以自己独特的造型语言，结合中国传统搭建手法，构筑起高高矗立、错落有致的竹楼。雕塑家运用高低错落、疏密有致的构成式法则，将富有传统寓意的“竹子”形象与江南文化的诗情画意融会于当代雕塑艺术造型中，带给观众多维度的感官体验。

案例图 4-1　“呼吸——中国传统文化的当代形塑” | 策展：陈同乐

案例图 4-2 《筑梦》| 设计：董书兵

案例图 4-3 《升》| 设计：马文甲

马文甲创作的一组汉白玉雕塑《升》通过草地环境的介入，为若隐若现的腾龙营造了地上与地下两个活动空间，带给观众无限联想（见案例图 4-3）。

案例图 4-4 《淋漓》| 设计：郑路

案例图 4-5 《一纸戎装》| 设计：王雷

郑路的不锈钢雕塑《淋漓》看似凝固定格的“水体”，于天地之间挥洒喷溅，寓动于静。又借助文字作为表达工具，将白居易诗歌《玩止水》细密地雕刻于“水体”上，对古人看水做超越时空的全新诠释（见案例图 4-4）。

王雷的《一纸戎装》使用旧报纸作为制作清代康熙阅兵甲的材料与表达媒介，通过纸张的脆弱性与盔甲的坚固性、文化与战争、古代与当下这三组对立关系的塑造，暗喻古今异同，以今释古（见案例图 4–5）。

（2）《在此》系列

《在此》系列之一讲述了椅子的故事（见案例图 4–6），一束光聚焦在一棵干树上，在这棵干树下，是一片白色的碎石铺地，碎石地面上摆放

案例图 4–6　《在此》系列——椅子的故事｜ 设计：陈同乐

案例图 4-7　《在此》系列——椅子和案的对话 | 设计：陈同乐

着几把大小不一的老椅子，在一把小椅子前面，设计师摆放着一个火盆，简简单单的几个物件把要说的话表达清楚了，不需太多的话语。在这片灰色场域中，讲述的是椅子的故事。叙事的时间特点、地域环境、故事情节、艺术价值、功能意义都已经明了。

该系列另一作品表现了椅子和案的对话（见案例图 4-7），同样是一个浅色调的空间，白色墙面，一张大草席铺地，草席上陈列一张宽大的案子，案子边上有一把老明式椅，似乎这张案子和明式椅正在亲密对话，它们之间有说不完的话，案子后面立着的六折屏书画屏风，又为这场对话增添了几分神秘感。

5　设计创新　硕果累累

——王凯、赵彤 博物馆优秀设计案例

设计：王凯　赵彤　李涛　王斌　陈奕南等

撰文：徐飞

案例图 5-1 为辽宁丹东抗美援朝纪念馆新馆序厅深化设计方案。抗美援朝是 20 世纪 50 年代爆发的朝鲜战争的一部分，仅指中国人民志愿军参战的阶段，也包括中国人民支援朝鲜人民抗击美国侵略的群众性运动。该设计紧扣历史题材，还原历史语境，突出历史重点，以庄重、宏大的场景作为序厅的开端，很快将观者引入历史的时空，中间的主要领导人（以圆雕的形式表达）与旁边的战士（以浮雕的形式表达）互相衬托，内容与形

案例图 5-1　辽宁丹东抗美援朝纪念馆序厅 | 设计：赵彤

案例图 5-2　安阳高陵——保护与展示工程：模拟墓室 | 设计：李涛

式和谐统一。庄严大气而不失形式美是红色展馆设计的主要特点，也是设计过程的难点之一。

案例图 5-2 中的模拟墓室运用透明的材质复原安阳高陵墓室结构，在主要展示面嵌入通电膜，通过控制通电膜透明开关，结合投影画面对墓室剖析解读。比照高陵的结构，模拟墓道后是模拟墓室，展现考古研究成果。模型在考古研究成果的基础上，采用新媒体技术展现它的建筑方法、对陈设的想象、二次葬的场景、被盗情况、发掘过程和墓室细节，以考古制图为蓝本，勾勒出古墓平面布局，透视呈现古墓结构；古墓中砖与砖错缝相叠，铺砖石、门砖逐渐呈现；通电玻璃逐层变透，晕染出考古人员发掘古墓的场景；“墓室”中陈列物品逐渐显现，千年古墓亦幻亦真地呈现在观众面前。

案例图 5-3 中的发掘成果展示区通过对城、墓园和墓的数据化再现与解说，集中展示海昏侯国遗址的重要价值。此陈列设计沿着琴、钟、磬、鼎、

案例图 5-3　汉代海昏侯国遗址博物馆——历史与文化展：海昏侯国发掘成果展示区 | 设计：王凯 赵彤

案例图 5-4　汉代海昏侯国遗址博物馆——历史与文化展：刘贺印、奏牍等代表刘贺身份的文物陈列 | 设计：王凯 赵彤

孔子漆衣镜构成的礼乐教化主轴，将文物按照食器、酒器、日用器、文房、服饰和简牍的结构进行陈列，展现了礼乐制度下西汉时期列侯生活的多个侧面。

在案例图 5-4 的陈列场景中，昌邑、长安、海昏侯国三地同时展现在观众的视线中，刘贺王、帝、侯地位的转换一目了然。其中，昌邑展区展示了刘贺作为王的经历、家族的际遇，来自昌邑的文物也展现了昌邑国巨

案例图 5-5　侵华日军南京大屠杀遇难同胞纪念馆——南京大屠杀史实展第四部分“人道主义救援——马吉记录的日本暴行”（马吉胸像雕塑）｜设计：赵彤 王斌

大的财富与地理优势。

关于侵华日军南京大屠杀遇难同胞纪念馆的设计，设计者最初的反应是在讲述南京大屠杀的故事的同时，还将游客的整个参观体验描绘成一段“情感之旅”。案例图 5-5 的前后两部分反映了南京大屠杀史实展第四部

案例图 5-6　侵华日军南京大屠杀遇难同胞纪念馆——南京大屠杀史实展第五部分“世界所了解的事实与日本的掩饰——铁证”
| 设计：赵彤 王斌

分的循环展览，通过电控玻璃投影表现约翰·马吉所记录下的珍贵影像历史证据，当不播放内容时，电控玻璃变为透明状态，为观众展示约翰·马吉的摄像机等珍贵文物。

此处展陈设计中使用剪影、阴影和更加抽象的形式是为了更好地表现侵略者的暴力行为。案例图 5-6 反映南京大屠杀史实展第五部分，顶部做一半的胶片盒造型，由天花镜面反射给人以整体胶片或盒子的感觉，胶片盒造型中心的弧形 LED 屏幕循环播放有关南京大屠杀的罪证及照片，前方投影播放马吉拍摄的影片。该部分应提供提前告知游客和避免儿童过多接触有关暴力内容的图像的机制（例如调整展示的高度，解答与其年龄相适应的问题）。

案例图 5-7　侵华日军南京大屠杀遇难同胞纪念馆——南京大屠杀史实展第一部分“南京沦陷前的形势” | 设计：赵彤

案例图 5-7 中的南京大屠杀史实展第一部分通过实景组合的方式还原南京的沦陷，声音、影像、震动的塑造将使游人身临其境，文物、图片的嵌入将为这一历史作证。多扇扭曲的异形墙体形成夹道式的通过空间，在这些异形墙面上将呈现具体内容。它们压迫的、扭曲的、破裂的形态揭示日军的罪行，同时也象征了国门的破碎、人性的扭曲，那段历史与现在其实很近，就在我们的身边 。图中前后两个场景分别表现了战争烽火连天和战争之后的无限悲凉，多扇扭曲的异形墙体给人一种强烈的压迫、扭曲感，发人深省，启人深思。

“12 秒泉”采用三角形为设计的基本元素（见案例图 5-8），把简单的三角形元素进行有目的的演化，辅以不同尺度，得到不同的边角关系、方向、体量、材质等，从而衍生出危险动荡、居安思危、果敢坚定、勇于突破、寻求真理等寓意。设计过程中尽量做到建筑空间感与视觉语言的统一，既提升观众的参观兴趣，又使观展过程连成一气，令人记忆深刻，在纪念

案例图 5-8 侵华日军南京大屠杀遇难同胞纪念馆——南京大屠杀史实展“12 秒泉” | 设计：赵彤 王斌

馆的内容、功能、体验上都得到一次升华。在尾厅的中心位置设置了由玻璃砖构成的三角形体装置，这一形体与整体建筑形态吻合，暗示展陈目的

案例图 5-9　侵华日军南京大屠杀遇难同胞纪念馆——南京大屠杀史实展“情景中庭” | 设计：赵彤 王斌

是和平的愿景，指明了方向。复制的档案封存在玻璃墙内，是我们永久的记忆，手印互动将使其呈现五彩光芒。

南京大屠杀史实展“情景中庭”从写实场景一直延伸到某一个时空转换的场景，目的是使观众能近距离体验战争的残酷，大型半景画结合投影、

案例图 5-10　辽宁丹东抗美援朝纪念馆反绞杀战景观 | 设计：赵彤 王斌

塑像、文物、图片，立体化呈现保卫南京的历史瞬间。散落的当年的物品将使观众触景生情，半透明的历史照片把基层的影像定格特写，形成震撼视觉效果。场景保持原有展陈景观形式，空中及墙面设置投影装置，表现大轰炸内容。案例图 5-9 中的前后两个场景分别表现大轰炸场景的冷暖关系，结合影像、声音、震动、光效等手段，表现情景中庭的震撼效果。

案例图 5-10 为抗美援朝纪念馆反绞杀战景观钢铁运输线设计效果。此类设计主要借助气氛营造的表现方式将观者直接带入特定的历史时空，使观者能够更近距离感受历史，触摸历史，与历史产生共鸣。天空中两组飞机远近对比强烈，尤其近处飞机的飞行姿态让人感觉危机重重。天空乌云密布，地面炮火连天，浓烟四起，地面与天空形成强烈的冷暖对比，既有很强的艺术表现力，又符合历史语境。所以此类设计不单需要熟练掌握设计构成基础，更需要注意整体场景的对比关系及人、物、景之间的巧妙配合，这样才能更大程度吸引观众。

6 回忆、致敬与再叙
——李黎系列策展作品

地点：西南联大博物馆新馆

时间：2018 年 11 月至今

西南联大博物馆新馆，作为西南联大在昆建校暨云南师范大学建校 80 周年的献礼，于 2018 年 11 月 1 日正式开馆。新馆以恢复重建的联大图书馆作为建筑主体，展陈面积 3400 余平米，展出实物及各类档案 1000 多件，历史图片 1200 多张。

对于西南联大的回忆、纪念和研究从 20 世纪 70 年代就已开始，随着联大校友不断取得杰出成就，联大故事逐渐广为人知，影响与日俱增。2008 年，云南师范大学首次建立西南联大博物馆。10 年之后再建新馆，如何避免“新瓶装老酒”的平庸与尴尬，令人颇费思量。

西南联大短暂的办学历史经过数十年的讲述和研究，在展览内容上已经很难有新的挖掘和突破；而随着联大群体的逐渐凋零，联大故事的温度和力度逐渐降低。怎样感动和影响那些距离联大历史越来越远的观众群体，是展陈面临的难题。

（1）回忆

新馆展陈空间依托于恢复重建的西南联大图书馆，建筑外形和位置都完全符合文献资料和校友回忆，但造成的问题是展陈空间和展线分割迂回。

经过对周边情况的仔细踏勘，新馆参观流线将展馆周边的复原校门、联大纪念碑、“一二·一”烈士墓和联大教室旧址等相关遗址与文物一齐纳入，既能丰满联大回忆元素，也能增强参观游览的仪式感和氛围感，同时大大

案例图 6-1 复原西南联大校门

淡化了展馆内线路迂回的感受。

相较于旧馆，新馆用更加具体精细的手法还原了联大校舍和昆明街道等元素，如实还原校友的回忆和情怀，让年轻的观众拥有更多维度接收和体会 80 多年前的联大氛围，走近联大师生的回忆，从而更好地“感受”西南联大（见案例图 6-1 至案例图 6-4）。

（2）致敬

西南联大之牵动人心，在于处最坏之时代，培育了最杰出的人才。

展览的色调氛围、辅陈手段按照叙事线索和内容节奏，进行了细致的

案例图 6-2　复原西南联大时期清华大学清华门场景

案例图 6-3　根据汪曾祺散文及昆明老照片复原的昆明街

案例图 6-4　根据西南联大校园建筑平面图和老照片制作的联大沙盘

设计和铺排，让时代的悲苦、师生的艰辛、为学的不易拥有充分的表现氛围。

在此基础上，把翔实丰富的实物展品、文献资料和真实动人的师生典故一一托出，并恰当地运用版画艺术叙述西南联大师生故事，以雕塑艺术塑造导师形象，让“刚毅坚卓”“爱国救国”“弦歌不辍”的联大师生形象亲切、鲜活地在观众心中树立起来，透物见人，感其精神（见案例图 6-5 至案例图 6-7）。

联大群体的渐行渐远不可避免，借助当前越来越丰富的展示语言和手段，让他们的故事和精神得到多重层面的保留和展示，既是展览本身的需要，也是对历史和群体的缅怀致敬。

（3）再叙

2019 年 1 月 20 日，习近平总书记考察调研了西南联大博物馆新馆，

案例图 6-5　展线开始位置是放大的西南联大标志

案例图 6-6　版画艺术作品

案例图 6-7　雕塑艺术塑造西南联大导师形象

“深有感触地说，国难危机的时候，我们的教育精华辗转周折聚集在这里，形成精英荟萃的局面，最后在这里开花结果，又把种子播撒出去，所培养的人才在革命建设改革的各个历史时期都发挥了重要作用。……我们现在教育的目的，就是要培养社会主义建设者和接班人，培养有历史感责任感、志存高远的时代新人，不负韶华，不负时代”[1]。

西南联大是中国大学的一个高峰，被称为中国现代教育史上的奇迹。如今，云南师范大学在其原址延续血脉，但如何传承联大的精神，已经成为整个中国教育界，乃至全社会关心的问题。对联大故事和精神的再叙，是新馆承载的最重要任务。在新时代环境中，一成不变地叙述联大历史和典故显然是不应当的。

经过和展馆讲解团队的反复沟通，充分考虑联大校友及其后人，以及课题研究群体的需求，展览的参观流线排布、内容板块设置和辅陈手段运用为讲解工作的开展提供便利和协助；展览为联大校友及其家属补充文献资料和捐赠实物藏品开辟了便捷的互动通道；同时能辅助研究群体工作，并能实现及时调整，反映研究成果。

联大故事在原址被不断再叙，每一位走进展馆、走近联大历史的观众，都能获得点滴关于过去、现在和未来的思考，这也正是展馆展陈的初衷所在。

---

[1] 张晓松、朱基钗：《习近平考察西南联大旧址：教育要同国家之命运、民族之前途紧密联系起来》，新华网，访问时间 2020 年 3 月 5 日。

案例图 7-1　良渚博物院第三展厅“玉魂国魄”　| 设计：徐征野

| 7　水乡泽国　文明圣地 |
——徐征野良渚和临安的叙事

设计：徐征野

（1）良渚博物院

光的叙事：光有非常好的辅助叙事能力，一个好的、人们愿意去的博物馆，人在其中，光的照射是舒服的：只见亮处不见光源。在良渚博物院

改陈设计里，“光”铺陈了一个巨大的叙事空间。人在这样的光下很愉悦地接受信息。

以往的博物馆为了彰显文明、凸显神秘感，而去压暗环境光、凸显文物的光线。良渚博物院打破了这种常规，设计用“光”勾勒出远古文明的新面貌。设计打造了一个整体空间通亮、明快、舒适的自然光环境，还原“文明之光”，令观众在自然光环境里去品味生活中本应该有的文物和器物，即还原一种“生活”状态（见案例图 7-1）。

肌理叙事：作为考古遗址类博物馆，粗糙、原始的墙面肌理铺陈出良渚博物院的底色，这既是一个物理空间的“底色”，也是良渚博物院的内容“底色”（见案例图 7-2）。

空间叙事：良渚博物院的展厅空间是开放的、通透的，就像五千年的自然空间。大开大合的空间设计形成了多条叙事线索、自由的观展线路，中心形成几组信息岛，完成文明的组团阐释。

同时，这种去棱角、去转折、去负空间的设计，刚好能结合良渚博物院的光设计。光可以尽情地在其间漫反射（见案例图 7-3）。

案例图 7-2　良渚博物院第一展厅“水乡泽国”之一 | 设计：徐征野

案例图 7-3　良渚博物院第一展厅“水乡泽国”之二 | 设计：徐征野

案例图 7-4　良渚博物院第二展厅“文明圣地” | 设计：徐征野

多维的叙事：考古的语言如何被观众听懂？良渚博物院呈现良渚五千年的建城史，用二维空间与三维人物的组合展开五千年的画卷。画面中的地理环境、高度、尺度等信息，都经过考古学家的推敲和指导。这样的叙事语言形成了超越文字、带领观众重回五千年前的建城场景（见案例图 7-4）。

（2）临安博物馆

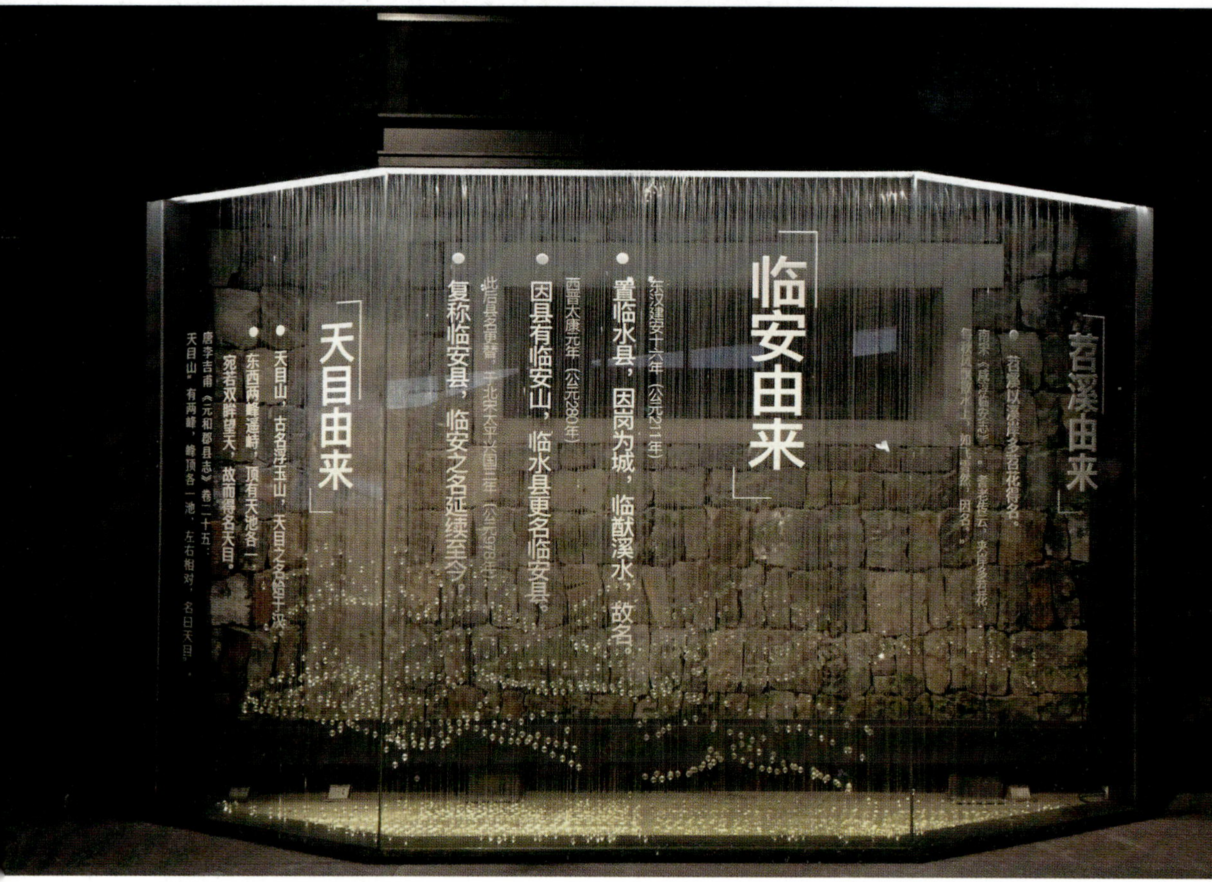

案例图 7-5　临安博物馆展览细部 | 设计：徐征野

“望长安，忆江南”，这是一个千古叹咏的主题。江南文化是中国文化不可或缺的亮点。江南兴盛始于十国之一吴越国——唐宋之间的一方乐土。

临安博物馆以“吴越国三世五王的故土家山”为主线，“山高水长”“树大根深”“枝繁叶茂”三大篇章串联临安历史文化全貌。通过深入挖掘，由地域文化与中国大历史的联结出发，从地方史文化认知开始，到中华文化的认同，从而践行文化自信。

对比的叙事方式：展览艺术品有细节、有韵味，与建筑粗糙的肌理形成强烈对比，令视觉聚焦展示信息（见案例图 7-5）。

案例图 7-6　临安博物馆馆中馆 | 设计：徐征野

案例图 7-7　临安博物馆精品厅 | 设计：徐征野

重点文物的叙事方式：临安博物馆在展厅设计“馆中馆”，营造仪式感，形成氛围感，突出重点文物的价值（见案例图 7-6）。

多样化叙事方式：静态、动态，平面、立体，组团陈列、厅中厅设计，多样化的展览语言，全木材料，传统的木结构、木加工工艺，结合互动展项，补充了文化演绎，在观、展之间调动情绪（见案例图 7-7）。

8 主题丰碑 笔墨挥洒
——宋威手绘设计作品

设计：宋威

2017 年，中国人民解放军军事博物馆举办了“铭记光辉历史 开创强军伟业——庆祝中国人民解放军建军 90 周年主题展览”。展览以“在土地革命战争中诞生成长”“抗日战争的中流砥柱”“夺取全国解放战争胜利”“保卫人民民主政权和建设合成军队”“开创军队建设新局面”“加快推进中国特色军事变革”“全面履行新世纪新阶段历史使命”“在强军兴军新征程上阔步前行”8 个单元展开，展出照片 1000 多张，文物 1300 余件，另还有大量图表、画作、视频、武器装备实装与模型等。展览讲述了中国共产党带领红色武装，以不屈的信念，众志成城，万众一心，在艰苦卓绝的热血战斗中开辟出属于新中国的天地，挽救人民于水深火热之中。同时，展览反映了在这 90 年岁月中，人民军队在党的领导下走过的光辉历程，展现了军队建设过程中形成的光荣传统和优良作风，体现了对祖国国防和军队现代化建设美好前景的展望。

在每个单元的开始和视觉中心，分别陈列有一座主题“丰碑”雕塑，主要选取钢枪、大刀、军徽、军旗、党旗、台阶、箭头、数字、文字等元素，通过艺术手段，解构重组，重新设计，彰显每个单元的主题内容与精神高度。下文将以案例图 8-1 至案例图 8-8 的设计图逐一展示与介绍。

醒目的“诞生”二字居于案例图 8-1 中的雕塑底座上方，以“1927—1937”、党徽与军徽等数字、图像符号，点明了土地革命战争的时代背景，又以手握钢枪作为军事元素，象征人民军队在土地革命战争中诞生与成长。

案例图 8-2 中，数字及关键词“抗日”“中流”及党徽、军徽元素，

案例图 8-1 “在土地革命战争中诞生成长”设计图 | 设计：宋威

案例图 8-2 “抗日战争的中流砥柱”设计图 | 设计：宋威

直切主题，表明人民军队在抗战中发挥了中流砥柱的作用，引导观众进入新的时代主题。

案例图 8-3 中可见巨大的军号吹响战争胜利与解放的号角。“解放”二字为加大号立体字，与军号相呼应，形成强烈视觉冲击力，凸显胜利的来之不易。文字底部为军徽，象征人民军队是为夺得胜利奠基的坚实力量。

案例图 8-4 中的场景由两个雕塑组成，分别放置于展厅左右，左为“保卫”，右为“建设”，结合枪支、军刀等军事元素设计，构成保卫祖国安全的两道屏障。

案例图 8-5 中可见五角星于底座中心位置之上，象征军队坚实忠贞的力量，中心区域以大字块“1978—1992”“开创”突出单元主题，后方通过不规则方块的排列、叠加，打造与军队时代面貌相呼应的蓬勃新气象。

案例图 8-3 “夺取全国解放战争胜利”设计图 | 设计：宋威

案例图 8-4　“保卫人民民主政权和建设合成军队”设计图 | 设计：宋威

案例图 8-5　“开创军队建设新局面”设计图 | 设计：宋威

案例图 8-6 中的“变革”二字与数字时间点明了这一单元展陈的主题与背景，以向上的箭头为设计元素，反映这一历史时期，军队建设积极应对时代挑战，开拓进取，取得积极成果。

案例图 8-7 中的场景讲述了 2004 年至 2012 年军队建设进入千禧时代这一新历史时期。随着这个崭新时代的到来，军队建设也迎来了新的时代使命。“使命”二字位于雕塑正中，下有规则、稳重的方块底座，上有不规则、呈向上迸发状的块面，象征军队建设进入承前启后的时代。

中国特色社会主义进入新时代，人民军队依旧冲锋在前，奋进在强军兴军的征途上。案例图 8-8 呈现的雕塑以军徽和文字“强军”“兴军”为主体，

案例图 8-6　“加快推进中国特色军事变革”设计图 | 设计：宋威

案例图 8-7 “全面履行新世纪新阶段历史使命”设计图 | 设计：宋威

案例图 8-8 “在强军兴军新征程上阔步前行”设计图 | 设计：宋威

两侧设计为阶梯状，象征在党的领导下，军队建设积极向上，稳步向前，寄予军队建设美好明天的愿景。

9 主题主流　叙情叙理

——清华大学展示艺术研究所主题展览叙事设计作品

设计：洪麦恩　吴诗中等

清华大学美术学院展示艺术研究所是一支具有创新精神的科研团队，从 20 世纪 90 年代开始，多次承担国家级展览项目，完成了党和国家赋予的光荣使命。这些高水准的科研成果为教育教学工作提供了研究平台及大量的案例，探索科研成果向教学层面转化，使美术学院成为党和国家宣传

案例图 9-1　香山革命纪念馆序厅 | 设计：洪麦恩　吴诗中　刘翰硙

爱国主义、革命传统和国家现行政策、大政方针的前沿阵地。除理论研究外，研究所还有大量的高水准展览实践案例。

（1）香山革命纪念馆布展陈列设计

设计：洪麦恩 吴诗中 刘翰砲

香山革命纪念馆序厅开阔敞亮，正中陈列着毛泽东雕像，庄重、安详；两边陈列叙事浮雕，左边是百万雄师渡江，右边是中华人民共和国宣布成立场景；天顶阳光普照，背景是郁郁葱葱的起伏山峦，寓意新中国河山一片美好（见案例图 9-1）。

案例图 9-2　“进京赶考”设计图 | 设计：洪麦恩 刘翰瑄

案例图 9-3　武器陈列和阅兵式设计图 | 设计：洪麦恩

案例图 9-4 指挥三大战役设计图 | 设计：吴诗中

1949 年 3 月 23 日，毛泽东带领中共中央和解放军总部从西柏坡出发前往北平，浩浩荡荡的车队经过徐水、定兴等县，3 月 24 日到达涿县（今河北涿州），再由涿县改乘火车前往北平。毛泽东形象地称这次行动为“进京赶考”。案例图 9-2 设计图表现的是毛泽东带领的大部队进入北京，北平各界民主人士和群众在街边高举旗帜欢迎人民解放军的情景。

1949 年 3 月 25 日，毛泽东带领解放军进入北平，当日下午，在西苑机场举行了阅兵式。案例图 9-3 设计图画面正中是毛泽东检阅部队的珍贵影像视频，屏幕下面是毛泽东检阅部队乘坐过的吉普车，见物见精神。两边阵列着当时解放军的重武器大炮，几十门大炮整齐地分列两侧，气势壮观。

毛泽东和中共中央统帅部在西柏坡靠 197 封电报指挥了举世闻名的辽沈、淮海、平津三大战役，这是全国人民和人民解放军与国民党进行的战略大决战。三大战役奠定了新中国的基础。案例图 9-4 设计图画面上还原了西柏坡指挥所旧址，内有老土墙、发报用的老桌椅板凳，正前方是叙事

案例图 9-5　渡江战役设计图 | 设计：洪麦恩

影像，向观众展示三大战役的前因后果、逻辑关系和丰功伟绩。

毛泽东带领中共中央进驻香山，1949 年 4 月 21 日，毛泽东和朱德在香山双清别墅签发了《向全国进军的命令》，指挥了渡江战役。案例图 9-5 设计图表现了人民解放军百万雄师渡过长江，解放南京，由此全国解放。

香山革命纪念馆以超大型的陈列柜这种既常见又不一般的陈列形式陈列国旗、国歌、国徽，让观众的视觉和听觉都有不一般的感受，对祖国的形象由内心发出敬仰之情，情由心生（见案例图 9-6）。

香山革命纪念馆结尾部分为“中国梦”，展示十八大以来习近平总书记提出的战略思想和重要执政理念（见案例图 9-7）。习近平总书记把“中国梦”定义为“实现中华民族伟大复兴，就是中华民族近代以来最伟大梦想”。

案例图 9-6　香山革命纪念馆国旗、国歌、国徽陈列区 | 设计：吴诗中 刘翰琨

"中国梦"的核心目标可以概括为"两个一百年"的目标，也即：到中国共产党建党 100 周年之际全面建成小康社会（这一目标已经实现），到中华人民共和国成立 100 周年（也就是 2049 年）之际全面建成社会主义现代化强国。最终实现中华民族的伟大复兴。具体表现为国家富强、民族振兴、人民幸福，其实现途径是坚定不移地走中国特色社会主义道路，坚持中国特色社会主义理论体系，弘扬民族精神，凝聚中国力量。

案例图 9-7 "中国梦" | 设计：洪麦恩 刘翰硙

（2）"军垦文化主题公园"创意

①《党旗、国旗、军旗》

设计：姜昊生 金志城

《党旗、国旗、军旗》是新疆生产建设兵团八师军垦文化系列创意设计的一部分，项目位于石河子市西公园，从历史渊源与当年的时代背景出发，梳理军垦文化脉络，"塑"说兵团故事。

军垦文化创意雕塑《党旗、国旗、军旗》放置于兵团城市——石河子市西公园东门内，这个创意源自始于 1949 年 9 月的兵团历史使命和后来一直延续的兵团军垦文化特点（见案例图 9-8、案例图 9-9）。以三面红旗来表达初心如炬、使命如金的内涵，展现兵团听从党的领导，具有政府的城市管理职能，同时又担负着保卫边疆的军事重任，从这三个意义上来说，这个军垦文化创意《党旗、军旗、国旗》非常合适。将三面红旗形象作为艺术装置的主体，并且将艺术装置的底座设计为耕地的犁，也具有特殊的

案例图 9-8 《党旗、国旗、军旗》创意设计之一 | 设计：姜昊生

案例图 9-9 《党旗、国旗、军旗》创意设计之二 | 设计：金志城

历史原因：当年，第一批来到边疆的兵团战士们以人拉纤绳的方式在戈壁荒原上耕下第一犁，播下第一粒种子，吃尽苦中苦，兵团精神早已载入史册，雕塑设计寓意战士们在这片荒原上所取得的建设成就。三面红旗组合乃是从兵团城市的历史脉络考虑，说明这座新城是由兵团人选址、兵团人建设的城市。

②《兵团女战士》

设计创意：李新华

泥塑：邓云　周祁林

新中国成立初期，几万名女青年参军来到边疆，扎根荒原，留下了许多戍边故事。她们在边疆安家，被誉为“戈壁母亲”。这些来到新疆的女青年积极参加劳动，付出汗水，收获成长，为屯垦戍边作出了贡献。女战士中有新中国第一批女拖拉机手金茂芳，她于7年间完成了20多年的工作，她朴实、健康、阳光的形象被描绘在1元钱人民币纸币画面上。来自山东的姑娘江桂芳获得了全国“三八红旗手”的称号。军垦文化创意雕塑《兵

案例图 9-10　《兵团女战士》设计稿 | 设计：李新华

案例图 9-11　《兵团女战士》泥稿 | 塑造：邓云 周祁林

团女战士》（见案例图 9-10、案例图 9-11）便是依据进疆女兵的事迹创作的，以叙事性的艺术设计手法、准确的造型、优雅的姿态，再现了兵团女战士们不畏艰辛在戈壁上挖地、往地里送肥、采摘棉花等多种劳动场景，塑造了女兵们勤劳、勇敢的“戈壁母亲”形象。

（3）“两弹一星”精神教学大厅概念设计

设计：吴琼　段恩慧

位于四川省的某干部研学营地“两弹一星”精神教学大厅布展概念设计方案（见案例图 9-12），展现了“两弹一星”的众多英雄人物、感人事迹和崇高精神，其中理论高度、时间维度、空间广度和叙事难度相互交织在一起。

首先，确定理论高度，即以党和国家领导人关于“两弹一星”精神的论述贯彻始终，脉络清晰，导向正确，全面反映领导人在关键时刻的英明

案例图 9-12 “两弹一星”精神教学大厅 | 设计：吴琼 段恩慧

决策。在中间上空设计发光的党徽，下面是灯珠的阵列式设计，好似一束光由党徽上照射下来，为科学创新指明方向，营造出“两弹一星”精神空间意境氛围，让观众在此感受“两弹一星”的精神产生于党、国家、人民最需要科技创新发展战略支撑作用的紧要关头，不仅是巍峨的精神丰碑，更是永不磨灭的时代光芒、生生不息的精神力量。

为充分表现厚重的红色历史文化积淀，突出“两弹一星”理论高度，展示“两弹一星”走进新时代的亮点，设计运用虚拟技术，在光柱中间位置将蘑菇云显示出来，进一步显示设计的科技含量，向观众展示神奇的视觉效果，增强“两弹一星”精神的感染力，营造高层次研究学习的氛围（见案例图 9-13）。

案例图 9-13　“两弹一星”精神教学大厅展现升腾的蘑菇云 | 设计：吴琼 段恩慧

虚拟技术的运用显示出独具特色的“两弹一星”文化，凸显了中国特色社会主义的道路自信、理论自信、制度自信、文化自信。

其次，梳理“两弹城”时间维度：20 世纪 60 年代，在国际关系异常复杂的时候，根据党中央、国务院关于加强三线建设和“要准备打仗”的部署，依据“靠山、分散、隐蔽”的方针，中国工程物理研究院从青海内迁，又根据 “大分散、小集中、依山傍水扎大营”的原则，研究院本部落户两弹城，近一万名科学家和技术人员继续探寻核武器研究之路。

再次，拟定“两弹一星”精神叙事理念，在面积 1000 多平方米、高 12 米、中间 10 根立柱的叙事大厅布展。在叙事策划中，既要立足理论高度、明确展陈方向、创新展陈形式，又要传承时代精神、叙述动人故事、提升精神

案例图 9-14 “两弹一星”精神教学大厅展陈场景 | 设计：段恩慧

感悟（见案例图 9-14）。

展陈将反映“两弹一星”精神的语句，“两弹一星”研究攻关时期的关键时间、关键词、关键句在立柱版面上以一级标题展示出来。叙事性陈列设计注重空间意境、色彩氛围、造型元素、艺术创作的综合考量，不改变建筑设计的空间状况，建筑为叙事内容服务，空间为精神升华服务，据此确定色彩氛围。

（4）中国某河流博物馆概念设计

设计：李跃进 姜昊生 刘翰础 金志城 林静 涂永泽 陈奕君 罗雅新 于晶

该展馆规划根植于历史文脉，多维并置空间叙事流线，以刚柔同构、演进聚合、以流定形等方法，表达“再生与复兴”的理念。设计上采用打散、分解、重组等手法，强化动线与主题故事线的逻辑关系，同时融合艺术与科技，触发相互间的化学反应，焕发古河道的时代魄力与活力。这一系列陈列设计是概念设计方案，虽然未被采用，但是仍然具有较高的设计水准和前沿的设计理念。此处介绍的设计案例分为三个部分，第一部分又分为七个展区。

序厅的叙事性设计定位于文化遗产的高度，抽象地概括表现（见案例图 9–15）。弧形展题墙面设计条状凸起，既是河道剖面形式，也能表现河道独有的“水”层和地层关系，每一个凸起都标记重要的年号，表现从历史走进现代。在“水”层和地层的上方是虚拟交互技术营造的河道两岸风貌，通透的山水、浪花和烟桥寓意大浪淘尽千古历史，蕴含脍炙人口的诗情画意。

案例图 9–15　序厅“世界遗产 千秋伟业”｜设计：李跃进

第一部分为基本陈列，有七个展区，展区一利用错层空间，还原展出出土元代古船，并陈列相关出土文物（见案例图 9-16、案例图 9-17）。设计采用透明仿水材料包围式陈列元代沉船及相关文物，结合元代古船纵剖面，并运用多种陈列手段，讲述元代古河道故事。

高大的空间展示古河道历史，两个 3 米多高的石刻是南北朝时期的石雕精品，后方展柜陈列代表性遗迹、场景。

展区二中心位置分别陈列重点文物，以文物说明河道与城市、河道与国家的关系，更为清晰（见案例图 9-18）。

案例图 9-16　展区一 元代古船陈列 | 设计：刘翰喆

案例图 9-17　展区一大型石雕与河道沙盘｜设计：金志城

案例图 9-18　展区二｜设计：林静

展区三中心位置布置了四组模型展品，大体量展品之间由横竖两根轴线连贯一起，通过借景、透景、换景等手法，构成中心视觉画面。水利枢纽模型上空悬挂纱箱艺术装置，表达“筑石为基，引水导流”的理念（见案例图 9-19）。

案例图 9-19　展区三 | 设计：涂永泽

展区四展示古河道水系沙盘、各水利设施模型，重点讲述了古河道相关水源、水利工程（见案例图 9-20）。

展区五设计将国家的强盛和衰落与河道的命运紧密相连。展区中心陈列地形沙盘，四周陈设柱、门、幔元素，展现历朝治理河道的历史（见案例图 9-21）。

展区六播放“民族融合多元一体”多媒体影片，表现河道融通九州、纵贯南北、连接陆海的人类改造自然的伟大壮举。古河道在促进内外交流的同时，铸就了民族生生不息的家国情怀（见案例图 9-22）。

展区七从商业、产业、宗教、民俗等方面，叙述河道给人们带来的美好生活，中心展区为唐墓、宋窑、神兽等大型展品的集中展示，四周展线是河道两岸民生故事的展开。前方是复原场景，一侧为街景微缩场景，表现民俗文化及活动，是河道民生经济的重要见证。在神祇章节，中心是庙

案例图 9-20　展区四 | 设计：姜昊生

案例图 9-21　展区五 | 设计：金志城

案例图 9-22　展区六 | 设计：罗雅新

案例图 9-23　展区七之一 | 设计：刘翰砼

案例图 9-24　展区七之二 | 设计：刘翰础

宇场景复原，两侧排列文物。（见案例图 9-23、案例图 9-24）

第二部分专题展览呈现由“水”与生命共同谱写的华美篇章。上部中心和地面展台四周为模拟水面的反光材质，内外交相呼应，形成人在水上、人在水中、人在水下的错位空间体验感受。带有倾斜角度的斜面展台在无特定展览时投影旋转的地球影像，用光线标注各知名河流的地理位置，让观众对世界河流的位置有宏观的了解。有特定展览时，圆形展台作为主要的信息载体向观众呈现河道城市的独特风貌（见案例图 9-25）。

第三部分讲述技艺、产品沿河道北上，着重呈现厚重历史文化，体现生态环保、文化传承、弘扬精神的理念，展示云锦宫绸，表现江南丝绸灿若云霞（见案例图 9-26）。中央展柜展示雪青地纳纱金银荷花女衬衣，天花藻井的祥云纹样烘托了升平祥和之意。

案例图 9-25　第二部分世界知名的人工古河道 | 设计：陈奕君

这里选用的设计案例多数是服务于国家的主题性展览设计案例，在讲好中国故事、弘扬民族精神、坚定文化自信方面发挥了作用，也反映了清华大学美术学院多年来坚持艺术设计为民生的人才培养目标。

案例图 9-26　第三部分“云锦宫绸 灿若云霞” | 设计：于晶

以上一系列叙事性陈列设计作品体现了清华大学美术学院展示艺术研究所在展览设计领域的设计状况。在新的时期，研究所正在总结过去的设计经验，审视当下的新文化视野，紧随国家的战略导向，力求新的突破，争取新的收获。

参 考 文 献

Barry Lord, Gail Dexter Lord. *The Manual of Museum Exhibitions*. Lanham: Alta Mira Press, 2001.

J. S. Bruner. *On Knowing*. Cambridge, MA: Harvard University Press, 1962.

Roland Barthes. *S/Z*. New York: Hill and Wang, 1974.

Stephen P. Anderson. 怦然心动——情感化交互设计指南 [M]. 侯景艳 , 胡冠琦 , 徐磊 , 译 . 徐磊 , 审校 . 北京 : 人民邮电出版社 , 2012.

爱德华・P. 亚历山大 , 玛丽・亚历山大 . 博物馆变迁 [M]. 陈双双 , 译 . 南京 : 译林出版社 , 2014.

安贝托・艾柯 . 悠游小说林 [M], 俞冰夏 , 译 . 北京: 生活・读书・新知三联书店 , 2005.

比尔・莫格里奇 . 关键设计报告——改变过去影响未来的交互设计法则 [M]. 许玉玲, 译 . 北京 : 中信出版社 , 2011.

冯昆思 , 秦晋庭 . 论博物馆展示设计理念中"人、物和时空"的关系 [C]// 康熙民 , 孟庆金 . 在传播科学中传承文明——博物馆研究论文集 . 北京: 文物出版社 , 2007.

何小欣 . 当代博物馆的复合化设计策略研究 [D]. 广州 : 华南理工大学, 2011.

简・维索基・欧格雷迪 , 肯・维索基・欧格雷迪 . 信息设计 [M]. 郭瑽 , 译 . 南京 : 译林出版社 , 2009.

李迎化 . 关于体验展示设计的创新实践 [C]// 康熙民 , 孟庆金 . 在传播科学中传承文明——博物馆研究论文集 . 北京 : 文物出版社 , 2007.

林东泰 . 叙事新闻与数位叙事 [M]. 台北 : 五南图书出版股份有限公司 , 2015.

刘易斯・芒福德 . 技术与文明 [M]. 陈允明 , 王克仁 , 李华山 , 译 . 北京：中国建筑工业出版社，2009.

鲁晓波 . 设计都市桃花源 [J]. 设计，2010(10).

罗伯特・斯科尔斯 , 詹姆斯・费伦 , 罗伯特・凯洛格 . 叙事的本质 [M]. 于雷 , 译 . 南京 : 南京大学出版社 , 2014.

罗兰・巴特 . 符号学历险 [M]. 李幼蒸 , 译 . 北京 : 中国人民大学出版社 , 2008.

马克・第亚尼 . 非物质社会——后工业世界的设计 . 文化与技术 [M]. 滕守尧 , 译 . 成都 : 四川人民出版社 , 1998.

马克・柯里 . 后现代叙事理论 [M]. 宁一中 , 译 . 北京 : 北京大学出版社 , 2003.

迈克尔・拉什 . 新媒体艺术 [M]. 俞青 , 译 . 上海 : 上海人民美术出版社 , 2015.

美工图书社 . 博物馆展示设计 [M]. 台北 : 邯郸出版社 , 1993.

米克・巴尔 . 叙述学：叙事理论导论 [M]. 谭君强 , 译 . 北京 : 中国社会科学出版社 , 1995.

尼古拉・马勒伯朗士等 . 有关神的存在和性质的对话 [M]. 陈乐民 , 试译并序 . 北京：生活・读书・新知三联书店 , 1998.

尼古拉斯・佩夫斯纳 . 现代设计的先驱者——从威廉・莫里斯到格罗皮乌斯 [M]. 王申祜 , 王晓京 , 译 . 北京 : 中国建筑工业出版社 , 2004.

日照市档案局（馆）. 日照县志 [B]. 日照 : 山东省内部资料性出版物准印证 . 2011.

苏东海 . 博物馆的沉思——苏东海论文选 [M]. 北京 : 文物出版社，1998.

唐纳德・A. 诺曼 . 设计心理学 [M]. 梅琼 , 译 . 北京 : 中信出版社 , 2010.

唐纳德・A. 诺曼 . 设计心理学 2：如何管理复杂 [M]. 张磊 , 译 . 北京 : 中信出版社 , 2011.

唐纳德・A. 诺曼 . 设计心理学 3：情感化设计 [M]. 何笑梅 , 欧秋杏 , 译 . 北京 :

中信出版社 , 2012.

汪坦 , 陈志华 . 现代西方艺术美学文选 : 建筑美学卷 [M]. 沈阳 : 春风文艺出版社 , 1989.

王宏钧 . 中国博物馆学基础 : 修订本 [M]. 上海：上海古籍出版社 , 2001.

王琳 . 博物馆展示设计中的情感传达研究 [D]. 北京 : 清华大学，2004.

王明旨 . 信息时代呼唤新创意 [J]. 装饰，2001(6).

王小茉 . 艺科融合，知而行之——清华大学美术学院院长鲁晓波教授的学术探索之路 [J]. 装饰，2016(10).

维克托・迈尔 - 舍恩伯格 , 肯尼斯・库克耶 . 大数据时代——生活、工作与思维的大变革 [M]. 盛杨燕 , 周涛 , 译 . 浙江：浙江人民出版社 , 2013.

吴国淳 . 博物馆学习之诠释及沟通内涵探究 [J]. 博物馆学季刊 , 2007(4).

吴诗中 , 王晓松 . 叙情与叙理・异识与共识 : 博物馆艺术设计中的叙事特性研究 [J]. 现代传播 (中国传媒大学学报), 2016(11).

吴诗中 . 信息时代的虚拟艺术时空观 [J]. 文艺研究 , 2013(8).

吴诗中 . 虚拟时空——信息时代的艺术设计及教育 [M]. 北京 : 高等教育出版社，2015.

吴诗中 . 虚拟时空 : 信息时代艺术教育特性研究 [D]. 北京 : 清华大学 , 2004.

吴诗中 . 展示陈列艺术设计 [M]. 北京：高等教育出版社 , 2012.

吴诗中 . 展示陈列中的叙事空间设计 [J]. 装饰 , 2012(7).

吴诗中 , 金海鑫 , 陈奕君 , 裴磊 . 当代博物馆陈列设计的叙事性艺术特征 [J]. 艺术研究快报 , 2015(4).

吴诗中 , 李骛 , 陈奕君 . 物理时空与信息时空的融合——岚山博物馆交互设计实践 [J]. 美术观察 , 2014 (12).

习近平自述：我的文学情缘 [N]. 人民日报 , 2016-10-13.

亚里士多德 . 诗学 [M]. 陈中梅 , 译注 . 北京：商务印书馆 , 1996.

伊萨克・牛顿 . 自然哲学的数学原理 [M]. 王克迪 , 译 . 西安 : 陕西人民出版社 , 2000.

尤瓦尔・赫拉利 . 人类简史——从动物到上帝 [M]. 林俊宏 , 译 . 北京 : 中信出版社 , 2014.

张建羽 . 当代景观叙事的维度构建 [J]. 设计艺术研究 , 2018(5).

赵毅衡 , 胡易容 . 符号学 – 传媒学词典 [M]. 南京 : 南京大学出版社 , 2012.

珍妮特・马斯汀 . 新博物馆理论与实践导论 [M]. 钱春霞 , 陈颖隽 , 华建辉 , 苗杨 , 译 . 南京：江苏美术出版社 , 2008.

中国博物馆协会陈列艺术委员会 , 上海鲁迅纪念馆 . 2013 年中国人物类博物馆纪念馆陈列艺术学术研讨会论文集 [C]. 上海：上海社会科学院出版社 , 2016.

中国国家文物局 , 中国博物馆协会 . 博物馆法律法规文件选编 [Z]. 北京：科学出版社 , 2010.

周龙兴 , 宋进喜 . 体验的教育学意义与学习主体的确立 [J] . 上海教育科研 , 2002(4).

索　引

后　语

本书历经5年多的耕耘，终于搁笔了，其中辛苦难以用言语表达，回想起来实在不易。本书是国家社科基金后期资助项目“博物馆陈列艺术中的叙事性研究”（项目批准号：14FYS010）成果，在项目申报与出版过程中，得到了高等教育出版社多位编辑的无私帮助，特在此向他们表示真诚的敬意。

本书涉及的研究领域具有时代性的特点。研究工作进行的5年多时间里，社会环境在变化，科学技术条件在变化，审美标准在提升，研究内容不得不随之更新，结项时间也不得不延后，导致项目的参与人员几度更迭，他们的工作都对本书的出版助益良多，在此特向王晓松博士、陶海鹰博士 、金海鑫博士 、裴磊博士、魏佳博士、徐飞博士、宋威博士、罗亦鸣博士、韩娜博士，以及硕士研究生王喆、陈奕君、杨滋、王希、李麓、胡佳璐、韩坤炯、苗雨菲、林雯雯、傅乐玮、吴楠、朱芷娆、岳子峰、张一凡、黄蕾、田少飞等，表示衷心的感谢！由于本研究涉及丰富的实际案例，在本书的写作过程中，中国人民革命军事博物馆设计部的李跃进、刘鹭、马沈、夏鑫等老师，中国博物馆协会陈列艺术委员会的陈同乐、李黎等老师，清华大学美术学院展示艺术设计研究所的洪麦恩先生、刘孔梁先生、姜昊生先生、张雷山先生等，给予了无私的帮助。北京天图集团的王凯先生、赵彤先生，清华大学美术学院的同学们也为本书提供了许多优秀的设计案例。以上各位老师、同学、朋友的支持给了笔者坚持完成这项工作的信心，尤其是王晓松博士，在他结束在清华大学的博士后研究工作前往新的工作岗位以后仍在不断地为本研究工作出谋、出力，使笔者在遇到困难、几乎要放弃的时候，得到了帮助，受到了鼓舞，看到了希望。

本研究是一个跨学科的研究，平时笔者在专业讲座、学术交流、会议研讨中与博物馆展览陈列设计领域、艺术设计教学领域和信息艺术设计领域的专家、老师、同仁们交流的过程中，也受到了他们潜移默化的影响与指教，他们的学识令人钦佩。

本书具有实践性的特点，需要大量创新性、实践性的案例来支撑。项目研究过程中特别注重与从事博物馆展览陈列的老一辈专家、中青年设计师们进行交流和互动，注重在展示设计创意课程的教学中同学们灵光闪现的畅想与构思。一些中青年设计师的设计作品和一些同学的创意灵感为本书补充了素材，提供了营养。

在此，再次向所有提供过帮助的老师们、朋友们、同学们致以发自内心的感谢！

在研究项目立项之初，设计叙事问题尤其是博物馆陈列艺术中的叙事性研究问题并没有受到人们的重视，对于究竟什么是博物馆陈列艺术的叙事性，理解的人也不多。在项目进展过程中，不单是我自己加深了对叙事性设计问题的理解，拓展了叙事性设计的视野，而且不少博物馆人也逐渐加入对这一话题的讨论。习近平总书记在主持十九届中央政治局第三十次集体学习时强调，要加快构建中国话语和中国叙事体系，用中国理论阐释中国实践，用中国实践升华中国理论。构建叙事体系，讲好中国故事，已经受到党和国家领导人的高度重视。博物馆陈列叙事性问题正在被大多数人所关注，尤其是在博物馆展览陈列设计领域，大家对博物馆陈列叙事性设计的概念已经不再陌生，叙事性设计已经进入博物馆人的精神世界。

叙事性设计的研究范围不局限于博物馆展览陈列内容的叙述，也可以用来解释博物馆陈列形式设计中遇到的其他问题。譬如：博物馆展览陈列中的叙事性景观、陈列展览中的艺术作品的主题创作、博物馆文物陈列、博物馆（数字）交互展项、博物馆文创宣传，等等。

除博物馆陈列内容的叙事以外，博物馆陈列叙事性景观和叙事性场景是最有特色的叙事性设计。通过对历史情境的艺术复原、对历史故事的艺术再现、对历史事件的形象描述、对历史人物的个性塑造等，叙事性景观拉近了观众和历史的距离，过去的就在眼前，让观众回归以前，和过去对话，和历史握手。可以说，叙事性景观营造出了一个复原过去、穿越时空、再现往事的经典叙事环境，观众能够在此尽情体验，尽情回味。

所谓艺术作品的主题创作一定是有故事可讲的，讲主题故事的过程也就是叙事的过程。一般说来，博物馆采用的传统艺术作品的表现形式有绘画、雕塑两大类，而在创新观念驱动下，现代叙事艺术作品出现了多种形式，如数字雕塑、动态雕塑、综合材料、流动影像、虚拟影像，等等。不论是传统艺术作品形式，还是现代艺术作品形式，其表现内容是最关键的，而内容的描述过程就是叙事。

博物馆文物陈列是博物馆的主要功能，是博物馆的大事，是重中之重。博物馆因文物而建立，因文物而存在，因文物而发展。每一件文物背后都饱含着有理的历史、有情的故事、有趣的经历。应将文物的故事和经历放置在大的历史背景下、社会动因中、政治漩涡里去考虑、去思索、去陈列、去表现。每一件文物的存在都不是孤立的，它和当时的各种社会状况有着千丝万缕的联系，把这千丝万缕的联系梳理出来、表现清楚，就是叙事。

博物馆交互展项是近年来出现的博物馆陈列新的重要表现形式。交互方式有物理交互和非物理的数字交互两种，后者的应用如数字导览。交互展项和叙事性设计更有着直接的联系。对博物馆环境的介绍，对博物馆展厅、展区的理解，对博物馆展陈内容的认知，对博物馆设计形式的认同，对博物馆历史内涵和文化价值的现代表现，都可以通过交互展项来体现，这是最具有特色的叙事方式。

博物馆文创意义非凡，是博物馆运营管理的新方式。利用博物馆馆藏品的有利条件，开发出有价值的受到群众喜爱的文创品、纪念品，可以让文物焕发生命力，使文物的历史价值得到更充分的体现，让观众认识到文物的艺术价值、文化价值、经济价值。观众通过购买文创纪念品把文化带回家，把科学带回家，把文物背后的故事和精神带回家，这也是博物馆叙事性设计所期待和致力而为的。

简而言之，博物馆叙事性设计理念存在于博物馆展览策划管理的全过程中。博物馆陈列叙事性设计并不是孤立的，这是一种系统的、跨界融合的、具有创新特色的、能适应各种类型展馆的、有明显效率的设计方法。当然，这一设计方法还有更大的发展空间。希望本书的出版对业内人士、广大读者能够有一定的助益，帮助博物馆陈列设计师设计出更吸引人的叙事性设计案例，拓展出更广阔的叙事性设计视野。

吴诗中

2023 年 10 月 25 日于清华园

郑 重 声 明